COMO
FAZER
PESQUISA
QUALITATIVA

O GEN | Grupo Editorial Nacional – maior plataforma editorial brasileira no segmento científico, técnico e profissional – publica conteúdos nas áreas de ciências sociais aplicadas, exatas, humanas, jurídicas e da saúde, além de prover serviços direcionados à educação continuada e à preparação para concursos.

As editoras que integram o GEN, das mais respeitadas no mercado editorial, construíram catálogos inigualáveis, com obras decisivas para a formação acadêmica e o aperfeiçoamento de várias gerações de profissionais e estudantes, tendo se tornado sinônimo de qualidade e seriedade.

A missão do GEN e dos núcleos de conteúdo que o compõem é prover a melhor informação científica e distribuí-la de maneira flexível e conveniente, a preços justos, gerando benefícios e servindo a autores, docentes, livreiros, funcionários, colaboradores e acionistas.

Nosso comportamento ético incondicional e nossa responsabilidade social e ambiental são reforçados pela natureza educacional de nossa atividade e dão sustentabilidade ao crescimento contínuo e à rentabilidade do grupo.

Antonio Carlos Gil

COMO FAZER PESQUISA QUALITATIVA

gen | atlas

- O autor deste livro e a editora empenharam seus melhores esforços para assegurar que as informações e os procedimentos apresentados no texto estejam em acordo com os padrões aceitos à época da publicação, *e todos os dados foram atualizados pelo autor até a data da entrega dos originais à editora.* Entretanto, tendo em conta a evolução das ciências, as atualizações legislativas, as mudanças regulamentares governamentais e o constante fluxo de novas informações sobre os temas que constam do livro, recomendamos enfaticamente que os leitores consultem sempre outras fontes fidedignas, de modo a se certificarem de que as informações contidas no texto estão corretas e de que não houve alterações nas recomendações ou na legislação regulamentadora.

- Data do fechamento do livro: 27/09/2021

- O autor e a editora se empenharam para citar adequadamente e dar o devido crédito a todos os detentores de direitos autorais de qualquer material utilizado neste livro, dispondo-se a possíveis acertos posteriores caso, inadvertida e involuntariamente, a identificação de algum deles tenha sido omitida.

- Atendimento ao cliente: (11) 5080-0751 | faleconosco@grupogen.com.br

- Direitos exclusivos para a língua portuguesa
  Copyright © 2022 by
  Editora Atlas Ltda.
  Uma editora integrante do GEN | Grupo Editorial Nacional
  Travessa do Ouvidor, 11
  Rio de Janeiro – RJ – 20040-040
  www.grupogen.com.br

- Reservados todos os direitos. É proibida a duplicação ou reprodução deste volume, no todo ou em parte, em quaisquer formas ou por quaisquer meios (eletrônico, mecânico, gravação, fotocópia, distribuição pela internet ou outros), sem permissão, por escrito, da Editora Atlas Ltda.

- Capa: Rejane Megale

- Editoração eletrônica: Tikinet

- Ficha catalográfica

CIP-BRASIL. CATALOGAÇÃO NA PUBLICAÇÃO
SINDICATO NACIONAL DOS EDITORES DE LIVROS, RJ

G392c

Gil, Antonio Carlos
Como fazer pesquisa qualitativa / Antonio Carlos Gil. – 1. ed. – Barueri [SP] : Atlas, 2021.

Inclui bibliografia e índice
ISBN 978-65-5977-047-2

1. Pesquisa qualitativa. 2. Pesquisa social. 3. Ciências sociais – Metodologia. I. Título.

21-72521   CDD: 300.72
              CDU: 303.022

Leandra Felix da Cruz Candido – Bibliotecária – CRB-7/6135

DEDICATÓRIA

A
Martim e Vicente, meus netos
Dora e Lina, minhas netas

DEDICATORIA

SOBRE O AUTOR

ANTONIO CARLOS GIL é licenciado em Pedagogia e em Ciências Sociais. É mestre e doutor em Ciências Sociais pela Escola de Sociologia e Política de São Paulo (FESPSP) e doutor em Saúde Pública pela Universidade de São Paulo (USP). Leciona a disciplina Pesquisa Qualitativa em Administração nos programas de mestrado e doutorado em Administração da Universidade Municipal de São Caetano do Sul – SP (USCS).

SOBRE O AUTOR

APRESENTAÇÃO

Durante muito tempo, os estudos qualitativos foram considerados como atividades menores no campo das ciências sociais. Dado o prestígio dos métodos quantitativos, esses estudos eram vistos como adequados apenas para proporcionar um conhecimento preliminar da realidade com vistas a subsidiar a realização de pesquisas mais rigorosas. Não é esta a situação atual. As pesquisas qualitativas são cada vez mais abundantes, aplicam-se a praticamente todos os campos das ciências sociais e são reconhecidas pela comunidade científica como válidas e confiáveis.

Não se pode negar que a opção pela pesquisa qualitativa muitas vezes se dá pela falsa ideia de que sua condução seja mais simples, quando comparada com a pesquisa quantitativa. De fato, a pesquisa quantitativa pode requerer a seleção de amostras relativamente grandes, bem como razoável conhecimento de estatística. Todavia, a principal justificativa para realização de uma pesquisa qualitativa está justamente na existência de situações em que resultados significativos não podem ser obtidos mediante procedimentos estatísticos ou outros meios de quantificação. É o que ocorre, por exemplo, quando se deseja estudar a experiência vivida de um grupo de pessoas, conhecer um fenômeno em sua essência ou investigar casos em profundidade.

O que se pretende, pois, com este livro, é fornecer os elementos necessários para conduzir adequadamente uma pesquisa qualitativa no âmbito das ciências sociais. Assim, são explicitados ao longo dos vários capítulos os procedimentos mais indicados para planejar a pesquisa qualitativa, coletar os dados requeridos, analisá-los e interpretá-los, bem como redigir o respectivo relatório.

O enfoque adotado é bastante prático, já que indica passo a passo as atividades a serem seguidas no desenvolvimento da pesquisa – embora os primeiros capítulos sejam dedicados aos fundamentos da pesquisa qualitativa, que envolvem não apenas aspectos técnicos, mas também pressupostos filosóficos e bases teóricas, o que se torna necessário para garantir que a decisão pela realização de uma pesquisa qualitativa seja fundamentada em bases rigorosas.

No lançamento deste livro, manifesto a expectativa de que atenda às necessidades de estudantes e pesquisadores nos mais diversos campos das ciências sociais, bem como especial agradecimento a Mauro Koogan Lorch, presidente do Grupo GEN, pela confiança depositada em nosso trabalho.

Antonio Carlos Gil

SUMÁRIO

1 O que é Pesquisa Qualitativa 1
    1.1 Como definir pesquisa qualitativa 1
    1.2 Por que fazer pesquisa qualitativa..3
    1.3 Quais as principais modalidades de pesquisa qualitativa.................4
    1.4 Quais são os fundamentos filosóficos da pesquisa qualitativa............5
        1.4.1 Pressupostos ontológicos..5
        1.4.2 Pressupostos epistemológicos...6
        1.4.3 Pressupostos axiológicos 6
        1.4.4 Pressupostos metodológicos 7
    1.5 Paradigmas associados à pesquisa qualitativa..................................7
        1.5.1 Paradigma positivista...7
        1.5.2 Paradigma pós-positivista...8
        1.5.3 Paradigma construtivista 9
        1.5.4 Paradigma crítico 9
        1.5.5 Paradigma participativo/pós-moderno 10
    1.6 Teorias que fundamentam a pesquisa qualitativa 10
        1.6.1 Marxismo..10
        1.6.2 Sociologia compreensiva de Weber 11
        1.6.3 Fenomenologia 12
        1.6.4 Interacionismo simbólico 12
        1.6.5 Funcionalismo..13
        1.6.6 Teoria crítica..13
        1.6.7 Feminismo..14
        1.6.8 Teoria racial crítica..14
        1.6.9 Teoria *queer*..15

		1.6.10 Pós-modernismo 15
	1.7	Que competências são requeridas dos pesquisadores qualitativos? 16

2 Modalidades de Pesquisa Qualitativa.. 19
    2.1   Pesquisa narrativa 19
          2.1.1   Origem e desenvolvimento.. 20
          2.1.2   Características básicas da pesquisa narrativa 20
          2.1.3   Modalidades de pesquisa narrativa 21
          2.1.4   Condução da pesquisa narrativa 22
    2.2   Pesquisa fenomenológica 23
          2.2.1   Origem e desenvolvimento 23
          2.2.2   Características básicas da pesquisa fenomenológica 24
          2.2.3   Modalidades de pesquisa fenomenológica 26
          2.2.4   Condução da pesquisa fenomenológica 27
    2.3   Pesquisa etnográfica 28
          2.3.1   Origem e desenvolvimento.. 28
          2.3.2   Características da pesquisa etnográfica 29
          2.3.3   Modalidades de pesquisa etnográfica 30
          2.3.4   Condução da pesquisa etnográfica 31
    2.4   Teoria fundamentada (*grounded theory*) 32
          2.4.1   Origem e desenvolvimento.. 32
          2.4.2   Modalidades de pesquisa fundamentada 33
          2.4.3   Condução da pesquisa para construção de teoria fundamentada 34
    2.5   Estudo de caso 35
          2.5.1   Características do estudo de caso 35
          2.5.2   Origem e desenvolvimento.. 36
          2.5.3   Modalidades de estudo de caso 37
          2.5.4   Condução do estudo de caso 37
    2.6   Outras modalidades de pesquisa.. 38
          2.6.1   Pesquisa qualitativa básica 39
          2.6.2   Pesquisa crítica 39
          2.6.3   Pesquisa-ação.. 39
          2.6.4   Pesquisa de métodos mistos.. 40

3 Planejamento da Pesquisa Qualitativa... 43
    3.1   Seleção do tópico de pesquisa 43
    3.2   Formulação do problema 44
    3.3   Definição do objetivo 46
    3.4   Questões de pesquisa 48
    3.5   Revisão da literatura 51
    3.6   Seleção de amostra 54

Sumário

    3.7   Implicações éticas no planejamento da pesquisa 57
    3.8   Elaboração do projeto de pesquisa 58

4 Coleta de Dados 61
    4.1   O significado da coleta de dados na pesquisa qualitativa 61
    4.2   A escolha dos indivíduos e do local 62
    4.3   Acesso e consentimento 62
    4.4   Estratégias de coleta de dados 63
    4.5   Protocolos de coleta de dados 64
    4.6   Implicações éticas na coleta de dados 67

5 Observação 69
    5.1   Significado de observação 70
    5.2   Vantagens da observação 70
    5.3   Limitações da observação 71
    5.4   Modalidades de observação 72
            5.4.1   Observação não participante 73
            5.4.2   Observação participante 74
    5.5   Habilidades requeridas do observador 76
    5.6   A condução da observação 77
            5.6.1   Escolha do local 77
            5.6.2   Determinação do que deve ser observado 77
            5.6.3   Determinação do papel do pesquisador 78
            5.6.4   Seleção da amostra 78
            5.6.5   Registro das informações 79
            5.6.6   Organização das informações 79

6 Entrevista 81
    6.1   A entrevista na pesquisa qualitativa 81
            6.1.1   Vantagens da entrevista 82
            6.1.2   Limitações da entrevista 83
    6.2   Diferenças entre entrevistas quantitativas e qualitativas 85
            6.2.1   Modalidades de entrevista 85
            6.2.2   Habilidades requeridas do entrevistador 86
            6.2.3   Condução da entrevista 88

7 História de Vida 95
    7.1   Origens da história de vida 95
    7.2   História de vida e outras estratégias narrativas 96
            7.2.1   História oral 96
            7.2.2   Biografia 96
            7.2.3   Autobiografia 97

		7.2.4	Depoimento pessoal	97
	7.3	Vantagens da história e vida		97
		7.3.1	Possibilita compreender mudanças na vida das pessoas	97
		7.3.2	Estimula a lembrança do passado	97
		7.3.3	Confere um papel proeminente à pessoa pesquisada	97
		7.3.4	Capta os aspectos referentes ao cruzamento entre o individual e o social	98
	7.4	Limitações da história de vida		98
		7.4.1	Consumo de tempo	98
		7.4.2	Dificuldade para obtenção de "boas histórias"	98
		7.4.3	Tensão mental ou emocional	98
		7.4.4	Dificuldades práticas na condução	98
	7.5	A condução da história de vida		99
		7.5.1	Seleção dos participantes	99
		7.5.2	Definição das condições para a realização da entrevista	99
		7.5.3	Preparação do entrevistador	99
		7.5.4	Agendamento dos encontros	100
		7.5.5	Preparação da entrevista	100
		7.5.6	Início da entrevista	100
		7.5.7	Desenvolvimento da entrevista	100
		7.5.8	Registro das informações	101
		7.5.9	Encerramento da entrevista	101
8	Grupo Focal			103
	8.1	O que é grupo focal		103
	8.2	Origem e desenvolvimento do grupo focal		104
	8.3	Vantagens e limitações do grupo focal		105
	8.4	Desvantagens e limitações do grupo focal		106
	8.5	Aplicabilidade do grupo focal		106
	8.6	Planejamento do grupo focal		107
		8.6.1	Definição dos objetivos	107
		8.6.2	Composição e tamanho do grupo	107
		8.6.3	Definição da modalidade de grupo focal	107
		8.6.4	Escolha do moderador	108
		8.6.5	Definição do local, data e tempo de duração	109
	8.7	Condução das sessões		109
	8.8	Desenvolvimento de questões		110
	8.9	Problemas com os participantes		111
9	Análise de Documentos			115
	9.1	Conceituação		115

Sumário

- 9.2 Utilização de documentos na pesquisa qualitativa 116
- 9.3 Vantagens do uso de documentos na pesquisa qualitativa 117
  - 9.3.1 Possibilita o conhecimento do passado 117
  - 9.3.2 Possibilita a investigação dos processos de mudança social e cultural 117
  - 9.3.3 Permite a obtenção de dados com menor custo 117
  - 9.3.4 Favorece a obtenção de dados sem o constrangimento dos sujeitos 118
- 9.4 Limitações do uso de documentos na pesquisa qualitativa 118
  - 9.4.1 Insuficiência para os propósitos da investigação 118
  - 9.4.2 Inacessibilidade 118
  - 9.4.3 Autenticidade 118
  - 9.4.4 Credibilidade 118
  - 9.4.5 Falta de clareza ou imprecisão dos dados 119
- 9.5 Tipos de documento 119
  - 9.5.1 Documentos pessoais 119
  - 9.5.2 Documentos de arquivos 120
  - 9.5.3 Publicações de organizações 120
  - 9.5.4 Documentos disponibilizados na internet 121
  - 9.5.5 Artefatos e traços materiais 121
- 9.6 Etapas da análise de documentos 121
  - 9.6.1 Identificação do material potencialmente relevante 121
  - 9.6.2 Avaliação da qualidade dos documentos 122
  - 9.6.3 Estabelecimento de um sistema de codificação e classificação dos documentos 122

10 Análise e Interpretação dos Dados 125
- 10.1 O processo de análise de dados na pesquisa qualitativa 125
  - 10.1.1 Atividades analíticas que ocorrem durante a coleta de dados 125
  - 10.1.2 Etapas do processo de análise 127
- 10.2 Análise dos dados nas diferentes modalidades de pesquisa qualitativa 128
  - 10.2.1 Análise de dados na pesquisa narrativa 128
  - 10.2.2 Análise de dados na pesquisa fenomenológica 130
  - 10.2.3 Análise dos dados na pesquisa etnográfica 131
  - 10.2.4 Análise dos dados na teoria fundamentada 133
  - 10.2.5 Análise de dados em estudos de caso 136
  - 10.2.6 Análise dos dados na pesquisa qualitativa básica 139
- 10.3 Uso do computador na análise de dados qualitativos 141
  - 10.3.1 Como os *softwares* auxiliam na análise dos dados 141
  - 10.3.2 Riscos associados à utilização do computador na análise de dados qualitativos 142

XV

		10.3.3	Programas disponíveis para análise de dados na pesquisa qualitativa..142
		10.3.4	Exibição dos dados 143

11 Redação do Relatório de Pesquisa 149
    11.1   O relatório na pesquisa qualitativa 149
    11.2   Determinação do público-alvo..151
    11.3   Definição do foco 151
    11.4   Definição da estrutura redacional..152
        11.4.1   Estrutura clássica...152
        11.4.2   Estrutura narrativa..153
        11.4.3   Estrutura descritiva 153
        11.4.4   Estrutura de construção de teoria................................153
    11.5   Padrões para relatórios de pesquisa qualitativa 154
        11.5.1   Título e resumo..154
        11.5.2   Introdução..154
        11.5.3   Revisão da literatura 154
        11.5.4   Métodos 155
        11.5.5   Análise e interpretação dos resultados........................157
        11.5.6   Conclusão 158
    11.6   O estilo de redação 159
    11.7   A inserção das falas dos entrevistados...160
    11.8   Combinação das falas dos informantes com os comentários do pesquisador...162

Bibliografia...165

Índice Alfabético..175

1

O QUE É PESQUISA QUALITATIVA

São cada vez mais frequentes as pesquisas designadas como qualitativas. Ocorre, porém, que nem sempre essas pesquisas são caracterizadas por rigor técnico. São comuns as situações em que pesquisadores iniciantes decidem por sua utilização acreditando serem mais simples do que as pesquisas quantitativas, o que não é verdadeiro, pois as pesquisas qualitativas, para serem úteis, devem ser planejadas e conduzidas com rigor.

Com vistas a proporcionar uma visão geral da pesquisa qualitativa, inicia-se este livro com o presente capítulo. **Após estudá-lo cuidadosamente, você será capaz de:**

- conceituar pesquisa qualitativa;
- reconhecer as etapas do desenvolvimento histórico da pesquisa qualitativa;
- identificar as principais modalidades de pesquisa qualitativa;
- identificar os pressupostos filosóficos e teóricos da pesquisa qualitativa;
- identificar situações em que se recomenda fazer pesquisa qualitativa;
- reconhecer as habilidades requeridas para planejar e conduzir pesquisas qualitativas.

1.1 Como definir pesquisa qualitativa

À primeira vista, parece razoável admitir que a pesquisa qualitativa – em contraste com a pesquisa quantitativa – é aquela em que se lida com dados não numéricos. Isso seria não apenas uma simplificação, mas também o reconhecimento de que a pesquisa qualitativa se caracterizaria por baixo nível de cientificidade, pois é graças à utilização dos números que a linguagem científica se torna mais clara, precisa e objetiva; ou seria o reconhecimento de que seria apropriada apenas para fornecer resultados aproximados ou para proporcionar a construção de hipóteses, ou seja, para propósitos exploratórios. Ora, pesquisas com esse propósito não podem ser consideradas qualitativas, mas pré-quantitativas (ROSSITER, 2011).

Pesquisa qualitativa, a rigor, refere-se a "qualquer tipo de pesquisa que produza resultados não alcançados através de procedimentos estatísticos ou de outros meios de quantificação" (STRAUSS; CORBIN, 2008, p. 23). Sua utilização não se deve a uma opção preferencial pelos procedimentos qualitativos, mas à dificuldade para obtenção de resultados quantitativos em determinados campos. É o que ocorre quando se busca, por exemplo, conhecer a essência de um fenômeno, descrever a experiência vivida de um grupo de pessoas, compreender processos integrativos ou estudar casos em profundidade. O que se busca com a pesquisa qualitativa é, mediante um processo não matemático de interpretação, descobrir conceitos e relações entre os dados e organizá-los em um esquema explicativo. Trata-se, portanto, de uma modalidade de pesquisa de caráter essencialmente interpretativo, em que os pesquisadores estudam coisas dentro dos contextos naturais destas, tentando entender ou interpretar os fenômenos em termos dos significados que as pessoas lhes atribuem (DENZIN; LINCOLN, 2018).

Assim entendida, a pesquisa qualitativa enfatiza as qualidades de entidades e de processos que não são apresentadas em termos de quantidade, intensidade ou frequência. Ela enfatiza a natureza socialmente construída da realidade, o relacionamento íntimo entre o pesquisador e o que é estudado, além das restrições situacionais que moldam a investigação. Os pesquisadores qualitativos reconhecem que a investigação é permeada por valores e buscam respostas para perguntas que enfatizam como a experiência social é criada e ganha significado (DENZIN; LINCOLN, 2018).

Estas considerações indicam que não é fácil definir claramente o significado de pesquisa qualitativa. Ela não se fundamenta em uma teoria ou paradigma exclusivo. Pelo contrário, fundamenta-se em múltiplas tradições, como a fenomenologia, o interacionismo simbólico e o pós-modernismo. Assim, uma estratégia adotada por muitos autores tem sido a de definir o conceito de pesquisa qualitativa mediante o esclarecimento de suas características essenciais. É o que fazem Merriam e Tisdell (2016), definindo quatro características-chave para entender a natureza da pesquisa qualitativa:

- *Foco no significado e no entendimento.* O que se pretende com a pesquisa qualitativa é compreender como as pessoas interpretam suas experiências, constroem seus mundos e atribuem significado a suas experiências. A principal preocupação do pesquisador deve ser, portanto, a de compreender o fenômeno segundo a perspectiva dos participantes e não a sua.

- *Pesquisador como instrumento primário da coleta de dados.* Como a compreensão é o objetivo da pesquisa qualitativa, o pesquisador – na condição de ser humano capaz de responder e de se adaptar imediatamente – torna-se o meio ideal para coleta e análise dos dados. Ele pode ampliar sua compreensão mediante comunicação verbal e não verbal, processar a informação imediatamente, clarificar e sumarizar o material, checar com os respondentes a acurácia de sua interpretação, bem como explorar o significado de respostas incomuns ou imprevistas.

- *Processo indutivo.* Diferentemente do que ocorre na pesquisa quantitativa, em que se parte de hipóteses deduzidas de um arcabouço teórico, na pesquisa qualitativa o pesquisador

O que é pesquisa qualitativa

procede pela via indutiva, coletando dados mediante entrevistas, observações e análise documental com o propósito de estabelecer categorias, hipóteses e teorias.

- *Rica descrição*. Os achados da pesquisa são apresentados não em números, mas em palavras e figuras. Notas de campo, excertos de documentos, trechos das falas dos participantes e segmentos de vídeos são incluídos no relatório da pesquisa, enfatizando sua natureza descritiva.

1.2 Por que fazer pesquisa qualitativa

Pesquisadores pouco familiarizados com os métodos quantitativos podem julgar mais conveniente realizar estudos que não requeiram grandes amostras nem tratamento estatístico dos dados e, por essa razão, decidirem-se pela realização de pesquisas qualitativas. Mas não raro se frustram, porque, de modo geral, as pesquisas qualitativas requerem mais habilidades dos pesquisadores e muito mais esforços na coleta, análise e interpretação dos dados. Assim, decidir-se pela realização de uma pesquisa qualitativa por considerá-la mais simples não se justifica.

Mas não há como deixar de reconhecer que a pesquisa qualitativa é fascinante. Para Yin (2016), esse fascínio decorre da: 1. maior liberdade de seleção de temas de interesse, visto que outras modalidades, como os experimentos, limitam as possibilidades de estabelecer as condições necessárias para a sua adequada execução; 2. indisponibilidade dos dados requeridos ou mesmo insuficiente abrangência das variáveis geralmente consideradas, como ocorre, por exemplo, nos estudos econômicos; e 3. dificuldade de seleção de uma amostra adequada para obtenção de taxas de resposta suficientemente altas, como ocorre frequentemente nos levantamentos.

Mas há muitas outras justificativas para a realização de pesquisas qualitativas:

A pesquisa qualitativa estuda o ambiente da vida real
Possibilita, então, capturar a riqueza da vida das pessoas, mostrando como enfrentam e prosperam nesse ambiente.

A pesquisa qualitativa é adequada para pesquisar algo que ainda não está bem definido
Torna-se, portanto, muito útil como delineamento de estudos exploratórios, que têm como finalidade alcançar uma nova compreensão do problema ou a construção de hipóteses.

A pesquisa qualitativa proporciona aos indivíduos expressarem livremente suas crenças, sentimentos e experiências, sem limitações ou constrangimentos
Os métodos qualitativos possibilitam ao pesquisador acompanhar as respostas dadas pelos indivíduos em tempo real, mediante uma conversa amigável sobre um assunto.

> **A pesquisa qualitativa possibilita entender o contexto em que os fenômenos ocorrem**
> Alguns dos dados mais ricos não são coletados nem em laboratório nem em levantamentos com questionários estruturados, mas combinando diferentes métodos, como observação e entrevista em profundidade.

> **A pesquisa qualitativa favorece a identificação de vínculos e mecanismos que explicam o funcionamento das coisas**
> Embora não seja adequada para a determinação da causa dos fenômenos, pode contribuir para identificar os "porquês" que estão atrás dos dados estatísticos, construir hipóteses testáveis e desenvolver teorias.

1.3 Quais as principais modalidades de pesquisa qualitativa

São muitas as modalidades de pesquisa qualitativa, já que derivam de múltiplas tradições no campo das ciências sociais. Pode-se definir, no entanto, cinco modalidades, que correspondem às principais tradições e abrangem a maioria dos estudos que contemporaneamente são definidos sob esse título: pesquisa narrativa, pesquisa fenomenológica, *grounded theory*, pesquisa etnográfica e estudo de caso (CRESSWELL, 2014).

> **Pesquisa narrativa**
> A pesquisa narrativa é desenvolvida com o propósito de estudar um fenômeno sob a perspectiva evolutiva. Pode se referir, por exemplo, ao processo de adaptação de funcionários ao contexto de trabalho, à aculturação de imigrantes de origem rural ao meio urbano, à aderência ao tratamento de determinada doença etc. A técnica mais adotada nessa modalidade de pesquisa é a história de vida, que consiste no relato cronológico proporcionado por um ou mais de um indivíduo que se dispõe a relatar suas experiências.

> **Pesquisa fenomenológica**
> A pesquisa fenomenológica busca conhecer um fenômeno através da consciência dos sujeitos formulada com base nas suas experiências. Seu objeto de estudo é, pois, o próprio fenômeno, tal como se apresenta à consciência, e não o que se pensa ou se diz a seu respeito. A técnica mais utilizada para tanto é a entrevista não estruturada, que possibilita a livre manifestação dos participantes acerca de suas experiências.

O que é pesquisa qualitativa

> **Grounded theory**
> Grounded theory é o termo utilizado para designar a modalidade de pesquisa que tem como finalidade a construção de uma teoria fundamentada nos dados. O pesquisador, mediante entrevista ou outros procedimentos, reúne um certo volume de dados referentes a determinado fenômeno. Após compará-los, codificá-los e extrair suas regularidades, conclui com uma teoria que emerge desse processo.

> **Pesquisa etnográfica**
> A pesquisa etnográfica tem como propósito estudar as pessoas em seu próprio ambiente mediante a utilização de procedimentos como a entrevista em profundidade e a observação participante. Em sua modalidade mais clássica, envolve a descrição das múltiplas manifestações culturais de uma comunidade ou de uma organização, requerendo, portanto, a longa permanência em campo dos pesquisadores.

> **Estudo de caso**
> O estudo de caso consiste no estudo profundo e exaustivo de um ou de poucos casos, de maneira a permitir um amplo e detalhado conhecimento do fenômeno que se pretende pesquisar. Sua efetivação também demanda prolongada permanência do pesquisador no ambiente que está sendo estudado e a utilização de múltiplos procedimentos de coleta de dados, tais como: entrevistas, observação simples ou participante e análise de documentos.

1.4 Quais são os fundamentos filosóficos da pesquisa qualitativa

Com a identificação das características da pesquisa qualitativa, fica claro que o pesquisador, ao se decidir por sua utilização, precisa levar em consideração não apenas questões relacionadas ao problema que pretende investigar, mas também suas concepções acerca do mundo, da ciência e do ser humano. Com efeito, a pesquisa qualitativa fundamenta-se em pressupostos filosóficos, ou seja, em crenças acerca da natureza da realidade, do alcance do conhecimento humano para compreensão dessa realidade, do papel dos valores e da adequação dos métodos científicos na investigação. Assim, sua adequada compreensão requer considerações acerca dos pressupostos ontológicos, epistemológicos, axiológicos e metodológicos da pesquisa qualitativa (CRESSWELL, 2014).

1.4.1 Pressupostos ontológicos

O adjetivo ontológico refere-se a tudo que diz respeito à ontologia, que é a disciplina filosófica que investiga a natureza da realidade e da existência. Ela trata do ser enquanto ser, estabelecendo as categorias fundamentais das coisas a partir de suas propriedades essenciais. Em pesquisa, uma questão ontológica fundamental é a que trata da realidade que está sendo investigada. Quando a pesquisa é orientada pela perspectiva positivista, o pesquisador pressupõe a existência de uma única realidade, que é objetiva. Foi o que motivou Émile Durkheim nas *Regras do método sociológico* a estabelecer que a primeira e mais fundamental regra para o sociólogo é tratar os fatos sociais como coisas, ou seja, como realidades objetivas, que são externas aos indivíduos e podem, consequentemente, ser compreendidas de forma semelhante por diferentes pessoas (DURKHEIM, 1978).

Na pesquisa qualitativa, no entanto, o pesquisador tende a adotar uma perspectiva interpretativista, que reconhece a realidade como socialmente construída, o que pressupõe a existência de múltiplas realidades. Assim, uma entidade social, como uma organização, passa a ser entendida como um rótulo que é utilizado pelos indivíduos para conferir sentido à sua experiência social, devendo ser entendida apenas do ponto de vista dos indivíduos que estão diretamente envolvidos com ela (BRYMAN; BELL, 2015).

1.4.2 Pressupostos epistemológicos

O adjetivo epistemológico refere-se à epistemologia – ou teoria do conhecimento –, que é a disciplina filosófica que trata da natureza e limites do conhecimento humano e que aborda, dentre outras questões, a diferença entre ciência e senso comum e a validade do saber científico. Assim, uma questão epistemológica fundamental na pesquisa refere-se à relação que se estabelece entre o pesquisador e os indivíduos que estão sendo pesquisados. Na pesquisa quantitativa – orientada pela perspectiva positivista –, é desejável o estabelecimento da maior distância possível entre esses atores, para garantir a objetividade dos resultados. Já na pesquisa qualitativa, os pesquisadores são orientados a se aproximar dos participantes. Isto porque interessa conhecer a realidade por meio da experiência subjetiva das pessoas. Dessa forma, a ida ao campo em que as pessoas atuam constitui etapa importante do processo de investigação acerca do que que elas sentem, creem ou fazem. Tanto é que, nas pesquisas qualitativas etnográficas desenvolvidas com rigor, o pesquisador permanece por longo tempo em campo e a coleta de dados é feita com o auxílio da observação participante, que só se efetiva com o reconhecimento do pesquisador como membro do grupo ou da comunidade que pretende investigar.

1.4.3 Pressupostos axiológicos

O adjetivo axiológico refere-se à axiologia, que é a disciplina que trata dos valores, ou seja, dos princípios morais e éticos que conduzem a vida das pessoas. Os valores fazem parte da personalidade humana e são fundamentais para a tomada de decisões relativas à conduta. De acordo com a perspectiva positivista, os pesquisadores deveriam observar o mundo social fazendo tábula rasa dos conhecimentos já adquiridos e, consequentemente, de seus valores, a fim de afastar pressuposições (DURKHEIM, 1978). Mas é natural que os pesquisadores tragam consigo valores pessoais que de alguma forma acabam por influenciar seus estudos. Por essa razão, os pesquisadores qualitativos, por atuarem mais proximamente da realidade que pretendem estudar, tendem a admitir mais facilmente que as informações coletadas em campo são carregadas de valores. Tendem a reconhecer que as histórias e os depoimentos obtidos constituem, a rigor, uma interpretação tanto do pesquisador quanto dos sujeitos do estudo. Assim, muitos são os pesquisadores qualitativos que, ao relatarem os procedimentos e os resultados da pesquisa, discutem abertamente os valores que moldam a narrativa e incluem sua interpretação juntamente com a interpretação dos participantes (CRESSWELL, 2014).

1.4.4 Pressupostos metodológicos

Na pesquisa quantitativa, adota-se preferencialmente a lógica dedutiva – que, para chegar à conclusão, parte do geral para o particular. Elabora-se previamente um arcabouço teórico do qual derivam hipóteses que serão testadas ao longo do processo da pesquisa. Já na pesquisa qualitativa – mesmo sem desconsiderar a importância da revisão da literatura –, a lógica que os pesquisadores adotam é preferencialmente a indutiva, que implica ir do particular para o geral. Assim, evita-se construir hipóteses prévias e procede-se à coleta de dados utilizando principalmente observações naturalísticas e entrevistas pouco estruturadas. Busca-se, portanto, estudar o tópico dentro de seu contexto, lidando com as particularidades e, mediante revisões contínuas dos achados, chegar à sua compreensão.

1.5 Paradigmas associados à pesquisa qualitativa

Os pressupostos filosóficos considerados na seção anterior concretizam-se mediante a constituição dos paradigmas que fornecem as bases para a realização da pesquisa qualitativa. Os paradigmas, de acordo com Kuhn (1998, p. 13), são "as realizações científicas universalmente reconhecidas que, durante algum tempo, fornecem problemas e soluções modelares para uma comunidade de praticantes de uma ciência". Ou seja, os paradigmas podem ser entendidos como estruturas mentais compostas por teorias, experiências e métodos que servem para organizar a realidade e seus eventos no pensamento humano. São, pois, esses paradigmas que fornecem as estruturas interpretativas utilizadas na pesquisa qualitativa.

A determinação dos paradigmas tem sido preocupação de muitos autores vinculados à pesquisa qualitativa. Isto porque o paradigma dominante no campo das ciências humanas e sociais tem sido, desde meados do século XIX, o positivismo. Mas os pesquisadores empenhados na realização da pesquisa qualitativa adotam outros paradigmas para fundamentar sua atuação. Assim, Lincoln, Lyngham e Guga (2018), que há várias décadas dedicam-se ao estudo dessa questão, identificam cinco paradigmas que devem ser considerados na pesquisa qualitativa: positivismo, pós-positivismo, construtivismo, teoria crítica e perspectiva participativa/pós-moderna.

1.5.1 Paradigma positivista

O positivismo afirma a existência de uma realidade objetiva, que pode ser aprendida e explicada mediante observação e experimentação. Baseia-se, portanto, em fatos reais "positivos", que podem ser observados diretamente, e não em deduções abstratas. Estabelece que os fenômenos estão inter-relacionados mediante proposições do tipo "causa-efeito". Assim, a pesquisa orientada pelo positivismo procura adotar procedimentos semelhantes aos das ciências naturais, que são essencialmente quantitativos. Supõe, também, que o pesquisador e o objeto pesquisado são entidades independentes e que o pesquisador pode estudar o objeto sem ser influenciado por ele. E, para que os resultados sejam objetivos, o pesquisador precisa abster-se de considerações de valor (LINCOLN; LYNGHAM; GUGA, 2018).

O positivismo tem sido intimamente associado ao desenvolvimento das ciências sociais. A economia e a psicologia são dominadas por concepções positivistas, e a sociologia teve uma forte contribuição positivista, visto que Augusto Comte, um dos fundadores do positivismo, foi quem criou o termo sociologia. Nem todo o positivismo, no entanto, é radical. Tanto é que o funcionalismo – que é considerado orientação teórica importante nas pesquisas etnográficas – também foi constituído sob influência do positivismo (MALINOWSKI, 1970).

1.5.2 Paradigma pós-positivista

O pós-positivismo é uma versão modificada do positivismo, versão que adota um "realismo crítico", ou seja, admite a existência de uma realidade objetiva, mas que não é totalmente compreensível, tanto em decorrência das deficiências dos mecanismos intelectuais dos seres humanos quanto da natureza inexplicável de variáveis desconhecidas. Assim, a realidade é apreensível não de forma absoluta, mas probabilística (LINCOLN; LYNGHAM; GUGA, 2018).

O pós-positivismo avança em relação à ideia do verificacionismo dos positivistas, propondo o argumento da "falsificação". De acordo com esse argumento, é impossível verificar se as crenças sobre os universais ou os inobserváveis são verdadeiras, embora seja possível rejeitar as falsas crenças se elas forem formuladas de maneira passível de falsificação (POPPER, 2013). Assim, o pós-positivismo reconhece que toda observação é falível e, consequentemente, qualquer teoria é passível de revisão. Enquanto para o positivista o objetivo da ciência é descobrir a verdade, para o pós-positivista seu objetivo é procurá-la, mesmo admitindo que talvez não possa ser alcançada. E, enquanto os positivistas enfatizam a independência entre o pesquisador e as pessoas pesquisadas, os pós-positivistas reconhecem que os conhecimentos prévios e os valores do pesquisador podem influenciar o que é observado.

O pós-positivismo valoriza os elementos quantitativos na pesquisa, mas propõe um entendimento adequado das direções e perspectivas de qualquer estudo, a partir de múltiplas dimensões e múltiplos métodos probabilísticos (LINCOLN; LYNGHAM; GUGA, 2018). A rigor, o que faz o pós-positivismo é reagir contra as limitações do positivismo, que rejeita a possibilidade da adoção da perspectiva individual e subjetiva dos fatos. Assim, o pós-positivismo propõe a mistura de métodos quantitativos e qualitativos na exploração dos fatos (CLARK, 1998; FISCHER, 1998).

1.5.3 Paradigma construtivista

O construtivismo (também conhecido como interpretativismo) é uma posição ontológica que estabelece que todo conhecimento é construído a partir da experiência humana, opondo-se, portanto, à perspectiva do conhecimento descoberto. Dessa forma, entende-se que os fenômenos sociais e seus significados estão sendo continuamente construídos pelos atores sociais. Isso significa não apenas que os fenômenos e as categorias sociais são produzidos pela interação social, mas que estão em constante estado de mudança. O construtivismo se fundamenta, portanto, em uma ontologia relativista; o que implica que a realidade seja reconhecida como o produto de múltiplas construções mentais, cujo conteúdo depende dos sujeitos que as constroem (LINCOLN; LYNGHAM; GUGA, 2018).

Segundo esta perspectiva, o conhecimento não pode ser separado do conhecedor. A realidade, por sua vez, não pode ser "estudada em pedaços" pela identificação de variáveis, mas deve ser analisada holisticamente. Assim, torna-se difícil, sob esta perspectiva, admitir a possibilidade da generalização, já que as realidades construídas são locais e específicas (LINCOLN; LYNGHAM; GUGA, 2018). Cada realidade deve, portanto, ser entendida como invenção ou artefato de uma cultura em particular.

O construtivismo constitui provavelmente a perspectiva mais adotada pelos autores que tratam da pesquisa qualitativa. Basta considerar que a fenomenologia e o interacionismo simbólico vinculam-se ao construtivismo.

1.5.4 Paradigma crítico

Teoria crítica é um termo que evoca a tradição teórica da chamada Escola de Frankfurt, que tem como um de seus principais líderes contemporâneos o filósofo e sociólogo Jürgen Habermas. Num sentido amplo, porém, refere-se a uma postura que procura explicar o que existe de errado na realidade social, identificar atores que são capazes de modificá-la e definir formas para sua efetivação. Sua intenção é transformadora, já que se propõe à melhoria da qualidade de vida das pessoas, à diminuição das desigualdades sociais e à eliminação de todas as formas de opressão. O marxismo é identificado como uma das principais influências na teoria crítica.

A teoria crítica, que envolve contemporaneamente também as questões de gênero e de raça, fundamenta-se em um realismo histórico, segundo o qual a realidade é moldada por valores sociais, políticos, culturais, econômicos, étnicos e de gênero cristalizados ao longo do tempo. Privilegia o método dialético, que se fundamenta na contradição e advoga explicitamente a disposição para beneficiar os grupos sociais que experimentam as mais diversas formas de opressão.

Como a teoria crítica estabelece que a realidade é influenciada por fatores históricos e é construída mediante a interação entre a linguagem e o mundo, seus pesquisadores tendem a adotar uma postura epistemológica mais interacional e subjetiva (LINCOLN; LYNGHAM; GUGA, 2018). Privilegia, dessa forma, a coleta de dados mediante procedimentos como entrevistas abertas, observações espontâneas e grupos focais, que são de natureza qualitativa.

1.5.5 Paradigma participativo/pós-moderno

As origens do paradigma participativo podem ser encontradas em trabalhos como os do psicólogo alemão Kurt Lewin (1890-1947) e do educador brasileiro Paulo Freire (1921-1997). Heron e Reason (1997) o definem como uma perspectiva fundamentada na aceitação da "realidade participativa", que é produto da cocriação, já que decorre da participação democrática entre o pesquisador e os demais sujeitos da pesquisa. O conhecimento gerado é de natureza prática e floresce com um equilíbrio entre autonomia e cooperação. Na última versão de seus estudos acerca dos paradigmas, Lincoln, Lyngham e Guga (2018) inserem nesta perspectiva as contribuições de autores pós-modernos. Assim, estabelecem que, segundo o paradigma participativo/pós-moderno, o conhecimento é fundamentado na transformação da experiência; é ao mesmo tempo objetivo e subjetivo, tentativo, multifacetado e não necessariamente racional.

1.6 Teorias que fundamentam a pesquisa qualitativa

São os paradigmas que fornecem as estruturas interpretativas utilizadas na pesquisa qualitativa. Constituem, porém, construções mentais bastante amplas, produtos da combinação de diferentes construções teóricas, capazes de proporcionar apenas a abordagem mais geral da pesquisa. A determinação dos procedimentos de coleta, análise e interpretação dos dados, no entanto, vincula-se mais diretamente a teorias, entendidas como sistemas coerentes de conceitos, princípios e técnicas que podem ser utilizados para a compreensão da realidade. Assim, as mais importantes teorias de interesse para a pesquisa qualitativa são apresentadas a seguir.

1.6.1 Marxismo

O marxismo, que é constituído pelas ideias expostas por Karl Marx (1818-1883) e Friedrich Engels (1820-1895), exerceu significativa influência na constituição das ciências sociais. Na pesquisa qualitativa, no entanto, essa influência não foi tão expressiva, pelo menos até a consolidação das chamadas teorias críticas, a partir da segunda metade do século XX. No entanto, elementos importantes do marxismo contribuem para a fundamentação da pesquisa qualitativa.

Uma importante contribuição é a da denominada primeira lei da dialética: a da transformação da quantidade em qualidade e vice-versa, que estabelece que mudanças meramente quantitativas além de um certo ponto se tornam diferenças qualitativas (ENGELS, 1976). Um exemplo é que, quando a água fica mais fria, há um ponto em que passa do estado líquido para o sólido. Assim, a definição dessa lei constitui um estímulo para os pesquisadores, que passam a reconhecer o papel das mudanças qualitativas nos processos sociais.

O principal conceito de inspiração marxista para a pesquisa qualitativa é o do conflito. De acordo com a teoria do conflito, as sociedades são definidas por grupos de interesse, que estão permanentemente competindo uns com os outros por recursos, que podem ser econômicos, políticos ou sociais. Diferentemente de outros teóricos, como os funcionalistas, que veem o conflito como uma anomalia que precisa ser superada para que a sociedade possa se manter em equilíbrio, os teóricos do conflito o reconhecem como intrínseco à organização humana, constituindo o principal motor da evolução social.

Graças à concepção do conflito, o marxismo torna-se uma das principais inspirações para as chamadas teorias críticas, que abrangem as teorias raciais e de gênero. Além disso, constitui a base para a realização de pesquisas etnográficas que enfatizam contradições e conflitos de classe em qualquer formação social, mesmo em sociedades que aparentemente são igualitárias e parecem estar em estado próximo do equilíbrio (ANGROSINO, 2009).

1.6.2 Sociologia compreensiva de Weber

Karl Marx é um dos mais influentes autores na compreensão do desenvolvimento do capitalismo, sobretudo por considerar a importância dos sistemas de produção e da lógica de relações sociais que se estabeleciam entre eles. Max Weber, que foi um grande estudioso da obra de Marx, reconheceu o peso das estruturas econômicas na determinação das mudanças verificadas na sociedade, mas admitia que as motivações dos indivíduos para suas ações em relação aos outros indivíduos constituiriam os principais fatores na determinação dos processos de mudança social. Assim, elaborou o conceito de ação social, que se tornou a base de sua sociologia, que é definida como

> uma ciência que pretende compreender interpretativamente a ação social e assim explicá-la causalmente em seu curso e em seus efeitos. Por ação entende-se, neste caso, um comportamento humano, sempre que e na medida em que o agente ou agentes o relacionam com um sentido subjetivo. A ação "social", por sua vez, significa uma ação que, quanto a seu sentido visado pelo agente ou agentes, se refere ao comportamento de outros, orientando-se por este em seu curso (WEBER, 2000, p. 3).

A ação social corresponde, portanto, a qualquer ação realizada por um indivíduo em um meio social e que tenha um sentido determinado por seu autor. Assim, o pesquisador orientado pela perspectiva weberiana busca primariamente "compreender" a intenção dos atores sociais em relação à resposta desejada de seu interlocutor. Ou, em outras palavras, apreender os significados que norteiam essas ações. Assim, as concepções de Weber contribuem para fundamentar a pesquisa qualitativa, que tem como um de seus maiores propósitos compreender os fatos e fenômenos segundo a perspectiva dos próprios sujeitos.

Outra importante contribuição de Weber (1991, p. 106) para a pesquisa qualitativa é o conceito de tipo ideal, que se obtém

> mediante a acentuação unilateral de um ou vários pontos de vista, e mediante o encadeamento de grande quantidade de fenômenos isoladamente dados, difusos e discretos, que se podem dar em maior ou menor número ou mesmo faltar por completo, e que se ordenam

segundo pontos de vista unilateralmente acentuados, a fim de se formar um quadro homogêneo de pensamento.

O tipo ideal é, pois, um recurso metodológico que constrói modelos típicos baseados em generalizações que não se encontram disponíveis nesse grau de pureza na sociedade. Esses tipos-ideais, destituídos de tom avaliativo, não correspondem efetivamente à realidade, mas auxiliam em sua compreensão, visto serem estabelecidos de forma racional com base nas escolhas do pesquisador. O estabelecimento de tipos ideais não visa a construção de tipologias fixas, mas a definição de um parâmetro de observação, um guia que possibilita a organização da variedade de fenômenos que ocorrem na sociedade.

1.6.3 Fenomenologia

A fenomenologia, em seu sentido mais amplo, corresponde a um movimento filosófico iniciado na primeira metade do século XX e que tem como principais nomes Edmund Husserl (1859-1938), Martin Heidegger (1889-1976), Maurice Merleau-Ponty (1908-1961) e Jean-Paul Sartre (1905-1980). Significa, literalmente, o estudo dos "fenômenos", ou seja, da aparência das coisas, da maneira como elas aparecem em nossa consciência, da maneira como as experimentamos, do significado que têm em nossa experiência (HUSSERL, 2008).

A fenomenologia foi concebida por seus criadores como essencialmente filosófica, relacionando-se a seus vários campos: ontologia, epistemologia, lógica e ética. A partir da segunda metade do século XX, contudo, passou a merecer a atenção de pesquisadores sociais, que a identificaram como método de pesquisa. Assim, a fenomenologia tornou-se uma das principais inspirações para a pesquisa qualitativa, já que enfatiza a experiência vivida dos indivíduos, constituindo, portanto, um meio poderoso para entender a experiência subjetiva das pessoas e obter *insights* acerca de suas motivações.

1.6.4 Interacionismo simbólico

O interacionismo simbólico originou-se dos trabalhos desenvolvidos por George H. Mead (1863-1931) e Charles H. Cooley (1864-1929) e foi aperfeiçoado com as contribuições de Herbert George Blumer (1900-1987). Trata-se de uma abordagem de orientação essencialmente norte-americana, que concebe a sociedade como constituída por pessoas que atuam em relação às outras pessoas e aos objetos em seu ambiente com base nos significados que essas pessoas e objetos têm para aquelas. Esses significados, por sua vez, surgem da interação que cada pessoa tem com as outras e são estabelecidos e modelados mediante um processo interpretativo. Essa abordagem é designada simbólica porque atribui peso significativo aos símbolos no processo de comunicação humana.

O interacionismo simbólico, segundo Blumer (1969), fundamenta-se em três premissas: 1. o modo como os indivíduos interpretam os fatos e agem em relação aos outros indivíduos e às coisas depende dos significados que atribuem a esses indivíduos e coisas; 2. esses significados são resultado da interação que os indivíduos estabelecem com seus semelhantes; e 3. os significados podem ser alterados pelos indivíduos mediante um processo interpretativo ao interagirem com o que compõe o mundo que os envolve.

Sua influência foi decisiva na formulação das bases da *grounded theory* e constitui atualmente uma espécie de eixo em torno do qual gravita a maioria dos enfoques interpretativistas. De fato, o interacionismo simbólico contribui para a compreensão dos modos pelos quais as pessoas conferem sentido às situações que vivenciam e conduzem suas atividades em contato com outras pessoas.

1.6.5 Funcionalismo

O funcionalismo é a orientação teórica que foi dominante na pesquisa antropológica no século XX. Muito mais do que uma teoria, é uma doutrina que se baseia na premissa de que todos os componentes de uma sociedade – instituições, normas, papéis etc. – desempenham uma função e são indispensáveis para a sobrevivência da sociedade. Suas origens relacionam-se ao positivismo.

O positivismo supõe que cada sistema social tem uma unidade funcional na qual todas as suas partes trabalham juntas com algum grau de consistência interna. Também estabelece que todos os fenômenos culturais ou sociais desempenham uma função positiva e são indispensáveis. Algumas dessas funções são manifestas e suas consequências são pretendidas ou reconhecidas pelos participantes do sistema. Outras, porém, são latentes, pois não são intencionais nem reconhecidas. Por exemplo, uma festa em uma empresa tem como função manifesta um objetivo lúdico, mas pode ter como objetivo latente a coesão do grupo.

Embora intimamente vinculado ao positivismo, o funcionalismo desempenhou importante papel na constituição da pesquisa etnográfica ao valorizar o estudo em pequenas comunidades, a longa permanência do pesquisador em campo e a observação participante. O funcionalismo contribuiu também para a valorização da indução na pesquisa, pois os pesquisadores iniciam seu trabalho coletando dados no âmbito de uma pequena tribo, vila, comunidade ou vizinhança na qual estão interessados, em vez de iniciá-lo com um modelo, teoria ou hipótese para testar. Assim, esperam que temas ou padrões emerjam dos próprios dados coletados ao longo do trabalho de campo (ANGROSINO, 2009).

1.6.6 Teoria crítica

Conforme já indicado, o paradigma crítico associa-se aos trabalhos desenvolvidos na chamada Escola de Frankfurt, cujos principais teóricos são Max Horkheimer (1895-1973), Theodor W. Adorno (1903-1969), Herbert Marcuse (1898-1979) e Jürgen Habermas (1929-), que desenvolveram esforços para empregar tradicionais métodos empíricos de pesquisa com o propósito de testar as proposições derivadas da tradição marxista. Mas o termo "teoria crítica" vem sendo utilizado em contexto muito mais amplo para designar qualquer abordagem com objetivos práticos semelhantes, incluindo feminismo, teoria crítica da raça e teoria *queer* (ver 1.6.7; 1.6.8; e 1.6.9).

Para Horkheimer (1982, p. 244), a teoria crítica "busca a emancipação humana para libertar o ser humano das circunstâncias que o escravizam" (tradução nossa). De fato, a teoria crítica contrasta com as tradicionais teorias sociais que exploram e confirmam o *status quo*, já que o desafia e luta por uma sociedade equilibrada e democrática. Ela demonstra preocupação preferencial com a questão das relações de poder dentro da sociedade.

A teoria crítica afirma que a realidade social é influenciada pela "realidade histórica", sendo construída mediante a interação entre a linguagem e o mundo. Assim, admite que o conhecimento é construído pelo poder de seus defensores (Scotland, 2012). Como as pesquisas fundamentadas nesta teoria são conduzidas com o propósito não apenas de compreender, mas de transformar a realidade, os pesquisadores dão preferência à realização de pesquisas qualitativas, como as etnográficas, que encorajam as pessoas a examinarem suas condições de existência, a interagirem, a se tornarem ativistas e formarem grupos orientados para a ação.

1.6.7 Feminismo

Muito mais do que uma teoria ou paradigma, o feminismo constitui uma abordagem geral para o estudo da condição humana. Como na teoria crítica, o poder é um tema prevalente, mas é associado à dominação de gênero na sociedade patriarcal. O feminismo assume que todas as relações sociais são de gênero. Sendo assim, a consciência de gênero torna-se um dos principais fatores na determinação do *status* social de uma pessoa.

Para os teóricos do feminismo, existe uma assimetria de gênero que é universal. Mesmo naquelas sociedades consideradas mais igualitárias, existe uma percepção generalizada de que mulheres e homens são diferentes uns dos outros, seja pelos fatores biológicos inatos ou pelos processos de socialização. Assim, os pesquisadores feministas encaram o gênero como um princípio organizador básico que molda as condições da vida (LATHER, 1991).

1.6.8 Teoria racial crítica

A teoria racial crítica originou-se de trabalhos publicados no campo dos estudos jurídicos críticos nos Estados Unidos na década de 1980. A obra seminal dessa teoria, contudo, deve-se ao lançamento, em 2001, do livro *Critical race theory: an introduction*, de Richard Delgado e Jean Stefancic. Esses autores ensaiam a elaboração da teoria racial crítica, indicando que o racismo não constitui uma aberração, mas algo muito comum, arraigado à experiência cotidiana da maioria dos negros nos Estados Unidos. Indicam, também, que o sistema de ascendência dos brancos serve a importantes propósitos, tanto psíquicos quanto materiais, o que faz com que as concepções vigentes de igualdade possibilitem apenas remediar as formas mais flagrantes de discriminação. Ressaltam, ainda, que o conceito de raça é produto do pensamento e das relações sociais; é um conceito sem qualquer base biológica que a sociedade inventa, manipula ou retira quando conveniente.

O que é pesquisa qualitativa

Para Parker e Lynn (2002), a teoria racial crítica tem três grandes objetivos: (a) apresentar a contagem de histórias e as narrativas como abordagens válidas para examinar o racismo na lei e na sociedade; (b) defender a erradicação da subjugação racial e ao mesmo tempo reconhecer que a raça é uma construção social; e (c) estabelecer relações importantes entre raça e outras áreas, como a de gênero, em que também se manifesta a dominação.

O primeiro objetivo indicado pelos autores evidencia a importância da pesquisa qualitativa nos estudos apoiados pela teoria racial crítica. Algumas das técnicas utilizadas na pesquisa qualitativa, tais como depoimentos pessoais, histórias de vida, biografias e narrativas, são cruciais não apenas para entender o racismo e a opressão, mas também para estimular a busca pela libertação.

1.6.9 Teoria *queer*

Teoria *queer* é um termo cunhado pela feminista italiana Teresa de Lauretis para designar uma teoria de gênero segundo a qual a orientação sexual e a identidade sexual ou de gênero dos indivíduos são construídas socialmente. Assim, não existem papéis sociais biologicamente inscritos na natureza humana, mas formas socialmente variáveis de desempenhar os papéis sociais (DE LAURETIS, 1991).

A teoria *queer* pode ser entendida como produto dos movimentos de libertação promovidos por gays e lésbicas na década de 1980. Diferencia-se, porém, das teorias relacionadas a esses movimentos porque não especifica apenas a sexualidade, mas refere-se ao que está em desacordo com o que é considerado normal, ou seja, com as normas sociais dominantes. O discurso *queer* é de certa forma crítico às políticas de identidade gay que tendiam a confiar no essencialismo de gênero para se representarem, tática política de mobilização baseada na identidade de gênero (SPIVAK, 2008).

Ao contrário dos essencialistas de gênero, que veem a identidade sexual como natural, central e fixa, os teóricos *queer* a veem como uma construção social, discursiva, fluida, plural e continuamente negociada. Consideram-na, portanto, uma "identidade sem essência" (HALPERIN, 1995), já que decompõe oposições binárias como "gay" ou "hétero". Assim, a teoria *queer* enfatiza a condição daqueles que não se encaixam perfeitamente em categorias convencionais, como bissexuais, travestis, transgêneros e transexuais.

1.6.10 Pós-modernismo

O pós-modernismo é uma corrente de pensamento que se iniciou na segunda metade do século XX, graças principalmente à contribuição dos pensadores franceses Michel Foucault (1926-1984) e Jean-François Lyotard (1924-1998). Foi constituído em oposição ao modernismo, movimento que admitia que os métodos das ciências sociais poderiam ser utilizados para buscar a verdade, o melhor entendimento da realidade e a elaboração de normas para melhor execução das coisas.

Pós-modernismo é um termo amplo, que abrange muitas abordagens diferentes que valorizam a incerteza, a descontinuidade, a indeterminação e a ruptura. Assim, os pós-modernistas rejeitam a ideia de um fundamento fixo, universal e eterno para a realidade. Argumentam que esta é culturalmente dependente e que a cultura muda ao longo do tempo e de comunidade para comunidade.

Por rejeitar a possibilidade de um conhecimento objetivo, o pós-modernismo tem sido objeto de muitas críticas (KUNTZ, 2012). De fato, o pós-modernismo valoriza as opiniões subjetivas e múltiplas de indivíduos e comunidades, em vez de regras predeterminadas de ação. Isso porque admite que o conhecimento deve ser feito com os recursos linguísticos e outros recursos de criação de significado de uma cultura específica, e culturas diferentes podem ver o mundo de maneiras diferentes. No entanto, isso não significa que qualquer coisa pode ser aceita como verdade. Todo conhecimento da realidade traz a marca da cultura, personalidade e biologia humanas, que não podem ser separadas do que um grupo específico de pessoas ou uma cultura entende por conhecimento (HANNES, 2019).

1.7 Que competências são requeridas dos pesquisadores qualitativos?

Como foi indicado no início do capítulo, uma das principais características da pesquisa qualitativa é a condição do pesquisador como instrumento primário da coleta de dados, o que significa que esse pesquisador precisa dispor de muito mais competências do que o pesquisador quantitativo. Segue a descrição de algumas dessas competências:

- *Interesse por pessoas*. Os dados na pesquisa qualitativa são obtidos diretamente das pessoas. Isso requer do pesquisador interesse pelo que estas pensam e fazem e disposição para aceitar maneiras diferentes de pensar e de agir.
- *Capacidade para estabelecer contatos*. A pesquisa qualitativa requer contato com pessoas muito diferentes em termos de conhecimentos e hábitos. Assim, a habilidade para estabelecer e manter esses contatos torna-se fundamental para a coleta das informações requeridas.
- *Disposição para manter contatos prolongados*. A pesquisa qualitativa pode requerer observações intensas e entrevistas longas, além de permanência prolongada em campo.
- *Flexibilidade*. Tanto no planejamento da pesquisa quanto na coleta e análise dos dados, a flexibilidade é essencial, pois questionamentos costumam surgir ao longo de todo o processo de pesquisa. É necessário, portanto, que o pesquisador se sinta confortável com as idas e vindas na investigação e que se sinta confiante no processo.
- *Sensibilidade*. O exercício desta capacidade é fundamental para selecionar e acessar informantes e também para captar mensagens não verbais que estes emitem e revelar histórias diferentes das que contam.
- *Capacidade para observar*. É importante para o pesquisador observar não apenas as pessoas, mas o contexto em que atuam. A observação não pode, porém, estar orientada apenas pela curiosidade do pesquisador, mas precisa ser desenvolvida de forma sistemática.

O que é pesquisa qualitativa

- *Acessibilidade e empatia.* O sucesso da pesquisa qualitativa depende da disposição dos participantes para fornecer informações de forma honesta e construtiva. Portanto, requer-se do pesquisador que tenha capacidade para deixar as pessoas à vontade e dispostas a expressarem sentimentos e opiniões.
- *Habilidade para entrevistar.* A entrevista é a principal estratégia de coleta de dados na maioria das pesquisas qualitativas. Bons resultados dependem de perguntas bem escolhidas e bem formuladas.
- *Tolerância à ambiguidade.* O pesquisador se depara frequentemente com pessoas que se expressam de forma incoerente em relação a fatos firmemente estabelecidos ou indicam variações na expressão de suas ideias ao longo de um curto período de tempo. Eventual disposição para contestá-las deve ser reprimida para evitar a perda de informações.
- *Habilidade de escrita.* Como a análise na pesquisa qualitativa não se apoia em tabelas e gráficos, o relato dos resultados exige muito mais texto escrito do que as pesquisas qualitativas.
- *Uso de linguagem alternativa.* A manutenção dos contatos exige a adequação da linguagem. Muitas vezes torna-se necessário ao pesquisador modificar sua linguagem para se conectar com pessoas e grupos que se expressam de forma diferente da sua.

QUESTÕES PARA DISCUSSÃO

1. Parece natural admitir que a principal distinção entre a pesquisa quantitativa e a qualitativa está na predominância do uso de números na primeira e de textos na última. Mas esta concepção é equivocada. Por quê?
2. Os textos didáticos referentes à pesquisa qualitativa conferem muito mais importância aos pressupostos filosóficos do que os referentes à pesquisa quantitativa. Por quê?
3. O positivismo é reconhecido como a principal influência na determinação dos métodos a serem utilizados na pesquisa qualitativa. Como, então, esta perspectiva filosófica deve ser encarada na pesquisa qualitativa?
4. Um dos principais cuidados a serem tomados pelo pesquisador quantitativo é a garantia da objetividade. Como este critério deve ser encarado pelo pesquisador qualitativo?
5. Justifique a afirmação de que se requer do pesquisador qualitativo muito mais habilidades do que as requeridas do pesquisador quantitativo.

LEITURAS RECOMENDADAS

CRESSWELL, John W. *Investigação qualitativa e projeto de pesquisa*: escolhendo entre cinco abordagens. 3. ed. Porto Alegre: Penso, 2014.

O segundo capítulo desse livro trata dos pressupostos e das estruturas interpretativas que fundamentam a pesquisa qualitativa.

LINCOLN, Yvonna S.; LYNGHAM, Susan A.; GUGA, Egon G. Paradigmatic controversies, contradictions and emerging confluences, revisited. *In*: DENZIN, Norman K.; LINCOLN, Yvonna S. *The Sage handbook of qualitative research*. 5. ed. London: Sage, 2018.

Esses autores examinam os principais paradigmas e perspectivas que organizam a pesquisa qualitativa. Enfatizam o positivismo, o pós-positivismo, a teoria crítica, o construtivismo e a abordagem participativa.

2

MODALIDADES DE PESQUISA QUALITATIVA

Pesquisa qualitativa é um conceito que abrange grande número de investigações que têm em comum a não utilização de procedimentos quantitativos na coleta e análise de dados. Fica claro, porém, que nem tudo o que é designado como pesquisa qualitativa corresponde rigorosamente a esta modalidade de pesquisa. Assim, Cresswell (2014), mediante exaustiva análise da literatura, definiu cinco modalidades de pesquisa qualitativa: pesquisa narrativa, pesquisa fenomenológica, pesquisa etnográfica, *grounded theory* e estudo de caso. Mas há outras modalidades de pesquisa também designadas como qualitativas.

Este capítulo foi elaborado com o propósito de caracterizar essas modalidades de pesquisa. **Após estudá-lo cuidadosamente, você será capaz de:**
- conceituar pesquisa narrativa, pesquisa fenomenológica, pesquisa etnográfica, *grounded theory*, estudo de caso e pesquisa qualitativa básica;
- identificar as características fundamentais dessas pesquisas;
- descrever as etapas seguidas em cada uma dessas pesquisas;
- identificar relações entre pesquisa qualitativa e pesquisa-ação e pesquisas de métodos mistos.

2.1 Pesquisa narrativa

O termo pesquisa narrativa refere-se a estudos baseados em relatos escritos ou falados, ou em representações visuais dos indivíduos. Em sua forma mais comum, consiste em reunir histórias sobre determinado assunto com o propósito de conhecer um fenômeno específico. Para Clandinin e Connely (2000, p. 20), é uma maneira de entender a experiência mediante a "colaboração entre pesquisador e participantes, ao longo do tempo, em um local ou série de locais e em interação social com os mesmos" (tradução nossa). O foco destas pesquisas está em como os indivíduos e grupos entendem os eventos de sua vida através do exame das histórias e de suas propriedades linguísticas e estruturais (RIESSMAN, 1993). Trata-se, portanto, de uma modalidade de pesquisa em que a própria história dos indivíduos constitui seu objeto de estudo.

2.1.1 Origem e desenvolvimento

Origens remotas da pesquisa narrativa podem ser encontradas na psicanálise, pois os psicanalistas sempre se preocuparam em reunir as memórias e os sonhos do paciente e formar uma narrativa coerente para entender sua vida (POLKINGHORNE, 1988). Na literatura clínica, também há referências a narrativas de doenças, histórias de vida e narrações psicoterápicas (RIESSMAN, 1993). Historiadores, tradicionalmente, têm se preocupado com descrições narrativas de eventos passados ao adotarem a técnica de história oral para obter não apenas testemunhos acerca dos eventos, mas também interpretações dos indivíduos acerca desses eventos.

A teoria literária também tem se concentrado no estudo da narrativa, tornando-se uma das disciplinas mais focadas nessa modalidade de investigação. Teóricos da literatura examinam a narrativa como ocorre nas histórias fictícias faladas e escritas, estudando os componentes estruturais que produzem significado e examinando as funções do leitor e do autor na transferência desse significado. Esses teóricos têm se inspirado na linguística, antropologia e ciência cognitiva, enfatizando assim a natureza interdisciplinar da narrativa (POLKINGHORNE, 1988).

Na sociologia, as origens da pesquisa narrativa são identificadas nos estudos desenvolvidos por pesquisadores da Escola de Chicago, principal centro de estudos sociológicos nas décadas de 1920 e 1930. *The Polish peasant in Europe and America*, de William I. Thomas e Florian Znaniecki, publicado entre 1918 e 1920, tornou-se famoso pelo uso de cartas de imigrantes e de uma longa história de vida como material de apoio para análise sociológica. O uso de histórias de vida continuou nessa escola, recebendo especial destaque o trabalho de Edwin H. Sutherland (1937), em que o autor obteve a autobiografia de um ladrão profissional.

Com o prestígio dos métodos quantitativos, o interesse pelo uso de narrativas em pesquisa social foi diminuindo, estabelecendo-se um período relativamente silencioso até o final da década de 1970. Constata-se, no entanto, a partir da década de 1990, a revalorização dos estudos narrativos. Marco dessa revalorização foi a fundação, em 1991, do *Journal of Narrative and Life History*, revista voltada para a difusão de pesquisas narrativas, que continuou, a partir de 1998, com o título de *Narrative Inquiry*.

2.1.2 Características básicas da pesquisa narrativa

As pesquisas narrativas, embora oriundas de diferentes tradições, apresentam algumas características cujo reconhecimento é importante para os pesquisadores empenhados na elaboração de seus projetos:

Modalidades de pesquisa qualitativa

Foco na experiência individual
As pesquisas narrativas envolvem, na maioria dos casos, mais de um indivíduo. É importante, no entanto, garantir que seja obtida uma narrativa ou história de vida de cada participante.

Utilização de diferentes meios para coleta de dados
Embora as histórias sejam geralmente obtidas mediante entrevistas, beneficiam-se também da obtenção de dados por outros meios, tais como observações nos locais relatados, análise de fotografias, cartas e outros documentos, bem como o depoimento de pessoas com quem o entrevistado tenha convivido.

Estabelecimento de uma cronologia
O pesquisador organiza os relatos observando uma cronologia, mesmo que as histórias não tenham sido contadas dessa forma.

Contextualização
As narrativas devem ser contextualizadas. É necessário, portanto, que o pesquisador leve em conta os lugares e as situações específicas em que a história se manifesta.

Cooperação
Os dados devem ser coletados mediante relacionamento entre pesquisador e participantes baseado na confiança e no respeito.

2.1.3 Modalidades de pesquisa narrativa

Como as pesquisas narrativas têm diferentes origens e servem a diferentes propósitos, é natural que possam ser identificadas distintas modalidades de estudo, tais como:

Estudo biográfico
Nesta modalidade, o pesquisador descreve as experiências de vida de outras pessoas. Cabe ressaltar, porém, que as informações são obtidas mediante o contato direto com os participantes. O estudo não se baseia em dados de segunda mão.

Autoetnografia
É escrita e registrada pelos indivíduos que são objeto de estudo. Seu propósito é descrever e analisar a experiência pessoal (*auto*) com vistas a compreender a experiência cultural (*etno*) (ELLIS, 2004). Pode, de certa forma, ser considerada pesquisa etnográfica.

História de vida
Consiste no relato pessoal de um indivíduo acerca de sua própria existência. Pode se referir à sua vida inteira, mas, na maioria dos estudos, abrange episódios ou situações particulares de interesse para a pesquisa. Este tipo de relato pode ser feito oralmente ou por escrito.

História oral
Consiste na obtenção de depoimentos de pessoas que podem testemunhar sobre acontecimentos, instituições, modos de vida, conjunturas ou outros aspectos de interesse para a pesquisa.

2.1.4 Condução da pesquisa narrativa

Embora haja diferentes modalidades de pesquisa narrativa, é possível definir uma sequência de etapas que podem ser seguidas nessas pesquisas:

1. *Determinação da adequação do problema ou questões de pesquisa.* É importante acentuar que a pesquisa narrativa é adequada para descrever histórias detalhadas ou experiências de vida de um único indivíduo ou as vidas de um ou de poucos indivíduos (CRESSWELL, 2014). Serve, portanto, para estudar fenômenos que se manifestam como um processo. Por exemplo: assimilação de hábitos urbanos, adequação ao contexto de trabalho etc.

2. *Seleção dos participantes.* Devem ser escolhidos participantes que tenham histórias ou experiências de vida que possam ser contadas. É pouco provável que essa modalidade de pesquisa possa fornecer bons resultados abrangendo mais do que quatro ou cinco indivíduos, principalmente porque é preciso garantir que o pesquisador tenha condições de encontrar "boas narrativas" e de passar um tempo considerável com os indivíduos colhendo suas histórias.

3. *Coleta dos dados.* Os dados, na pesquisa narrativa, podem ser obtidos de muitas maneiras. Clandinin e Connelly (2000) indicam um amplo leque de fontes de dados para estudos narrativos: diários, autobiografias, notas de campo elaboradas pelo pesquisador, cartas pessoais, conversas, entrevistas, histórias de família, documentos diversos, fotografias e artefatos pessoais. Czarniawska (2004) indica três formas básicas: registrar incidentes espontâneos de narrativas, obter histórias mediante entrevistas e solicitar histórias valendo-se de diferentes meios, inclusive a internet.

Modalidades de pesquisa qualitativa

4. *Análise e interpretação dos dados*. É pouco provável que os participantes contem suas histórias observando uma sequência cronológica. Principalmente quando o relato é feito de maneira bastante espontânea. Assim, é necessário que o pesquisador organize as histórias dentro de uma estrutura capaz de lhes conferir sentido. Essa organização pode ser feita mediante a reunião de um certo número de histórias, a análise de seus elementos-chave e sua reescrita em uma sequência cronológica, garantindo que tenham começo, meio e fim.

2.2 Pesquisa fenomenológica

Esta modalidade de pesquisa fundamenta-se na perspectiva fenomenológica, que é de natureza essencialmente filosófica e se propõe ao estudo dos fenômenos, ou seja, da aparência das coisas, da maneira como afloram à nossa consciência, da maneira como as experimentamos, do significado que têm em nossa experiência (HUSSERL, 2012). Trata-se, portanto, de um tipo de pesquisa que busca descrever e interpretar os fenômenos que se apresentam à percepção.

A pesquisa fenomenológica busca a interpretação do mundo através da consciência do sujeito formulada com base em suas experiências. Seu objeto é, portanto, o próprio fenômeno tal como se apresenta à consciência, e não o que se pensa ou afirma a seu respeito. Seu foco não está nos próprios participantes ou no mundo em que habitam, mas no significado ou na essência da inter-relação entre os dois (MERRIAM; TISDELL, 2016). É, pois, a mais genuína das pesquisas qualitativas, e pode-se afirmar que todas as pesquisas qualitativas conduzidas com rigor incorporam elementos da pesquisa fenomenológica.

2.2.1 Origem e desenvolvimento

A fenomenologia tem origem nos trabalhos desenvolvidos por Edmund Husserl (1859-1938). Sua obra apresenta uma crítica ao psicologismo e ao historicismo e propõe que a filosofia seja entendida como uma ciência rigorosa que se iniciaria com o estudo dos fenômenos como estes aparecem à consciência. Representou, portanto, uma reação à eliminação da metafísica, pretensão de grande parte dos filósofos e cientistas do século XIX. Diversos filósofos foram influenciados pelas ideias de Husserl. Dentre eles, Martin Heidegger (1889-1976), Jean-Paul Sartre (1905-1980) e Maurice Merleau-Ponty (1908-1961), que desenvolveram suas próprias concepções de fenomenologia.

Husserl – assim como Heidegger, Sartre e Merleau-Ponty – concebia o método fenomenológico como essencialmente filosófico. No entanto, esse método passou a ser utilizado também no campo das ciências empíricas. Cabe ressaltar que a fenomenologia teve grande impacto na psicologia e na psiquiatria. Karl Jaspers, em sua obra *Psicopatologia geral* (publicada originalmente em alemão, em 1913), demonstra a importância da compreensão fenomenológica da experiência subjetiva do paciente (JASPERS, 1997). A fenomenologia também teve importância fundamental no desenvolvimento da prática psicoterapêutica conhecida por *daseinsanalyse* (literalmente, "análise do ser-aí"), que tem suas origens na apropriação pioneira do pensamento de Heidegger, realizada por Ludwig Binswanger (1987).

Em 1959, Adrian Van Kaam, padre católico e professor da Universidade Duquesne, nos Estados Unidos, que se tornaria o criador da abordagem existencial-fenomenológica empírica em psicologia, criou um método para o desenvolvimento de pesquisa fenomenológica, método este que pode ser considerado o primeiro elaborado especificamente para realizar pesquisas qualitativas.

Em virtude dos trabalhos desenvolvidos nessa universidade, passou-se a falar na Escola de Duquesne, que se tornou uma das principais referências nos estudos fenomenológicos. Bastante influenciada pelo pensamento de Husserl, desenvolveu-se nesta escola a chamada fenomenologia descritiva, que enfatiza a descrição das experiências conscientes cotidianas, descartando as opiniões preconcebidas. Foram também autores vinculados a esta escola que desenvolveram alguns dos mais conhecidos métodos de pesquisa fenomenológica: Ernest Keen (1975), Paul F. Colaizzi (1978) e Amedeo Giorgi (1985).

Paralelamente a essa perspectiva, desenvolveu-se a fenomenologia hermenêutica ou interpretativa, graças à contribuição de autores como Hans-Georg Gadamer (1900-2002) e Paul Ricœur (1913-2005). Esses autores, influenciados pelas ideias de Heidegger, enfatizam o conceito de estar no mundo, em vez de conhecer o mundo. Vão, portanto, além da descrição dos conceitos centrais da experiência, buscando significados embutidos nas experiências cotidianas. Assim, enquanto a fenomenologia descritiva enfatiza a descrição de essências universais, a fenomenologia interpretativa busca compreender os fenômenos em seu contexto.

É no campo da psicologia que a pesquisa fenomenológica tem se mostrado mais aplicável. Constata-se, porém, a intensificação de pesquisas fenomenológicas no campo da enfermagem e em outras áreas da saúde. Também são identificadas pesquisas fenomenológicas em outros campos, como sociologia, educação e administração.

2.2.2 Características básicas da pesquisa fenomenológica

A compreensão do significado de pesquisa fenomenológica requer familiaridade com os pressupostos filosóficos que a fundamentam. Recomenda-se para tanto a leitura de alguns trabalhos, como os que são indicados ao final do capítulo. Mesmo porque, como indicam Stewart e Mickunas (1990), não há como fazer o relato de uma pesquisa fenomenológica sem incluir alguma discussão sobre seus pressupostos filosóficos.

Segue a apresentação das principais características da pesquisa fenomenológica:

Experiência vivida
Fenomenologia é o estudo do "mundo da vida" (*lebenswelt*), o mundo como o experimentamos imediatamente pré-refletidamente, e não como o conceituamos, categorizamos ou refletimos. Assim, a pesquisa fenomenológica não possibilita a criação de uma teoria capaz de explicar o fenômeno ou controlar o mundo, mas a obtenção de *insights* que conduzem a um contato mais direto com o mundo.

Modalidades de pesquisa qualitativa

Intencionalidade
Para Husserl (2012), toda consciência é intencional, é consciência de alguma coisa. Assim, nossos pensamentos, crenças, desejos e anseios são sempre de alguma coisa. Da mesma forma, as palavras que utilizamos para representar esses estados mentais referem-se às coisas. O problema da intencionalidade consiste na compreensão da relação que se estabelece entre um estado mental (ou sua expressão) e as coisas às quais esse estado mental se refere. É, pois, a consciência intencional que faz o mundo aparecer como fenômeno.

Estudo das essências
A pesquisa fenomenológica procura estudar a própria natureza de um fenômeno, ou seja, o que faz de alguma coisa aquilo que é e sem o qual não poderia ser o que é (HUSSERL, 2012). A essência de um fenômeno é um universal que pode ser descrito através de um estudo da estrutura que governa as instâncias ou manifestações particulares da essência desse fenômeno (VAN MANEN, 2016).

Ênfase no fenômeno
O fenômeno é apresentado em termos de um único conceito ou ideia, tal como a ideia educacional de "crescimento profissional", o conceito psicológico de "luto" ou a ideia de saúde de uma "relação de cuidado" (CRESSWELL, 2014). Toda a pesquisa é orientada por esse conceito. A rigor, todos os procedimentos desenvolvidos visam apenas esclarecê-lo.

Estudo dos fenômenos tal como se apresentam à consciência
Tudo tem que ser estudado como é para o sujeito, afastado de rotinas e preconceitos cotidianos e sem interferência de qualquer regra de observação. Para a fenomenologia, um objeto pode ser uma coisa concreta, mas também uma sensação, uma recordação, não importando se ele constitui uma realidade ou uma aparência.

O pesquisador se coloca entre parênteses
Este processo é denominado redução fenomenológica (ou *epoché*, em grego = colocar entre parênteses), que consiste em restringir o conhecimento ao fenômeno da experiência de consciência, desconsiderando o mundo real. Trata-se, pois, do processo pelo qual tudo que é informado pelos sentidos é mudado em uma experiência de consciência. Assim, coisas, imagens, fantasias, atos, relações, pensamentos, eventos, memórias e sentimentos constituem experiências de consciência (HUSSERL, 2012). Fazer essa redução, entretanto, não significa duvidar da existência do mundo, mas fixar-se no modo como o conhecimento do mundo acontece, na visão do mundo que o indivíduo tem.

Os participantes são considerados copesquisadores
Os participantes não estão diretamente envolvidos com a pesquisa, mas são considerados copesquisadores, porque a essência dos fenômenos é derivada de suas experiências e percepções, independentemente da interpretação do pesquisador. As narrativas das experiências dos participantes é que fornecem o significado dos fenômenos (MOUSTAKAS, 1994).

Descrição de experiências, não análises ou explicações
As descrições mantêm, o mais próximo possível, a textura original das coisas, suas qualidades fenomenais e propriedades materiais. As descrições mantêm um fenômeno vivo, iluminam sua presença, acentuam seus significados subjacentes, permitem que o fenômeno permaneça, retêm seu espírito o mais próximo possível de sua natureza real (MOUSTAKAS, 1994).

O sujeito e o objeto estão integrados
A atenção do pesquisador volta-se para a relação sujeito-objeto, o que implica a extinção da separação entre sujeito e objeto. Como acentua Moustakas (1994, p. 59): "O modo que vejo está entrelaçado com o modo como vejo, com quem vejo e com quem sou. Minha percepção, o que percebo e a experiência ou o ato se inter-relacionam para tornar o objetivo subjetivo e o objetivo subjetivo".

Chega-se às essências por meio da intuição
As essências são intuídas mediante o estudo dos detalhes ou instâncias, tal como são encontradas na experiência vivida. Precisam, para tanto, ser independentes do "eu" do pesquisador e não se ater a fatos contingentes.

2.2.3 Modalidades de pesquisa fenomenológica

As duas principais abordagens que conduzem as pesquisas fenomenológicas são a descritiva e a interpretativa. A *abordagem descritiva* deriva das ideias de Husserl e das contribuições da Escola de Duquesne. Para Husserl, a informação subjetiva é muito importante para o entendimento da motivação humana, porque as ações humanas são influenciadas pelo que as pessoas percebem como reais. Como os seres humanos geralmente cuidam do dia a dia sem refletir criticamente sobre suas experiências, Husserl (2012) recomenda que se busque destacar os componentes essenciais das experiências vividas específicas para um grupo de pessoas mediante a descrição de suas experiências cotidianas conscientes.

Um componente importante da abordagem descritiva é a crença de que é essencial para o pesquisador despir ativamente sua consciência de todo o conhecimento especializado anterior, bem como de preconceitos pessoais, o que pode significar até mesmo que o pesquisador não realize uma revisão detalhada da literatura antes do

Modalidades de pesquisa qualitativa

início do estudo e que não tenha questões de pesquisa específicas além do desejo de descrever a experiência vivida dos participantes em relação ao tópico do estudo.

Outra suposição subjacente a essa abordagem é que existem características em qualquer experiência vivida que são comuns a todas as pessoas que têm a experiência: as essências universais ou estruturas eidéticas. Essas essências representam a verdadeira natureza do fenômeno em estudo e resultam em uma interpretação correta das experiências dos participantes. Nessa visão, a realidade é considerada objetiva e independente da história e do contexto. Husserl articulou a ideia de autonomia radical, o que significa admitir que os seres humanos são responsáveis por influenciar seu ambiente e cultura.

A *abordagem interpretativa* ou hermenêutica deriva principalmente da influência de Heidegger. O conceito de hermenêutica é utilizado em filosofia para revelar e manifestar o que normalmente é oculto na experiência e nas relações humanas. Assim, na pesquisa fenomenológica, a perspectiva hermenêutica vai além da descrição das essências, buscando significados incorporados às práticas comuns da vida. Esses significados nem sempre são aparentes para os participantes da pesquisa, mas podem ser obtidos a partir das narrativas produzidas por eles.

Outro conceito importante para a investigação interpretativa é a liberdade. Para Heidegger (1995), os seres humanos estão inseridos em seu mundo, do que resulta que as experiências subjetivas se encontram intrinsecamente relacionadas aos contextos sociais, políticos e culturais. Esse conceito é denominado liberdade localizada, indicando que os indivíduos são livres para fazer escolhas, mas sua liberdade não é absoluta; é circunscrita pelas condições específicas de suas vidas úteis. É, portanto, um conceito oposto ao conceito de autonomia radical de Husserl (2000). Assim, na pesquisa hermenêutica, em vez de se procurar categorias puramente descritivas do mundo real e percebido nas narrativas dos participantes, busca-se descrever os significados do ser situado no mundo e como esses significados influenciam as escolhas que ele faz, o que pode envolver uma análise das forças históricas, sociais e políticas que moldam e organizam experiências.

2.2.4 Condução da pesquisa fenomenológica

Embora tenham sido definidos diversos modelos para a condução de pesquisas fenomenológicas, eles abrangem basicamente os seguintes passos:

1. *Formulação do problema*. A adequada formulação do problema na pesquisa fenomenológica requer primeiramente que o pesquisador esteja seguro de que seja adequado a esta modalidade de pesquisa. É importante ressaltar que os problemas que mais se ajustam à pesquisa fenomenológica são os que se referem à experiência vivida das pessoas.
2. *Escolha da técnica de coleta de dados*. As técnicas mais adequadas para coleta de dados na pesquisa fenomenológica são as que possibilitam a livre expressão dos participantes. A mais apropriada é a entrevista focalizada, que permite a livre expressão do entrevistado e a manutenção de seu foco pelo entrevistador.
3. *Seleção dos participantes*. Os participantes devem ser selecionados dentre pessoas que tenham tido experiência com o assunto em foco e que sejam capazes de descrever de maneira acurada sua experiência vivida.

4. *Coleta de dados*. Recomenda-se que sejam entrevistados de 5 a 25 indivíduos que tenham experimentado o fenômeno (POLKINGHORNE, 1998). Não se elabora previamente um roteiro da entrevista. Antes, procede-se à formulação de uma ou duas perguntas amplas e gerais que favoreçam a concentração dos entrevistados no problema que está sendo investigado. É importante para o entrevistador conferir ampla liberdade para que os entrevistados se manifestem livremente. No entanto, é necessário que esteja atento à manutenção do foco da entrevista, para garantir que os dados sejam úteis para análise.
5. *Análise dos dados*. Embora diferentes modelos tenham sido propostos para análise dos dados, requer-se que cada entrevista seja transcrita, de preferência logo após sua finalização. São, então, identificadas as "assertivas significativas", frases ou citações que expressam a compreensão acerca de como os participantes experimentaram o fenômeno (COLAIZZI, 1978). As assertivas são, então, organizadas em conjuntos de temas que revelam padrões ou tendências. A seguir, as ideias relativas a cada tema são descritas de forma detalhada e analítica. Chega-se, então, à elaboração de uma síntese que integra os aspectos da experiência que são comuns a todos os participantes.

2.3 Pesquisa etnográfica

A pesquisa etnográfica tem como propósito o estudo das pessoas em seu próprio ambiente mediante a utilização de procedimentos como entrevistas em profundidade e observação participante. Trata-se, portanto, da pesquisa voltada para o estudo de uma comunidade, organização ou grupo que compartilha uma cultura.

A pesquisa etnográfica clássica ocorre no âmbito de uma comunidade, envolvendo detalhada descrição da cultura como um todo. Assim, os pesquisadores – pessoas estranhas à comunidade – tendem a permanecer em campo por longos períodos de tempo. Há relatos de pesquisadores cujo trabalho demandou anos.

A maioria das pesquisas etnográficas conduzidas contemporaneamente, no entanto, não se volta para o estudo da cultura como um todo. Embora algumas possam ser caracterizadas como estudos de comunidade, a maioria realiza-se no âmbito de unidades menores, como empresas, escolas, hospitais, clubes e parques. Além disso, não se valem unicamente das técnicas de entrevista e de observação participante, mas também da análise de documentos, artefatos, fotografias, vídeos etc. Qualquer que seja, porém, a extensão do local em que se desenvolve, na pesquisa etnográfica o pesquisador descreve e interpreta os padrões decorrentes do compartilhamento de linguagem, símbolos, crenças e comportamentos pelos componentes de um determinado grupo.

2.3.1 Origem e desenvolvimento

As origens da pesquisa etnográfica podem ser encontradas nos estudos desenvolvidos por antropólogos no final do século XIX sobre grupos humanos. Esses antropólogos estavam convencidos de que as especulações dos filósofos eram inadequadas para entender como as pessoas vivem. Concluíram, então, que somente mediante estudos

Modalidades de pesquisa qualitativa

de campo seria possível compreender a dinâmica da experiência vivida pelos seres humanos (ANGROSINO, 2009). Foi a partir da Inglaterra que pesquisadores desenvolveram as primeiras pesquisas que podem ser chamadas de etnográficas, que eram voltadas para a descrição das sociedades sem escrita. Dentre esses pesquisadores, especial destaque é conferido a Bronislaw Malinowski, que, entre 1915 e 1918, viveu nas ilhas Trobriand, na Oceania. Tendo aprendido a língua nativa, passou a viver como os seus anfitriões, desenvolvendo o que foi posteriormente conhecido como método da observação participante. Esse método tornou-se o mais característico da pesquisa etnográfica, pois requer do pesquisador que mergulhe na vida das pessoas, partilhando atividades, interesses e afetos.

A partir da década de 1920, sociólogos da Universidade de Chicago adaptaram os métodos utilizados pelos antropólogos aos estudos de grupos culturais urbanos. Foi Eduard Lindeman (1923), um sociólogo dessa universidade, quem cunhou o termo observação participante. Robert Park, uma das principais figuras da sociologia norte-americana, passou a incentivar seus estudantes a utilizarem o método da observação participante. A primeira pesquisa, porém, em que esse método foi utilizado nessa universidade foi o estudo de Nels Anderson (1923) sobre os andarilhos da área de Chicago. Anderson, na verdade, foi um andarilho que se tornou professor, e seu trabalho foi financiado por um médico que nutria preocupação humanitária por pessoas nessa condição (EASTHOPE, 1982).

As pesquisas etnográficas desenvolvidas no âmbito da Escola de Chicago enfatizaram o estudo dos estilos de vida de grupos marginalizados em contextos urbanos ao longo das décadas de 1920 e 1930. Entretanto, a partir da década de 1940, com o desenvolvimento dos métodos quantitativos, diminuiu a influência dessa escola e, consequentemente, dos estudos etnográficos. Constata-se, porém, a retomada desses estudos a partir da década de 1970, passando a ser utilizados em diferentes campos como: educação, enfermagem, marketing e saúde coletiva.

2.3.2 Características da pesquisa etnográfica

A principal característica da pesquisa etnográfica é o foco na cultura, o que a torna uma modalidade de pesquisa aplicável especificamente a estudos de natureza antropológica. Mas há outras características que a distinguem:

É baseada no trabalho de campo
É conduzida em ambiente natural, por pesquisadores que no dia a dia estão face a face com as pessoas que estão estudando.

Exige interação com os participantes
O pesquisador não apenas observa os fatos, mas interage com os participantes. Assim, tende a ser ao mesmo tempo observador e participante dos eventos que estuda.

É essencialmente indutiva
É conduzida de modo a obter um acúmulo descritivo de detalhes que possibilitem generalizações empíricas, construção de modelos ou mesmo a geração de teorias. Não é utilizada com o propósito de testar hipóteses derivadas de teorias ou modelos existentes.

Requer a utilização de múltiplas técnicas de coleta de dados
Diferentemente de outras modalidades de pesquisa qualitativa, como, por exemplo, a pesquisa fenomenológica, que se baseia essencialmente na entrevista, a pesquisa etnográfica vale-se de múltiplas técnicas de coleta de dados – como observação, entrevistas e uso de documentos – para fortalecer as conclusões.

Requer compromisso de longo prazo
Como a pesquisa etnográfica requer múltiplas e intensas interações com os participantes, tende a exigir longo tempo de permanência do pesquisador em campo. Esse tempo varia de estudo para estudo, mas pode exigir de algumas semanas a mais de um ano (ANGROSINO, 2009).

Busca identificar padrões
A pesquisa etnográfica vai além da descrição. Busca identificar padrões de atividades mentais do grupo, como suas ideias e crenças, ou de atividades materiais, como seus comportamentos grupais (FETTERMAN, 2010).

É holística
É conduzida com o propósito de revelar o retrato mais completo do grupo em estudo (ANGROSINO, 2009). No entanto, não é capaz de proporcionar uma descrição absoluta. A descrição etnográfica é necessariamente parcial, limitada ao que pode ser pesquisado ao longo de determinado período de tempo e sob circunstâncias e abordagens específicas (GAY; MILLS; AIRASIAN, 2012).

É dialógica
Interpretações e conclusões da pesquisa podem decorrer da discussão entre pesquisadores e informantes à medida que elas vão se constituindo (ANGROSINO, 2009).

2.3.3 Modalidades de pesquisa etnográfica

Existem várias modalidades de etnografia, tais como: etnografia holística, etnografia semiótica, etnografia comportamental, etnografia confessional, autoetnografia,

etnografia visual, macroetnografia, microetnografia etc. Porém, as que se tornaram mais populares são a etnografia realista e a etnografia crítica.

A *etnografia realista*, que se insere na tradição etnográfica da sociologia norte-americana, procura estabelecer uma correspondência entre o que foi visto e ouvido e o que é relatado em determinado local. Isso não significa que seus defensores acreditam que tal correspondência seja realmente possível, mas apenas que é o ideal. Seu propósito é, pois, a obtenção de um relato objetivo da situação pesquisada. Nessa modalidade de pesquisa, o etnógrafo adota uma posição imparcial, permanecendo em segundo plano como um relator onisciente dos fatos. Ele procura não se influenciar por vieses pessoais, objetivos políticos ou julgamentos. Também utiliza categorias-padrão para a descrição cultural, como vida familiar, redes de comunicação, redes de comunicação e sistemas de *status* (CRESSWELL, 2014).

A *etnografia crítica* é uma modalidade de pesquisa etnográfica em que os autores defendem a emancipação de grupos marginalizados na sociedade. Foi significativamente influenciada pela teoria crítica, que enfatiza a compreensão do comportamento dos sujeitos da pesquisa dentro de seus marcos históricos, culturais e sociais. Os pesquisadores que se empenham na realização da etnografia crítica são pessoas com inclinações políticas que procuram com sua pesquisa pronunciar-se contra a desigualdade e a dominação (CARSPECKEN, 1996). Assim, as questões mais frequentemente abordadas nessas pesquisas são as que se referem a poder, empoderamento, desigualdade, iniquidade, dominação, repressão, hegemonia e vitimização (CRESSWELL, 2014).

2.3.4 Condução da pesquisa etnográfica

Na pesquisa etnográfica, os pesquisadores tendem a desenvolver o trabalho de campo em períodos significativamente maiores que o despendido em outras modalidades de pesquisa. As atividades desenvolvidas, por sua vez, tendem a ser mais integradas e menos sequenciais. Daí por que se torna difícil definir previamente as etapas a serem seguidas na pesquisa etnográfica. É possível, no entanto, identificar um conjunto de etapas que são comuns à maioria das pesquisas dessa natureza:

1. *Formulação do problema*. A pesquisa etnográfica inicia-se com a seleção de um problema que vai se aprimorando à medida que ela avança. Os problemas que melhor se ajustam a essa modalidade de pesquisa são aqueles que podem ser interpretados como expressão de coletivos culturais, como organizações e comunidades. Alguns dos problemas mais privilegiados são, pois, os que se referem a desigualdades de classe, de gênero ou de idade, barreiras culturais, estereótipos, cultura organizacional, subculturas e representações sociais.

2. *Seleção da amostra*. Na pesquisa etnográfica não existe a preocupação de selecionar uma amostra proporcional e representativa em relação ao universo pesquisado. A ocorrência mais comum é a seleção da amostra com base no julgamento do próprio pesquisador. Ele seleciona os membros do grupo, organização ou comunidade que julga mais adequados para fornecer respostas ao problema proposto. Isto significa que a extensão da amostra não é definida antes do trabalho de

campo. À medida que avança na pesquisa é que o pesquisador vai definindo quantos elementos ainda convêm pesquisar.
3. *Entrada em campo.* De modo geral, os membros do grupo, da organização ou da comunidade não estão interessados no trabalho que está sendo desenvolvido pelo pesquisador. Podem até mesmo manifestar algum tipo de desconfiança ou hostilidade em relação a ele. Por isso, recomenda-se que seu ingresso seja facilitado mediante o auxílio de um de seus membros. Este intermediário poderá ser representado, no caso de uma organização empresarial, por um de seus diretores ou gerentes; no caso de uma comunidade religiosa, por um de seus líderes; no caso de uma aldeia indígena, pelo cacique ou pelo pajé. Ou seja, por uma pessoa que detenha credibilidade no grupo que está sendo pesquisado.
4. *Coleta de dados.* Na pesquisa etnográfica são utilizados vários procedimentos para coleta de dados. Os fundamentais são a observação e a entrevista. A observação assume geralmente a modalidade participante, que se caracteriza pelo contato direto do pesquisador com o fenômeno estudado, com a finalidade de obter informações acerca da realidade vivenciada pelas pessoas em seus próprios contextos. Embora seja reconhecida como a técnica que mais se identifica com a pesquisa etnográfica, é provável que a maioria dos dados relevantes seja obtida mediante diferentes formas de entrevista: estruturada, semiestruturada ou informal. Também se adota na pesquisa etnográfica a análise de material disponível, tais como: documentos, dados de arquivo, fotografias, artefatos, filmes etc.
5. *Elaboração de notas de campo.* Essas notas são constituídas pelos dados obtidos mediante observação ou entrevista. São fundamentais na pesquisa etnográfica e constituem importante etapa entre a coleta e análise dos dados.
6. *Análise dos dados.* Este processo inicia-se no momento em que o pesquisador seleciona o problema e só termina com a redação da última frase de seu relatório. Os procedimentos analíticos, por sua vez, são os mais diversos, indo dos mais simples e informais até os que envolvem sofisticação estatística.

2.4 Teoria fundamentada (*grounded theory*)

A teoria fundamentada nos dados (*grounded theory*) contrasta com as posições adotadas pelos formuladores tradicionais de teorias em sociologia, que eram construídas com bases apriorísticas. Trata-se, pois, de um tipo de teoria fundamentada nos dados obtidos em campo, especialmente nas ações, interações e processos sociais das pessoas. Assim, seus autores (GLASER; STRAUSS, 1967) postulam que, com base em dados coletados de indivíduos, principalmente mediante entrevistas, identificam-se ações, interações e processos dos quais emerge uma teoria completa.

2.4.1 Origem e desenvolvimento

As origens da *grounded theory* estão relacionadas ao trabalho desenvolvido pelos sociólogos Barney Glaser e Anselm Strauss na década de 1960. Esses autores trabalharam juntos

Modalidades de pesquisa qualitativa

em diversos projetos relacionados principalmente à consciência em relação à morte. Strauss, porém, em 1990, em associação com Judith Corbin, publicou o livro *Basics of qualitative research: grounded theory procedures and techniques* (STRAUSS; CORBIN, 2008), que estabelece procedimentos bem definidos para o desenvolvimento da pesquisa fundamentada. Em reação à publicação desse livro, Glaser publicou *Emergence vs. forcing: basics of grounded theory analysis* (GLASER, 1992), em que critica a proposta de Strauss e Corbin, por julgá-la muito estruturada e prescritiva (GLASER, 1992). Assim, ocorreu uma cisão no movimento com o estabelecimento de duas abordagens distintas da *grounded theory*.

Uma terceira corrente desenvolveu-se na virada do século graças aos trabalhos de Kathy Charmaz (2009), que se concentrou em interpretá-la dentro de um paradigma construtivista. Assim, rejeitou a filosofia implícita nos trabalhos de Glaser de descobrir uma teoria explícita. No seu modo de entender, nem os dados nem as teorias são descobertos. Desse modo, passou a insistir na construção de teorias fundamentadas em envolvimentos e interações passados e presentes com pessoas, perspectivas e práticas de pesquisa. Também divergiu das "regras metodológicas, receitas e requisitos" do processo de codificação altamente sistemático de Strauss, percebendo-o como excessivamente prescritivo. Propôs, então, diretrizes flexíveis para levantar questões e traçar estratégias para indicar possíveis caminhos a serem seguidos.

Outra perspectiva da teoria fundamentada é a que foi desenvolvida por Adele Clarke (2005), que, assim como Charmaz, procura recuperar a teoria fundamentada de seus "fundamentos positivistas". Clarke, no entanto, avança além da perspectiva construtivista, propondo uma regeneração da teoria fundamentada, levando em consideração as diferenças e complexidades da vida social articuladas na virada pós-moderna. Influenciada pela filosofia pós-modernista de Michel Foucault (1926-1984), Clark enfatiza, na constituição da teoria fundamentada, a natureza política da pesquisa e a reflexibilidade do pesquisador, reposicionando seu papel, que deixa de ser o de um "analista que conhece tudo" para ser o de participante reconhecido.

2.4.2 Modalidades de pesquisa fundamentada

Ao analisar o desenvolvimento da pesquisa fundamentada, foram definidas quatro abordagens básicas: a clássica, que é mantida por Glaser; a analítica sistemática, baseada em Strauss e Corbin; a construtivista de Charmaz; e a pós-moderna de Clarke. As que se tornaram mais influentes, no entanto, são a analítica sistemática e a construtivista, já que seus autores se preocuparam em elaborar manuais que orientam acerca dos passos a serem seguidos na construção da teoria fundamentada.

Na *abordagem analítica sistemática*, proposta por Strauss e Corbin, o pesquisador define seu propósito de elaborar uma teoria capaz de explicar um processo, ação ou interação relativo a um tópico. Os dados são geralmente obtidos mediante aplicação de entrevistas em uma amostra de indivíduos que tenham tido experiência com o tópico. O pesquisador, após a efetivação de cada entrevista, analisa sucessivamente os dados utilizando o procedimento da comparação constante. Passa então por um processo que envolve várias codificações até chegar à emergência de uma teoria.

Uma importante variação neste modelo em relação ao modelo clássico, defendido por Glaser, que recomendava o início da coleta de dados sem nenhum conhecimento da literatura existente, é o da sugestão do uso da literatura em todas as etapas da pesquisa.

Na abordagem construtivista, proposta por Charmaz, as realidades e os fenômenos são construções coletivas; nem os dados nem as teorias são descobertos. As teorias construídas oferecem um quadro interpretativo do mundo estudado, e não um quadro fiel dele. Assim, os pesquisadores precisam ir além da superfície na busca de significado nos dados, pesquisando e questionando significados tácitos sobre valores, crenças e ideologias. Essa perspectiva supõe que a interação entre o pesquisador e os participantes produz os dados e, portanto, os significados que o pesquisador observa e define. Nesse sentido, o pesquisador é entendido como coprodutor.

2.4.3 Condução da pesquisa para construção de teoria fundamentada

Dentre as diferentes modalidades de pesquisa qualitativa, a que apresenta maior definição das etapas a serem seguidas em sua condução é a da teoria fundamentada. Assim, podem ser definidas as etapas:

1. *Formulação do problema*. O pesquisador que se dispõe a construir uma teoria fundamentada parte do princípio de que o fenômeno proposto para investigação ainda não foi devidamente esclarecido, pelo menos no contexto em que se realiza a pesquisa, ou que as relações entre os conceitos são pouco conhecidas ou conceitualmente pouco desenvolvidas. Assim, cabe-lhe formular um problema que não pode ser muito restrito ou focalizado, para não excluir a possibilidade da descoberta, que constitui o principal propósito da *grounded theory*.

2. *Seleção da amostra*. Na pesquisa fundamentada, o pesquisador não determina previamente o tamanho da amostra. O que interessa é selecionar pessoas que tenham efetivamente participado do processo social que está sendo investigado. Assim, o que se busca no processo de amostragem é identificar locais, pessoas ou fatos que maximizem oportunidades. A amostra se define durante o processo. Cada evento amostrado acrescenta algo à coleta e à análise de dados anteriores. A amostragem continua até que todas as categorias estejam saturadas, ou seja, não surja nenhum dado novo ou importante.

3. *Coleta de dados*. A técnica mais utilizada para desenvolver teorias fundamentadas é a entrevista, embora possam também ser utilizadas outras técnicas, como grupo focal, histórias de vida e utilização de documentos pessoais. Prefere-se a utilização de entrevistas porque permitem que o informante proporcione informações bastante ricas sem que se perca o foco. As entrevistas não são dirigidas a uma categoria específica de pessoas, mas a pessoas que de alguma forma se relacionam com o fenômeno a ser pesquisado.

4. *Análise dos dados*. Após a coleta de dados, passa-se à sua análise, constituída fundamentalmente pelo processo de codificação, que abrange: codificação aberta, codificação axial e codificação seletiva. A codificação aberta tem como finalidade

identificar conceitos a partir das ideias centrais contidas nos dados. A codificação axial visa relacionar categorias às suas subcategorias. Sua finalidade é reorganizar os dados com vistas a aprimorar um modelo capaz de identificar uma ideia central e suas subordinações. A codificação seletiva, por fim, visa integrar e refinar categorias. O que se pretende com ela é identificar a categoria central, que representa o tema principal da pesquisa. Essa categoria emerge ao final da análise e constitui o tema central ao redor do qual giram todas as outras categorias.

2.5 Estudo de caso

Estudo de caso é uma das modalidades de pesquisa mais utilizadas contemporaneamente. Embora haja estudos de caso que podem ser definidos como quantitativos, de modo geral correspondem a pesquisas qualitativas. Uma das definições mais adotadas para caracterizá-lo é a de Yin (2015, p. 18):

> Um estudo de caso é uma investigação empírica que investiga um fenômeno contemporâneo dentro de seu contexto, especialmente quando os limites entre o fenômeno e o contexto não estão claramente definidos.

2.5.1 Características do estudo de caso

O estudo de caso não pode ser confundido com análise de casos ou relatos de casos. Na análise de casos, dispõe-se de um conjunto de informações prévias acerca de um grupo, organização, comunidade, fatos ou fenômenos. Os dados já estão disponíveis, cabendo apenas proceder à sua organização e análise. Nos relatos de caso – que são muito comuns no campo da medicina –, observações clínicas consideradas relevantes são relatadas por pesquisadores, geralmente em eventos científicos. Podem constituir um passo inicial na realização de pesquisas, mas não podem ser consideradas delineamentos de pesquisa.

Estudo de caso é um delineamento de pesquisa, apresentando como características:

É um estudo em profundidade
Outros delineamentos, como, por exemplo, o levantamento de campo – cujos dados, de modo geral, são obtidos mediante questionários estruturados –, embora caracterizados por grande abrangência e precisão, não possibilitam a obtenção de dados em profundidade. Já o estudo de caso busca essencialmente estudar os fenômenos em profundidade.

Investiga um fenômeno contemporâneo
Embora possa levar em consideração também aspectos históricos, o estudo de caso tem como objeto de estudo um fenômeno cuja ocorrência se dá no momento em que se realiza a pesquisa.

> **Preserva o caráter unitário do fenômeno estudado**
> O caso – que pode ser constituído por um indivíduo, um grupo, um evento, um processo, uma comunidade, ou mesmo uma cultura – é estudado como um todo.

> **Não separa o fenômeno de seu contexto**
> O estudo de caso leva em consideração o contexto em que ocorre o fenômeno, diferentemente de outros delineamentos, como o experimento e o levantamento de campo, que deliberadamente reduzem a quantidade de variáveis a serem estudadas e, consequentemente, isolam o fenômeno de seu contexto.

> **Requer a utilização de múltiplos procedimentos de coleta de dados**
> Para garantir a qualidade dos dados, o estudo de caso requer a utilização de múltiplas fontes de informação. Os dados obtidos com entrevistas, por exemplo, devem ser contrastados com dados obtidos mediante outros procedimentos, observação e análise de documentos.

2.5.2 Origem e desenvolvimento

As origens do estudo de caso podem ser encontradas no campo da medicina e da psicanálise. Na literatura médica, um caso famoso é o de Phineas Gage, um australiano que, em 1848, num acidente com explosivos teve seu cérebro perfurado por uma barra de metal e passou a apresentar mudanças acentuadas em seu comportamento. Tornou-se extravagante, antissocial, praguejador, mentiroso e não mais conseguiu manter-se em um trabalho por muito tempo. Este caso tornou-se uma das primeiras evidências científicas a indicar que a lesão dos lóbulos frontais pode alterar a personalidade dos indivíduos (DAMÁSIO, 1996).

As origens da psicanálise estão indissociavelmente ligadas a estudos de caso. Como o "caso do pequeno Hans", que sofria de fobia de cavalos e foi levado ao consultório de Sigmund Freud quando contava apenas 5 anos (FREUD, 1990). Ou como o caso de Anna O., uma mulher que, após a doença e a morte de seu pai, passou a apresentar um quadro clínico que na época foi designado como histeria. Freud considera esse o primeiro caso de tratamento pela psicanálise, por envolver a possibilidade de tratar sintomas físicos pela fala.

Estudos de caso foram amplamente utilizados por pesquisadores da Escola de Chicago, nos Estados Unidos, nas décadas de 1920 e 1930. Esses estudos foram desenvolvidos com o propósito de subsidiar ações para a solução de problemas sociais como: surgimento de favelas, imigração, criminalidade, conflitos étnicos e segregação urbana (EUFRASIO, 1999). Embora não designados por seus autores como estudos de caso, muitos caracterizaram-se pela análise profunda e exaustiva de casos, sobretudo os que se referiam a ocupações de baixo *status* social, e foram conduzidos com a utilização de entrevistas, depoimentos pessoais e observação participante.

Modalidades de pesquisa qualitativa

Com o prestígio assumido pelos métodos quantitativos, a partir da década de 1940 os estudos de caso foram se tornando mais raros. Porém, a partir da década de 1970, graças ao aparecimento de formulações teóricas favoráveis à pesquisa qualitativa, surgiram importantes trabalhos tratando do estudo de caso como delineamento de pesquisa (ECKSTEIN, 1975; STAKE, 1978). Porém, foi em 1985 que Robert Yin lançou seu livro *Case study research: design and methods*, a primeira obra elaborada no formato de manual para elaboração de estudos de caso.

Estudos de caso foram se tornando cada vez mais frequentes no campo das ciências sociais, como ciência política, sociologia, antropologia, educação e administração, e também em alguns campos das ciências da saúde, como nutrição, enfermagem e saúde coletiva.

2.5.3 Modalidades de estudo de caso

Os estudos de caso podem se referir a um indivíduo, uma organização, um evento, um programa, uma comunidade ou até mesmo a uma cultura. Podem se referir também a vários indivíduos, várias organizações etc. Assim, Yin (2014) trata de estudos de caso único e estudos de múltiplos casos. Porém, ressalta que não se pode confundir casos múltiplos com múltiplas unidades de análise. Por exemplo, em um estudo sobre uma universidade, podem ser estudadas as faculdades que a compõem, mas estas constituem unidades de análise, e não casos.

Stake (1995) estabelece um sistema de classificação que considera não apenas o número de casos, mas também a intenção de análise. Esse sistema classifica os estudos em intrínsecos, instrumentais e coletivos. No estudo de caso intrínseco, o foco do pesquisador está no próprio caso. O interesse é conhecê-lo em profundidade, porque se trata de um caso único, muito raro, extremo, discrepante, ou porque o pesquisador, por alguma razão, sente-se em condições de estudá-lo de forma privilegiada.

No estudo de caso instrumental, o pesquisador não tem interesse no caso em si. O caso é escolhido por se admitir que seu estudo pode auxiliar na ampliação do conhecimento de determinado assunto ou na contestação de alguma convicção que de alguma forma tem sido aceita. Assim, o pesquisador primeiramente concentra-se no estudo de uma questão e posteriormente seleciona um caso que possibilita seu esclarecimento.

No estudo de caso coletivo, o pesquisador também o inicia com o estudo de uma questão. No entanto, posteriormente, seleciona diversos casos, enfatizando as diferenças existentes entre eles. É importante ressaltar que, de modo geral, o propósito destes estudos é o de explicar o fenômeno, não o de generalizar os conhecimentos obtidos, já que para isso seria necessário selecionar uma amostra representativa dos casos.

2.5.4 Condução do estudo de caso

O estudo de caso caracteriza-se por notável flexibilidade. Algumas etapas, no entanto, são comuns à maioria desses estudos:

Reconhecimento da adequação do estudo de caso
Estudos de caso são adequados para proporcionar uma compreensão em profundidade dos casos. Não são adequados para descrever com precisão as características de determinadas populações, nem para verificar a existência de relações causais entre variáveis.

Seleção do caso ou dos casos
Os casos podem se referir a indivíduos, grupos, organizações, eventos, programas, comunidades ou até mesmo a culturas. Para sua seleção, existem diferentes possibilidades, que são apresentadas no Capítulo 3.

Coleta de dados
Estudos de caso requerem dados obtidos mediante múltiplas fontes de informação. Yin (2014) considera seis tipos de fontes de evidência: documentos, registros de arquivo, entrevistas, observação direta, observação participante e artefatos.

Análise de dados
Em virtude da multiplicidade de enfoques analíticos que podem ser adotados nos estudos de caso, fica difícil definir a sequência de etapas a serem seguidas no processo de análise e interpretação dos dados. É possível, no entanto, identificar algumas etapas que são seguidas na maioria dos estudos, ainda que de forma não sequencial: 1. codificação dos dados (atribuição de uma designação aos conceitos relevantes que foram encontrados); 2. estabelecimento de categorias analíticas (categorias são conceitos que expressam padrões que emergem dos dados e são utilizadas com o propósito de agrupá-los); 3. exibição dos dados (elaboração de matrizes e diagramas para facilitar o estabelecimento de comparações entre os dados); e 4. busca de significados (etapa crucial do estudo de caso, e que se vale de táticas como a da verificação dos dados que se repetem e a da identificação de agrupamentos que se definem por compartilhar o mesmo conjunto de atributos).

2.6 Outras modalidades de pesquisa

Existem outras modalidades de pesquisa que, embora não se identifiquem com algumas das modalidades consideradas, são frequentemente apresentadas como qualitativas. Não podem ser definidas como pesquisas qualitativas em um sentido estrito, mas, como abrangem procedimentos qualitativos na coleta de dados – muitas vezes de forma exclusiva –, tendem a ser designadas como tal. É o caso da pesquisa qualitativa básica, da pesquisa crítica, da pesquisa-ação e das pesquisas de métodos mistos.

2.6.1 Pesquisa qualitativa básica

Quando se analisa a produção científica em ciências sociais, constata-se a existência de muitos relatos de pesquisa que são definidas como qualitativas. Porém, uma análise detida dos procedimentos indica que muitas delas não podem, a rigor, ser tratadas como pesquisas qualitativas. Há as que foram assim consideradas simplesmente porque seus resultados não estão expressos em números. No entanto, há também as pesquisas que, embora não podendo ser definidas como narrativas, fenomenológicas, etnográficas, nem como estudos de caso ou teorias fundamentadas nos dados, procuram descobrir ou compreender fenômenos, processos ou perspectivas e visões de mundo das pessoas envolvidas. Pesquisas com essas características são muito numerosas em alguns campos, como o da educação. Assim, Merriam e Tisdell (2016) as definem como pesquisas qualitativas básicas ou genéricas.

Caelli, Ray e Mill (2003) referem-se às pesquisas qualitativas básicas ou genéricas como aquelas que não são guiadas por um conjunto explícito ou estabelecido de premissas filosóficas na forma de uma das metodologias conhecidas ou mais estabelecidas. Isso pode significar que os autores desses estudos não reivindicam nenhum ponto de vista metodológico para efetivar seus estudos, ou que combinam abordagens ou métodos distintos com o propósito de criar algo novo, ou ainda, que, por não dominarem adequadamente os métodos qualitativos já estabelecidos, acabam por realizar estudos em que seu caráter qualitativo é determinado apenas pelo fato de não promoverem nenhum tipo de quantificação.

2.6.2 Pesquisa crítica

Foram apresentadas no capítulo anterior algumas considerações acerca do paradigma crítico, que se refere a uma postura que procura explicar o que existe de errado na realidade social, identificar atores que são capazes de modificá-la e definir formas para sua efetivação. Assim, nessa perspectiva, desenvolvem-se múltiplos estudos animados pela teoria crítica, teoria feminista, teoria crítica racial, teoria *queer* e outras que enfatizam as relações de poder na sociedade.

O que os pesquisadores empenhados nessas pesquisas objetivam é criticar e desafiar, transformar e analisar as relações de poder (MERRIAM; TISDELL, 2016). Esperam que, com resultados obtidos, grupos e comunidades sejam incentivados a tomar medidas capazes de provocar mudanças e, consequentemente, melhorar suas condições de vida. O que caracteriza a pesquisa crítica é, portanto, a expressão de uma visão de mundo e a disposição dos pesquisadores para fazer uma pesquisa animados pela possibilidade de mudança.

2.6.3 Pesquisa-ação

A pesquisa-ação pode ser definida como "um tipo de pesquisa com base empírica que é concebida e realizada em estreita associação com uma ação ou, ainda, com a resolução de um problema coletivo, onde todos pesquisadores e participantes estão envolvidos de modo cooperativo e participativo" (THIOLLENT, 2009, p. 14). O termo pesquisa-ação foi cunhado em 1946 por Kurt Lewin ao desenvolver trabalhos que tinham como propósito a integração de minorias étnicas à sociedade norte-americana. Assim, definiu pesquisa-ação como a pesquisa que não apenas contribui para a produção científica, mas também conduz à ação social.

A pesquisa-ação tem características situacionais, já que procura diagnosticar um problema específico numa situação específica, com vistas a alcançar algum resultado prático. Assim, difere significativamente da pesquisa científica no sentido estrito, já que seu propósito não é o de chegar a enunciados científicos generalizáveis. Distingue-se também das pesquisas qualitativas clássicas, pois não se enquadra em nenhuma dentre as principais tradições de pesquisa qualitativa, embora em sua condução sejam utilizados de modo geral procedimentos de natureza qualitativa.

2.6.4 Pesquisa de métodos mistos

A partir do final da década de 1990 passou-se a discutir a possibilidade e a conveniência da realização de pesquisas de métodos mistos, ou seja, de pesquisas que combinam elementos de abordagens qualitativa e quantitativa com o propósito de ampliar e aprofundar o entendimento e a corroboração dos resultados (JOHNSON; ONWUEGBUZIE; TURNER, 2007). Embora haja muita discussão acerca dessa modalidade de pesquisa, pode-se identificar situações em que se justifica sua aplicação: 1. quando uma única fonte de dados (quantitativa ou qualitativa) for insuficiente; 2. quando se percebe a necessidade de explicar os resultados iniciais de uma pesquisa quantitativa ou qualitativa; 3. quando existe uma necessidade de generalizar os achados exploratórios; 4. quando existe a necessidade de aperfeiçoar o estudo com um segundo método; 5. quando existe uma necessidade de empregar melhor uma postura teórica; e 6. quando existe uma necessidade de entender um objetivo da pesquisa por meio de múltiplas fases de pesquisa (CRESSWELL; CLARK, 2013).

Cresswell e Clark (2013) identificam seis diferentes modalidades de pesquisa de métodos mistos, cujas características são sintetizadas a seguir:

Delineamento sequencial explanatório
Caracteriza-se pela coleta e análise de dados quantitativos seguida pela coleta e análise de dados qualitativos. É adotado com o propósito de utilizar dados qualitativos para auxiliar na interpretação dos resultados de um estudo primariamente quantitativo.

Delineamento sequencial exploratório
É conduzido em duas fases, sendo a primeira caracterizada pela coleta e análise de dados qualitativos e a segunda pela coleta e análise de dados quantitativos. Seu propósito é utilizar resultados quantitativos para auxiliar na interpretação de resultados qualitativos.

Modalidades de pesquisa qualitativa

Delineamento convergente
Caracteriza-se pela coleta e análise tanto de dados quantitativos quanto qualitativos durante a mesma etapa do processo de pesquisa, seguida da fusão dos dois conjuntos de dados em uma interpretação geral. Seu propósito é obter dados diferentes, mas complementares, sobre o mesmo tópico, para melhor entender o problema de pesquisa.

Delineamento incorporado
Assim como o paralelo convergente, caracteriza-se pela coleta tanto de dados quantitativos como qualitativos em uma fase. Existe, porém, um método predominante (quantitativo ou qualitativo) que guia o projeto. O pesquisador pode incorporar um elemento qualitativo em um delineamento quantitativo, como um experimento, ou incorporar um elemento quantitativo a um delineamento qualitativo, como um estudo de caso.

Delineamento transformativo
Caracteriza-se pela utilização de uma estrutura teórica de base transformativa com o propósito de prever as necessidades de populações sub-representadas ou marginalizadas. Trata-se, evidentemente, de um delineamento crítico, já que é subordinado a uma perspectiva ideológica.

Delineamento multifásico
É o mais complexo dentre todos os delineamentos de métodos mistos, pois o pesquisador investiga um problema mediante uma sequência de estudos quantitativos e qualitativos interconectados. Há, a rigor, um programa de pesquisa, já que diversos estudos são alinhados sequencialmente, e, em cada nova etapa, parte-se do que foi constatado, com vistas ao alcance do objetivo geral do programa. O delineamento multifásico é utilizado quando uma única pesquisa de métodos mistos não é suficiente para satisfazer objetivos de longo prazo.

QUESTÕES PARA DISCUSSÃO

1. Quais as semelhanças e diferenças entre as diferentes modalidades de pesquisa qualitativa?
2. Com que dificuldades o pesquisador empenhado na realização de pesquisas narrativas se depara para conseguir "boas histórias"?
3. O que significa "colocar o mundo entre parênteses" na pesquisa fenomenológica?
4. Que cuidados o pesquisador precisa tomar para que sua participação em uma pesquisa etnográfica não conduza a infrações éticas?
5. Para que uma teoria fundamentada nos dados possa emergir, o pesquisador precisa deixar de lado, tanto quanto possível, formulações teóricas prévias. Como fazer para superar esse desafio?

6. Como justificar a adoção de amostras intencionais e não probabilísticas nos estudos de caso?

LEITURAS RECOMENDADAS

CRESSWELL, John W. *Investigação qualitativa e projeto de pesquisa*: escolhendo entre cinco abordagens. Porto Alegre: Penso, 2014.

O autor explora os fundamentos filosóficos, a história e os componentes básicos das cinco principais tradições de pesquisa qualitativa: pesquisa narrativa, fenomenológica, teoria fundamentada, etnografia e estudo de caso.

MERRIAM, Sharan B.; TISDELL, Elizabeth J. *Qualitative research*: a guide to design and implementation. San Francisco: Jossey-Bass, 2016.

Esse livro trata, no segundo capítulo, de seis modalidades de pesquisa qualitativa: narrativa, fenomenológica, etnográfica, *grounded theory*, estudo de caso e básica. No terceiro capítulo, discute outras modalidades de pesquisa, que, embora não sejam rigidamente qualitativas, apresentam forte componente qualitativo: as pesquisas de métodos mistos, a pesquisa-ação e as pesquisas críticas.

3

PLANEJAMENTO DA PESQUISA QUALITATIVA

Como qualquer atividade racional, a pesquisa qualitativa requer planejamento. É preciso ter uma ideia do que se deseja saber e elaborar um plano para efetivar a pesquisa. Este plano busca fornecer respostas a perguntas como: o que pesquisar, como pesquisar, quando pesquisar, onde pesquisar e por que pesquisar. Assim, este capítulo é dedicado ao planejamento da pesquisa qualitativa. **Após estudá-lo cuidadosamente, você será capaz de:**

- selecionar o tópico de pesquisa;
- formular o problema de pesquisa;
- definir o objetivo da pesquisa;
- formular questões de pesquisa;
- fundamentar teoricamente a pesquisa;
- selecionar a amostra da pesquisa;
- identificar implicações éticas no planejamento da pesquisa.

3.1 Seleção do tópico de pesquisa

O primeiro passo a ser dado em qualquer pesquisa é a escolha do tópico. Esta escolha pode ser determinada por múltiplos fatores. É frequente a escolha motivada pelo interesse pessoal do pesquisador relacionado principalmente ao seu ambiente de trabalho. É possível, por exemplo, que alguém se sinta motivado a pesquisar formas não convencionais de avaliação de desempenho em virtude de sua experiência profissional.

A escolha do tópico também pode ser motivada por questões sociais e políticas. Por exemplo, pesquisadores podem estar interessados em questões como empoderamento feminino, políticas contra a pobreza, ações para prevenir a criminalidade, educação de jovens e adultos etc.

A escolha do tópico pode, ainda, derivar da imersão na leitura de relatos de pesquisa publicados em periódicos ou apresentados em eventos científicos. Esses relatos constituem importantes fontes de tópicos, pois seus autores geralmente informam acerca das limitações da pesquisa e oferecem sugestões para novos estudos.

Em pesquisas quantitativas, também é comum a escolha do tópico derivada do estudo de uma teoria. Em pesquisas qualitativas, porém, essa situação é bem menos frequente, pois a situação mais comum nesse tipo de pesquisa é a da geração de teorias baseadas em dados obtidos pela via indutiva.

3.2 Formulação do problema

Quando se diz que toda pesquisa tem início com algum tipo de problema, é conveniente esclarecer o significado deste termo. Uma acepção bastante corrente identifica problema com questão que dá margem a hesitação ou perplexidade, por ser difícil de explicar ou resolver. Outra acepção identifica problema com algo que provoca desequilíbrio, mal-estar, sofrimento ou constrangimento às pessoas. Contudo, na acepção científica, problema é qualquer questão não solvida e que é objeto de discussão, em qualquer domínio do conhecimento. Assim, podem ser considerados como problemas científicos em ciências sociais: a publicidade veiculada pela TV induz ao consumo por impulso? Em que medida a delinquência juvenil está relacionada à carência afetiva? Que fatores influenciam a deterioração das áreas urbanas? Como eleitores avaliam a participação de líderes religiosos na política? Quão satisfeitos se sentem estudantes universitários participando de atividades extraclasse?

Note-se que os problemas apresentados são bem específicos e formulados como perguntas, favorecendo, portanto, a operacionalização dos conceitos e a construção de hipóteses testáveis, o que corresponde à forma clássica de formulação de problemas própria das pesquisas quantitativas. Porém, esta não é a formulação mais adequada quando se trata de pesquisa qualitativa.

Com efeito, embora em qualquer pesquisa o problema corresponda a algo que provoca dúvida, incerteza ou dificuldade e que requer solução, esclarecimento ou decisão, nas pesquisas qualitativas a formulação do problema difere significativamente em relação às pesquisas clássicas, a ponto de Cresswell (2014) considerar que o termo problema talvez não seja o mais correto, sugerindo que seria mais adequado designá-lo como "necessidade de estudo" ou "criação de uma justificativa para a necessidade de estudo".

Para Merriam e Tisdell (2016), na pesquisa qualitativa a primeira tarefa é levantar uma questão sobre algo que confunde e desafia a mente. Então, o pesquisador inicia o estudo com uma questão do tipo: "O que eu quero saber neste estudo?". O que provoca a curiosidade corresponde a uma lacuna no conhecimento, correspondendo ao núcleo do problema de pesquisa, ou à declaração do problema. Assim,

Planejamento da pesquisa qualitativa

na formulação do problema, passa-se de um interesse geral, curiosidade ou dúvida para uma declaração específica do problema de pesquisa.

Com efeito, a intenção de um problema de pesquisa em pesquisa qualitativa é apresentar uma justificativa ou necessidade do estudo de um tema ou de um problema particular. Diferentemente das pesquisas quantitativas, em que a declaração do problema se restringe a uma formulação expressa como pergunta, suficientemente específica, delimitada no tempo e espaço e passível de verificação, na pesquisa qualitativa essa declaração exige maiores considerações de outros aspectos.

Merriam e Tisdell (2016) sugerem uma estrutura de declaração de problema que pode ser comparada ao formato de um funil. Na parte superior, identifica-se a área de interesse geral. Por exemplo: lidar com a diversidade no ambiente de trabalho, dificuldade de aprendizagem em ciências, aderência ao tratamento de doenças respiratórias e hábito de fumar entre adolescentes nas escolas de ensino médio. Procede-se, então, à familiarização do leitor com o significado do tópico, à introdução dos conceitos-chave, à apresentação do que já foi estudado a respeito e à justificativa da importância do estudo. Passa-se à indicação da lacuna de conhecimento em relação ao tópico. Ao chegar a este ponto, torna-se possível demonstrar que é óbvia a necessidade de realização do estudo. Chega-se, então, à declaração dos objetivos do estudo.

A apresentação do problema na pesquisa qualitativa corresponde à própria introdução do projeto ou do relato da pesquisa. Assim, Cresswell (2014) define cinco elementos a serem considerados na estruturação de uma boa introdução:

1. *Tópico*. Constituído por um parágrafo capaz de despertar o interesse do leitor e que aborde o tema geral do estudo.
2. *Problema de pesquisa*. O problema pode ser estruturado mediante uma discussão acerca da importância do tópico que é objeto de estudo. Trata-se, a rigor, de sua justificativa, que não se refere à descoberta de novos elementos, mas à conscientização das experiências, do que foi esquecido ou negligenciado a respeito. É necessário, pois, que nesta discussão fique demonstrado que o estudo poderá levar a uma nova compreensão do tema, ao preenchimento de uma lacuna na literatura existente, ao estabelecimento de uma nova linha de pensamento ou à evidenciação de vozes de grupos que foram marginalizados.
3. *Evidências da literatura*. Corresponde a um resumo das evidências obtidas com a revisão da literatura referente ao tópico. Não cabe, porém, apresentar aqui detalhes acerca dos estudos, mas apenas proceder a um comentário geral.
4. *Lacunas na literatura*. Indicam-se aqui os aspectos em que a literatura ou as discussões atuais se mostram insuficientes para a compreensão do problema, o que implica mencionar os motivos, tais como a adoção de perspectivas teóricas inapropriadas, a utilização de métodos inadequados ou a insuficiência dos dados obtidos.
5. *Potenciais benefícios do estudo*. Cabe, por fim, considerar como diferentes públicos poderão tirar proveito do estudo. Estes públicos podem envolver outros pesquisadores, grupos profissionais, gestores, legisladores e comunidades a que se refere o problema.

Esta apresentação do problema, em muitos trabalhos acadêmicos, corresponde a uma seção específica da tese ou dissertação e, quando bem elaborada, pode ser considerada um ensaio. De fato, como acentuam Merriam e Tisdell (2016), é um ensaio que envolve o contexto do estudo, a identificação das lacunas no conhecimento e a demonstração da existência de um problema que precisa ser resolvido.

A apresentação do problema conclui-se com a apresentação dos objetivos e das questões de pesquisa, que são considerados a seguir.

3.3 Definição do objetivo

Após a adequada formulação do problema de pesquisa, procede-se à definição de seus objetivos. Isto porque, enquanto o problema indica uma questão não resolvida e que requer esclarecimento, o objetivo esclarece acerca dos resultados que se pretende alcançar com a pesquisa. Assim, o objetivo constitui o guia para a determinação das ações específicas a serem efetivadas para a solução do problema.

Embora objetivos existam em todas as pesquisas, há diferenças significativas em sua formulação nas pesquisas quantitativas e qualitativas. Nas pesquisas quantitativas, de modo geral, os problemas são expressos em uma única frase interrogativa. Ou seja, são formulados como pergunta. Os objetivos, por sua vez, especificam as ações conduzidas para fornecer respostas ao problema. Assim, o mais frequente é a formulação de um objetivo geral e um certo número de objetivos específicos. As regras para sua formulação, por sua vez, são bem definidas: 1. devem ser expressos de forma clara, precisa e concisa; 2. devem ser expressos com verbos de ação, que expressem resultados observáveis; 3. devem ser redigidos em termos operacionais, que possibilitem a mensuração; e 4. devem ser realistas, ou seja, alcançáveis dentro do prazo e com os meios disponíveis.

Nada impede que uma pessoa empenhada na realização de uma pesquisa qualitativa estabeleça diversos objetivos específicos. O mais interessante, porém, é definir um único objetivo, mas que seja suficiente para esclarecer acerca do tópico, do local, dos participantes e do tipo de pesquisa.

Alguns cuidados precisam ser tomados para garantir que os objetivos sejam úteis tanto para o pesquisador quanto para os leitores do projeto ou relato de pesquisa:

O objetivo deve referir-se a um único fenômeno
Ao contrário do que acontece nas pesquisas quantitativas, não se busca, na maioria das vezes, verificar a existência de relação entre variáveis. Pode até mesmo ocorrer que se torne possível, ao longo do estudo, estabelecer algum tipo de relacionamento entre os múltiplos fatores, mas não cabe proceder a algum tipo de antecipação, como as que se faz quando se constroem hipóteses.

Convém iniciar a redação do objetivo com verbos de ação
Verbos de ação são os que possibilitam esclarecer o que se almeja ao final da pesquisa. Dentre os verbos mais utilizados estão: explorar, descrever, desenvolver, examinar, construir, descobrir e avaliar.

O objetivo deve indicar a ideia central
Esta ideia corresponde ao tópico de pesquisa, e se pretende que seja mantida até o final da pesquisa. Embora a ideia possa ser alterada, corresponde à pretensão inicial, que precisa ser identificada pelos leitores do projeto ou do relato para que possam entender as informações que vão se revelar ao longo do estudo (CRESSWELL, 2007).

Os termos utilizados devem ser neutros
Palavras e expressões carregadas de valor devem ser evitadas. Por exemplo, é possível em uma pesquisa fenomenológica elaborar um objetivo tratando da "experiência vivida de empreendedores". Mas um objetivo tratando de "experiências bem-sucedidas de empresários" não seria muito adequado. Outros exemplos de palavras problemáticas são: "útil", "benéfico", "positivo", "mau", "imperfeito".

Devem ser evitados termos que evoquem procedimentos quantitativos
Palavras ou expressões como "causas", "impacto", "relação", "o quanto" e "em que medida" não devem ser incluídas no objetivo.

A modalidade de pesquisa deve ser indicada no objetivo
O pesquisador precisa ter segurança quanto ao tipo de pesquisa que será realizada: narrativa, fenomenológica, etnográfica, teoria fundamentada ou estudo de caso.

O objetivo deve indicar os participantes da pesquisa
Estes participantes podem ser pessoas, grupos ou organizações.

> **O objetivo deve indicar o local em que será realizada a pesquisa**
> Não se trata da delimitação geográfica, requerida nas pesquisas qualitativas, mas os locais, como residências, escolas, empresas, igrejas ou hospitais precisam ser indicados para que o leitor saiba exatamente onde o estudo ocorre.

> **Os objetivos devem ser realistas**
> O pesquisador precisa estar seguro de que os objetivos possam ser alcançados dentro do prazo esperado e com os recursos disponíveis.

O pesquisador pode redigir os objetivos observando seu estilo. Convém, porém, que sua redação esclareça acerca do tópico, do local, dos participantes e do tipo de pesquisa. Assim, pode-se seguir o seguinte roteiro, baseado na proposta de Cresswell (2014):

> O objetivo desta pesquisa _____ (narrativa, fenomenológica, etnográfica etc.) é _____ (verbo de ação, como descrever, desenvolver, construir etc.) _____ (fenômeno central) de/em/para/com _____ (participantes) em _____ (local).

Seguem-se exemplos correspondentes às diferentes modalidades de pesquisa:

> O objetivo desta pesquisa narrativa é analisar a trajetória profissional de uma modelo portadora de deficiência física em uma agência de publicidade.

> O objetivo desta pesquisa fenomenológica é descrever a experiência vivida de mulheres empreendedoras que buscam financiamento em bancos populares.

> O objetivo desta pesquisa etnográfica é descrever o processo de adaptação de refugiados de guerra ao contexto cultural da sociedade que os recebe.

> O objetivo desta teoria fundamentada é compreender o processo por que passam mulheres que assumem posições de liderança em organizações compostas majoritariamente por homens.

> O objetivo deste estudo de caso é explorar fatores afetivos que possam ter contribuído para a identificação de empregados com organizações que compõem um conglomerado comercial.

3.4 Questões de pesquisa

Diferentemente dos estudos quantitativos, em que o pesquisador, após definir os objetivos gerais, parte para a construção de hipóteses ou definição de objetivos

Planejamento da pesquisa qualitativa

específicos, nos estudos qualitativos procede-se à elaboração das questões de pesquisa. Essas questões indicam o que exatamente o pesquisador quer, ao mesmo tempo que conferem um foco claro ao trabalho. Bailay (2018) as considera âncoras do processo de pesquisa, às quais todas as partes estão anexadas, como o elo mais forte da cadeia que liga a primeira à última página do relatório final. Com efeito, todas as partes da pesquisa devem estar conectadas à pergunta: tópico, objetivo, postura ética, fundamentação teórica, coleta de dados, análise, resultados e redação do relatório da pesquisa.

Cabe considerar que as questões de pesquisa não se confundem com as questões que orientam as entrevistas. São questões muito mais amplas, que não são dirigidas a participantes específicos. Estas questões refletem o pensamento do pesquisador acerca dos fatores mais significativos para estudar. Constituem, a rigor, questões que o pesquisador formula a si mesmo com vistas a esclarecer o que é importante estudar.

Como o estudo precisa se caracterizar como um todo coerente, não se recomenda construir muitas questões. Além disso, é necessário garantir que todas estejam claramente conectadas e focadas no problema de pesquisa. Cresswell (2014) recomenda a redução de todo o estudo a uma única pergunta central e, a seguir, várias subperguntas. Elaborar essa única questão central não constitui, no entanto, tarefa das mais simples, devido à amplitude do tema e à tendência para tornar as questões bastante específicas, como ocorre nas pesquisas qualitativas.

As perguntas de pesquisa qualitativa iniciam-se de modo geral com as palavras "o que", "qual" ou "como". Termos como "quanto", "quantos", "o quanto" e "em que medida" não são adequados, pois se remetem à ideia de quantificação. O termo "por que", por sua vez, deve ser evitado, pois se remete ao estabelecimento de relações causa-efeito, que são mais apropriadas para pesquisas quantitativas.

Seguem alguns exemplos de perguntas para as diferentes modalidades de pesquisa qualitativa.

Pesquisa narrativa
Que conflitos são vivenciados ao longo da trajetória de um empreendedor social?
Como é o dia a dia de pessoas que vivem com condições reumáticas crônicas?

Pesquisa fenomenológica
Como professores do ensino médio que foram agredidos por alunos superam seus traumas e continuam a lecionar?
Qual é a experiência de mulheres de baixo nível socioeconômico na abertura de seu próprio negócio?

Pesquisa etnográfica
Como estudantes filhos de imigrantes compartilham valores nacionais em escolas de ensino médio?
Que conflitos são observados em empresas que têm em seu quadro um número significativo de expatriados?

Teoria fundamentada
Como pessoas transgênero se representam no contexto das organizações em que trabalham?
Qual é a experiência de mulheres de baixo nível socioeconômico na abertura de seu próprio negócio?

Estudo de caso
Que dificuldades são encontradas no processo de introdução da avaliação 360 graus em organizações do terceiro setor?
Como uma família que optou por promover a educação de seus filhos em casa lida com as questões relacionadas à sua socialização?

Como foi indicado, o mais recomendado é que se formule uma única questão. Cresswell (2014) recomenda de 5 a 7, propondo, porém, que sejam consideradas como um meio de subdividir a pergunta central em diversas partes. Na redação dessas subperguntas, pode-se levar em consideração a modalidade de pesquisa que está sendo adotada. Nos estudos narrativos, a ordenação das questões pode servir para enfatizar o processo. Nas pesquisas etnográficas, a redação pode enfatizar os aspectos culturais do grupo, organização ou comunidade que se pretende pesquisar. Nos estudos de caso, a redação pode ser feita de forma a abordar os diferentes componentes do caso. Fica mais difícil, porém, nas pesquisas fenomenológicas e nas teorias fundamentadas, especificar essas questões, já que é pouco provável em estudos dessa natureza definir antecipadamente os componentes da sequência do estudo ou os componentes da teoria que se pretende construir.

Apresenta-se, a seguir, exemplos de questões elaboradas em uma pesquisa desenvolvida por Flick *et al.* (2002) referente à atitude de profissionais de saúde em relação à prevenção de saúde como parte de seu trabalho. A pesquisa foi orientada pelas questões: "Os profissionais de saúde possuem um conceito de saúde? Em caso afirmativo, qual é o foco principal desse conceito?". Essas questões centrais foram subdivididas, originando as subquestões:

- Quais são os conceitos de saúde de enfermeiros e médicos?
- Que dimensões das representações de saúde são relevantes para o trabalho profissional com os idosos?
- Qual é a atitude dos profissionais em relação à prevenção e à promoção da saúde para os idosos?

- Quais são os conceitos de envelhecimento dos clínicos gerais e dos enfermeiros que fazem atendimento em casa? Qual é a relação desses conceitos com o de morte?
- Qual é a relevância que os profissionais atribuem a seus próprios conceitos de saúde para sua prática profissional?
- Existe alguma relação entre os conceitos de saúde e a formação e a experiência profissional?

3.5 Revisão da literatura

No planejamento da pesquisa qualitativa formula-se um problema, define-se o seu objetivo e elaboram-se as questões de pesquisa. No entanto, de modo geral, essas atividades ocorrem à medida que se estabelece um arcabouço teórico. Com efeito, arcabouço teórico é a estrutura subjacente, o suporte e a armação da pesquisa (MERRIAM; TISDELL, 2016). É ele que possibilita discutir por que o tópico que se deseja estudar é importante e por que os meios propostos para estudá-lo são adequados e rigorosos (RAVITCH; RIGGAN, 2017). Serve também para indicar as crenças do pesquisador sobre o fenômeno estudado, para justificar o estudo e para mostrar o quanto ele é importante. (MAXWELL, 2013).

Embora a fundamentação teórica ocorra tanto nas pesquisas quantitativas quanto nas qualitativas, sua necessidade é mais evidente nas quantitativas. Isto porque uma quantidade substancial de literatura é necessária logo no início do estudo para proporcionar um referencial conceitual adequado, bem como especificar seus objetivos e levantar hipóteses a serem testadas.

Nas pesquisas qualitativas, esta necessidade logo no início do estudo é bem menos evidente, porque seus objetivos, assim como as questões de pesquisa, são elaborados de forma ampla e não se procede à construção de hipóteses. Nas pesquisas fenomenológicas e na construção de teorias fundamentadas, mais especificamente, a revisão da literatura não costuma ser enfatizada. Na pesquisa fenomenológica, como o pesquisador precisa colocar-se "entre parênteses", uma grande quantidade de informações prévias acerca do fenômeno pode até mesmo comprometer a análise dos dados tal como se apresentam à consciência dos indivíduos. Na construção da teoria fundamentada, por sua vez, como os dados são obtidos pela via indutiva, não se requer o estabelecimento de teorias prévias para delas derivar hipóteses.

Não há, porém, como desprezar a revisão da literatura nas pesquisas qualitativas. Como afirma Schwandt (1993), a pesquisa ateorética é impossível. Existe um referencial teórico subjacente a qualquer pesquisa. Ele está presente em todos os estudos qualitativos porque não poderiam ser planejados sem que implícita ou explicitamente fosse feita alguma pergunta. Assim, Yin (2015) argumenta que o estudo de caso completo incorpora uma teoria do que está sendo estudado.

Merriam e Tisdell (2016) afirmam que a própria maneira como a pergunta é trabalhada para a definição dos objetivos reflete uma orientação teórica, e que o arcabouço teórico se manifesta já na orientação disciplinar de cada pesquisador, pois este foi socializado em uma disciplina com seu próprio vocabulário, conceitos e teorias. Essa orientação disciplinar passa a atuar, portanto, como uma lente através da qual o pesquisador vê o mundo. Por exemplo, quando pesquisadores diferentes observam uma cerimônia de casamento, tendem a fazer perguntas diferentes. Um psicólogo pode indagar acerca dos fatores que motivaram os noivos a se unirem em casamento. Um sociólogo poderá se interessar pelos papéis sociais assumidos pelos participantes da cerimônia. Já um antropólogo poderá se interessar pelo significado dos ritos que envolvem a celebração.

Para Maxwell (2013), o arcabouço conceitual constitui uma teoria provisória sobre os fenômenos que estão sendo estudados. Essa teoria auxilia o pesquisador a refinar os objetivos, formular questões de pesquisa, discernir acerca de escolhas metodológicas, identificar ameaças potenciais à sua validade e demonstrar a relevância da pesquisa. Para Anfara e Mertz (2015), o arcabouço conceitual contribui para a pesquisa qualitativa: 1. fornecendo foco e organização ao estudo; 2. expondo e obstruindo significados; 3. conectando o estudo a estudos e conceitos já existentes; e 4. identificando pontos fortes e fraquezas.

Ainda, segundo Maxwell (2013), a fonte primária do arcabouço teórico não precisa necessariamente ser uma teoria existente. Outras opções para sua construção são: conhecimento baseado na experiência, pesquisa exploratória e "experimentos de pensamento".

O mais comum, no entanto, é proceder à fundamentação teórica mediante revisão de literatura. Alguns pesquisadores, todavia, ao se decidirem pela revisão da literatura, procedem à sua realização sob a forma de revisão sistemática. Esta modalidade, embora seja adequada para esclarecer acerca do que tem sido produzido em determinado campo do conhecimento, não é apropriada para promover a fundamentação teórica das pesquisas. O mais adequado é a realização de uma revisão exploratória, que tem como propósito identificar o que existe na literatura acadêmica em termos de teoria, evidências empíricas e métodos de pesquisa relativos ao tópico e às questões de pesquisa (ADAMS *et al.*, 2007).

É necessário considerar que, na pesquisa qualitativa, a revisão da literatura não constitui uma etapa bem definida que se conclui antes da coleta de dados, como usualmente ocorre na pesquisa quantitativa. Ela tende a avançar ao longo das diversas etapas, aprimorando-se à medida que os dados vão sendo coletados, e prossegue ao longo de sua análise. Mas é possível definir um conjunto de procedimentos que contribuem para esse intento.

Familiarização com o tópico
A revisão da literatura requer, primeiramente, familiaridade com o tópico, o que implica conhecer os principais trabalhos já produzidos. A consulta a esses trabalhos possibilita não apenas a obtenção de uma visão geral do tema, mas a identificação de fontes primárias importantes, mediante a inspeção de referências bibliográficas.

Planejamento da pesquisa qualitativa

Identificação das fontes bibliográficas
Estas fontes são constituídas por livros, artigos originais, teses, dissertações, comunicações em eventos científicos etc. As bases de dados que podem ser acessadas pela internet são a principal forma de identificação. Nesse sentido, o Portal de Periódicos da Coordenação de Aperfeiçoamento de Pessoal de Nível Superior (Capes) constitui um dos mais importantes meios disponíveis.

Decisão acerca do material que deve ser obtido
A consulta às bases de dados leva à obtenção de milhares de fontes. Torna-se necessário, portanto, dominar essas bases, sobretudo no que se refere aos meios adequados para filtragem do material. Assim, espera-se que ao final deste processo sejam definidos apenas os artigos e outros documentos que de fato contribuem para a construção do arcabouço teórico. Os principais critérios definidos por Merriam e Tisdell (2016) para essa tomada de decisão são: 1. a autoridade do autor em relação ao tópico; 2. a atualidade do artigo; 3. relevância para o trabalho de pesquisa; e 4. qualidade da fonte.

Obtenção do documento completo
Boa parte do material disponível em bases de dados ou *sites* da *web* pode ser copiada gratuitamente, mas há artigos que só podem ser obtidos mediante pagamento. Embora seja em quantidade cada vez menor, há documentos que não estão disponibilizados em suporte eletrônico, que devem ser consultados em biblioteca convencional ou adquiridos em livrarias.

Leitura do material
O material selecionado precisa ser lido, mas não há necessidade de lê-lo integralmente. Convém fazer primeiramente uma leitura exploratória de cada uma das fontes – leitura do resumo ou do sumário, por exemplo – para decidir acerca do que será objeto de leitura aprofundada. Procede-se, então, à leitura cuidadosa dos trechos selecionados e à identificação de sua contribuição para o estudo. Por fim, elabora-se um resumo do texto.

Fichamento
Para cada obra ou parte de obra analisada, convém elaborar uma ficha com as informações relevantes. Esse é um trabalho que pode ser realizado com o auxílio de *softwares*, como o EndNote. Essas fichas poderão incluir, além das referências bibliográficas, um resumo do trabalho, métodos e técnicas utilizados, citações que poderão ser utilizadas no trabalho, bem como uma avaliação do mérito da obra. É necessário registrar a referência bibliográfica completa, incluindo o número das páginas em que aparecem as ideias mais importantes.

> **Organização lógica do material**
> À medida que se vai identificando a literatura, passa-se a organizar logicamente esse material. A forma mais adotada é a de organização por temas específicos. Recomenda-se para isso a utilização dos mapas conceituais, que são representações gráficas de tópicos e ideias e de seus relacionamentos. Esses mapas permitem o agrupamento de informações em módulos relacionados, de forma tal que as conexões entre eles se evidenciam mais prontamente do que com o exame de uma lista (WHEELDON; FAUBERT, 2009).

> **Redação**
> A redação assume as características de um ensaio que integra, sintetiza e critica o pensamento e a pesquisa importantes sobre o tópico. O principal desafio nesta etapa é, pois, o de garantir um estilo coerente de redação. De modo geral, o texto final é organizado de acordo com os temas específicos que emergiram do exame da literatura.

3.6 Seleção de amostra

Após a apresentação do problema, a definição dos objetivos e a formulação das questões da pesquisa, torna-se possível determinar a modalidade de pesquisa mais adequada. Foram consideradas no capítulo anterior as modalidades mais utilizadas: pesquisa narrativa, pesquisa fenomenológica, pesquisa etnográfica, teoria fundamentada e estudo de caso, embora seja necessário considerar que, como a pesquisa qualitativa é caracterizada pela flexibilidade, muitos outros tipos de pesquisa podem ser identificados, inclusive a pesquisa qualitativa básica, que pode assumir diferentes formatos.

Qualquer que seja, porém, a modalidade selecionada, uma tarefa importante em seu planejamento é a seleção das unidades de análise, ou seja, da amostra. De fato, em cada estudo, muitas são as pessoas que podem ser entrevistadas, muitos são os locais que podem ser visitados e muitos são os documentos que podem ser analisados. O pesquisador precisa, então, selecionar quem vai entrevistar e o que vai – direta ou indiretamente – observar.

Como a generalização – pelo menos no sentido estatístico – não constitui objetivo da pesquisa qualitativa, pode-se descartar todas as modalidades de amostragem probabilística. De fato, o pesquisador qualitativo não pode estar interessado em fornecer respostas a perguntas como "quantos?", "o quanto?", "com que frequência?" ou "com que intensidade?", mas em descrever o que ocorre e os relacionamentos que se vinculam a essas ocorrências. A lógica da escolha dos casos não é a da amostragem estatística, fundamentada na teoria das probabilidades. É possível que, em algumas modalidades de pesquisa qualitativa – como estudo de caso coletivo –, adote-se a lógica dos procedimentos experimentais, especialmente o método de concordância (MILL, 1979), que estabelece que, quando dois ou mais casos de um mesmo fenômeno têm uma e somente uma condição em comum, essa condição pode ser considerada a causa (ou efeito) do fenômeno. No entanto, o fundamento lógico mais presente nas justificativas de seleção da amostra na pesquisa qualitativa é o da "saturação teórica", definido por Glaser e Strauss (1967), segundo o qual a inclusão de novos casos pode ser interrompida quando os dados obtidos passam a apresentar repetição ou redundância.

Essa é a modalidade de amostragem adotada na teoria fundamentada, cujos procedimentos encontram-se bem definidos (STRAUSS; CORBIN, 2008; CHARMAZ, 2009). Embora desenvolvida especialmente para esse tipo de pesquisa, seus princípios têm sido adotados em outras pesquisas qualitativas. Porém, há outras modalidades de amostragem. Patton (2015) identifica nada menos que 40 tipos diferentes de amostragens aplicadas a pesquisas qualitativas, agrupadas em seis categorias. São consideradas aqui as modalidades mais utilizadas:

Amostragem de casos críticos
Casos críticos são aqueles que se manifestam de maneira bastante dramática ou que, por alguma razão, podem ser importantes para a compreensão de um fenômeno.

Amostragem de casos extremos ou desviantes (*outliers*)
São casos ricos em informações, porque são incomuns ou especiais de alguma forma, como sucessos proeminentes ou falhas notáveis. Em termos estatísticos, a amostragem de casos extremos se concentra nos pontos finais da distribuição normal da curva em forma de sino (*outliers*), que geralmente são ignorados (ou mesmo descartados) nos relatórios de dados agregados. A lógica subjacente a este tipo de amostragem é a de que, da análise dessas situações, podem emergir conhecimentos úteis para a compreensão de aspectos ocultos nas situações mais comuns.

Amostragem de casos intensivos
Envolve a mesma lógica dos casos extremos, mas os enfatiza menos. É constituída por casos ricos em informações que manifestam intensamente (mas não extremamente) o fenômeno de interesse. Casos extremos ou desviantes podem ser tão incomuns que acabam por distorcer a manifestação do fenômeno de interesse. Assim, na amostragem por intensidade, buscam-se exemplos ricos em relação ao fenômeno de interesse, mas não casos altamente incomuns.

Amostragem de variação máxima
Focaliza os casos que, a despeito das variações, apresentam um padrão comum. Seu propósito é descobrir temas centrais ou as principais características de uma situação relativamente estável.

Amostragem homogênea
É oposta à amostragem de variação máxima. Consiste na escolha de uma pequena amostra homogênea, cujo objetivo é descrever em profundidade as características de algum subgrupo específico.

Amostragem de caso típico
Ilustra o que é considerado típico, normal ou regular no âmbito de um determinado grupo ou situação.

Amostragem intencional
Consiste na seleção de casos para criar um grupo rico em informações específicas que possam revelar e esclarecer padrões importantes de grupos. Uma estratégia importante de amostragem intencional é a criação de grupo de casos capazes de proporcionar análise de dados ricos em informações. Por exemplo, se houver interesse em documentar a diversidade de pessoas, organizações ou lugares, poderá ser selecionada uma amostra diversificada. Se, por outro lado, houver interesse no estudo de um tipo específico de pessoa, organização ou local, será extraída uma amostra homogênea.

Amostragem indutiva de teoria fundamentada emergente
Na construção da teoria fundamentada, os participantes são selecionados de acordo com as necessidades descritivas dos conceitos e da teoria emergente. Assim, esta modalidade de amostra é construída à medida que a teoria emerge, passando da exploração para o aprofundamento e para a verificação. Ela se torna mais seletiva conforme a teoria emergente focaliza a investigação. Casos adicionais são acrescidos para apoiar a comparação constante como um processo de análise de aprimoramento da teoria.

Amostragem de informantes-chave
É constituída por pessoas que têm um conhecimento especial sobre um tópico e estão dispostas a compartilhá-lo. É amplamente utilizada nas pesquisas etnográficas para auxiliar no entendimento de outras culturas. Os informantes-chave também são importantes para a obtenção de informações sobre questões especializadas.

Amostragem "bola de neve"
É adotada para localizar informantes-chave ou fontes críticas ricas em informação. Originou-se de pesquisas voltadas à compreensão da realidade cultural de pessoas que, em razão de sua condição social, vivem em condição de anonimato, obscuridade ou clandestinidade. Inicia-se com a seleção de um caso pertencente ao grupo objeto de investigação, que leva a outros até que se encontre o nível requerido de informação.

Planejamento da pesquisa qualitativa

> **Amostragem de casos múltiplos de uso instrumental**
> É utilizada nos estudos de caso instrumentais. Seu objetivo é entender um fenômeno que se manifesta por meio de diversos casos.

> **Amostragem de fenômeno ou de subgrupo emergente**
> É a modalidade de amostragem que aproveita o que surge durante a coleta de dados real. Durante o trabalho de campo, o pesquisador toma conhecimento de fenômenos ou de subgrupos que não eram conhecidos no momento do planejamento da pesquisa.

> **Casos confirmadores ou desconfirmadores**
> Casos confirmadores são casos adicionais que se encaixam em padrões que emergiram em etapas prévias da investigação. Esses casos confirmam e elaboram as descobertas, acrescentando riqueza, profundidade e credibilidade. Os casos desconfirmadores, por sua vez, são casos que não se encaixam naqueles padrões. Constituem, portanto, interpretações rivais, que colocam limites em torno de descobertas confirmadas.

3.7 Implicações éticas no planejamento da pesquisa

Desde o final da Segunda Guerra Mundial, em decorrência do reconhecimento das atrocidades cometidas nos campos de concentração nazistas, vem crescendo a conscientização acerca das questões éticas nas pesquisas que envolvem seres humanos. Daí os vários documentos emitidos por organismos internacionais que tratam dessas questões, tais como: 1. Código de Nuremberg, que trata o consentimento voluntário como absolutamente essencial à pesquisa (UNITED STATES, 1949); 2. Declaração de Helsinki, que é um conjunto de princípios éticos que regem a pesquisa com seres humanos (WORLD MEDICAL ASSOCIATION, 2013); e 3. Relatório Belmont, que apresenta os princípios éticos considerados básicos que deveriam nortear a pesquisa biomédica com seres humanos (UNITED STATES, 1978).

Questões éticas aparecem ao longo de todo o processo de pesquisa. São abordadas aqui as questões relativas ao planejamento da pesquisa. Questões relativas a outras etapas são abordadas nos capítulos seguintes.

Implicações éticas devem ser consideradas no planejamento da pesquisa, mesmo porque na maioria das instituições de pesquisa existem comitês de ética aos quais devem ser submetidos os projetos de pesquisa que envolvem seres humanos. Nesse sentido, cabe lembrar que, no Brasil, para a aprovação dos projetos, esses comitês levam em consideração a Resolução n. 510 do Conselho Nacional de Saúde, de 7 de abril de 2016, que dispõe sobre as normas aplicáveis em ciências humanas e sociais quanto a procedimentos que envolvam a utilização de dados diretamente obtidos com os participantes das pesquisas.

Uma primeira questão é a que se refere à relevância da pesquisa. Como toda pesquisa social é de alguma forma invasiva, cabe indagar se a pesquisa que está sendo proposta é necessária. Será que o assunto ainda não foi suficientemente estudado? Será que a pesquisa proposta poderá contribuir com novos conhecimentos? As potenciais vantagens da pesquisa superam as desvantagens? Não se pode esquecer que as pesquisas com seres humanos devem ser guiadas pelo princípio da beneficência, que se refere à condição de agir em prol do benefício dos outros (BEAUCHAMP; CHILDRESS, 2002).

Uma segunda questão refere-se aos potenciais participantes da pesquisa. Justifica-se expô-los, principalmente quando o universo da pesquisa é constituído por pessoas que de alguma forma são vulneráveis, como crianças, internados, populações indígenas, pessoas idosas ou que vivem em situação difícil? Não se quer dizer que não se deva fazer pesquisa com integrantes desses grupos, mas que é necessário refletir acerca de sua justificativa.

Uma terceira questão refere-se à seleção dos participantes. De modo geral, nas pesquisas seleciona-se uma amostra. Assim, em determinado grupo em que as pessoas se conhecem, algumas poderão ser escolhidas para participar, e outras não. Não participar da pesquisa poderá, então, se tornar muito irritante para algumas pessoas. Cabe aos pesquisadores refletir sobre as possíveis consequências dos processos de participação ou de inclusão de participantes na amostra (FLICK, 2009).

Uma quarta questão refere-se ao princípio da não maleficência (BEAUCHAMP; CHILDRESS, 2002), que significa que é preciso garantir aos participantes da pesquisa que não sofram quaisquer desvantagens, prejuízos ou riscos por dela participar. Trata-se de uma questão que em algumas situações pode se evidenciar de forma dramática. Considere-se o exemplo apresentado por Flick (2009). Em uma pesquisa com pessoas em condições desfavorecidas de vida, como as de moradores de rua, o maior interesse do pesquisador não está nas pessoas, mas em sua condição de vida. Assim, pode-se admitir que o pesquisador estará interessado em que essas pessoas permaneçam nesse estado desfavorável pelo menos até que sejam entrevistadas.

Uma quinta questão, por fim, refere-se aos pesquisadores, que devem estar preparados para o contato com os participantes da pesquisa. Requer-se, portanto, que esses pesquisadores tenham passado por um processo de capacitação. Basta considerar que o estabelecimento de uma conversa franca com os participantes pode ser algo desafiador para muitos pesquisadores. Sobretudo quando a pesquisa trata de temas delicados como: sexualidade, doenças crônicas e convicções políticas.

3.8 Elaboração do projeto de pesquisa

O planejamento da pesquisa concretiza-se mediante a elaboração de um projeto, que é o documento explicitador das ações a serem desenvolvidas ao longo do processo de pesquisa. Esse projeto interessa ao pesquisador e sua equipe, já que esclarece acerca das ações a serem desenvolvidas ao longo da pesquisa. No entanto, também interessa a outros agentes. Para quem contrata os serviços de pesquisa, o projeto constitui documento fundamental, posto que esclarece acerca do que será pesquisado e apresenta a estimativa dos custos. Quando se espera que determinada entidade financie uma pesquisa, o projeto é o documento requerido, pois permite saber se o empreendimento se ajusta aos critérios por ela definidos, ao mesmo tempo que possibilita uma estimativa da relação custo-benefício. Também se poderia arrolar entre os interessados no projeto os potenciais beneficiários de seus efeitos e os pesquisadores da mesma área.

Nas pesquisas definidas como quantitativas – como nos experimentos e levantamentos –, os elementos do projeto são facilmente identificáveis. Nas pesquisas qualitativas, esses elementos nem sempre são facilmente identificados em uma sequência de execução. Mas o projeto de pesquisa qualitativa deve esclarecer acerca do problema de pesquisa, apresentar a justificativa de sua realização, definir os objetivos e as questões de pesquisa, determinar a modalidade de pesquisa, determinar os procedimentos de coleta e análise de dados e orientar acerca dos meios a serem utilizados na divulgação de seus resultados. Deve, ainda, esclarecer acerca do cronograma a ser seguido no desenvolvimento da pesquisa e proporcionar a indicação dos recursos humanos, materiais e financeiros necessários para assegurar o êxito da pesquisa.

Alguns pesquisadores poderão considerar que a elaboração de um projeto de pesquisa qualitativa, com relações minuciosas de resultados aferíveis e de atividades correlatas específicas, poderá limitar o alcance da pesquisa, tornando-a um processo mais mecanizado e menos criativo. Entretanto, a elaboração de um projeto é que possibilita, em muitos casos, esquematizar os tipos de atividades e experiências criativas.

QUESTÕES PARA DISCUSSÃO

1. Relacione alguns problemas de pesquisa. A seguir, discuta acerca da possibilidade de serem considerados em pesquisas qualitativas.
2. Por que os problemas de pesquisa qualitativa de modo geral são formulados de maneira muito mais ampla quando comparados com os problemas de pesquisa quantitativa?
3. Discuta a afirmação: "Na pesquisa qualitativa, as questões são propostas preferencialmente ao pesquisador, não ao pesquisado".
4. Com que dificuldades os pesquisadores se deparam para garantir a observância dos requisitos éticos na pesquisa qualitativa?
5. Que itens podem ser considerados na elaboração de um projeto de pesquisa qualitativa?

LEITURAS RECOMENDADAS

CRESWELL, John W. *Projeto de pesquisa*: métodos qualitativo, quantitativo e misto. 2. ed. Porto Alegre: Artmed, 2007.

Esse livro trata, dentre outros assuntos, da estrutura dos projetos, das considerações éticas na pesquisa, da formulação do problema e da declaração de objetivo da pesquisa.

GIL, Antonio Carlos. *Como elaborar projetos de pesquisa*. 6. ed. São Paulo: Atlas, 2017.

Esse livro esclarece acerca dos procedimentos adotados na elaboração de projetos de pesquisa narrativa, fenomenológica, etnográfica, estudos de caso e teoria fundamentada.

4

COLETA DE DADOS

Os dados constituem as peças básicas na construção de qualquer pesquisa, sejam eles expressos em números, como ocorre na pesquisa quantitativa, ou em palavras, como ocorre na pesquisa qualitativa. Da qualidade desses dados é que depende o sucesso da pesquisa. De nada adianta planejar rigorosamente uma pesquisa se os dados não forem coletados adequadamente. Assim, este capítulo é dedicado às questões básicas relativas à coleta de dados na pesquisa qualitativa. **Após estudá-lo cuidadosamente, você será capaz de:**

- reconhecer implicações relativas à seleção dos indivíduos e à escolha do local para coleta de dados na pesquisa qualitativa;
- identificar estratégias de coleta de dados aplicáveis à pesquisa qualitativa;
- elaborar protocolos de coleta de dados em pesquisa qualitativa;
- reconhecer implicações éticas na coleta de dados em pesquisa qualitativa.

4.1 O significado da coleta de dados na pesquisa qualitativa

Quando se fala em coleta de dados na pesquisa qualitativa, pensa-se logo na realização de uma entrevista ou na observação de um grupo de pessoas. De fato, estas são as estratégias mais utilizadas na pesquisa qualitativa. Mas existem outras, como a análise documental e a história de vida, que frequentemente são utilizadas em combinação com a observação e a entrevista. Além disso, a coleta de dados deve ser entendida como um processo, que abrange diferentes procedimentos e a tomada de múltiplos cuidados. A coleta de dados implica a definição clara dos objetivos que se pretende alcançar e a determinação das questões que vão orientar a pesquisa. Implica também a identificação dos procedimentos mais adequados para a obtenção dos dados, a definição da estratégia apropriada de amostragem, a obtenção de permissões, a preparação dos meios para registrar as informações, a antecipação das estratégias de análise dos dados, a consideração das implicações éticas e, principalmente, o reconhecimento da capacitação do pesquisador, já que na pesquisa qualitativa ele mesmo é considerado instrumento de coleta de dados.

4.2 A escolha dos indivíduos e do local

Uma das primeiras considerações a serem feitas em relação à coleta de dados na pesquisa qualitativa é que seu foco está no significado que os participantes atribuem ao problema e não no que os pesquisadores trazem para a pesquisa com base na sua experiência individual ou estudos que já tenham efetuado. É preciso, pois, garantir que a coleta de dados possibilite a identificação das múltiplas percepções a respeito do problema. Assim, cuidados especiais devem ser tomados na escolha dos indivíduos. E, como nas pesquisas qualitativas frequentemente enfatiza-se o contexto, cuidados adicionais precisam ser tomados em relação ao local em que estes se situam e aos eventos que compartilham.

Nos estudos narrativos, é preciso encontrar um ou mais indivíduos dispostos a dar informações acerca de seus costumes e realizações, envolvendo sucessos e fracassos. Nos estudos fenomenológicos, é preciso encontrar indivíduos que tenham experimentado o fenômeno que está sendo investigado e que tenham capacidade para articular e expressar tal experiência. Na construção de teorias fundamentadas, é preciso selecionar indivíduos que tenham participado do evento ou do processo que está sendo investigado. Nos estudos etnográficos, é preciso contatar em um único local indivíduos que compartilham crenças e valores de uma determinada cultura. Nos estudos de caso, é preciso selecionar indivíduos em um ou mais locais (se são estudos de caso único ou coletivos) e estudá-los levando em consideração o ambiente de estudo. Ressalte-se que nessa modalidade de pesquisa podem ser selecionados também indivíduos que não se encontram fisicamente no local, mas que apresentam vinculação com o caso. É o que acontece nas pesquisas organizacionais em que os dados podem ser obtidos também dos *stakeholders*.

O cuidado com o contexto, que implica a determinação de locais e eventos, é mais evidente nas pesquisas etnográficas e estudos de caso, o que pode requerer uma sequência de procedimentos. Em uma pesquisa educacional, por exemplo, será necessário primeiramente determinar um local, que poderá ser uma escola ou um conjunto de escolas (FLICK, 2009). A seguir, será necessário identificar situações nesses locais que sejam relevantes para o tema. Poderão ser, especificamente, reuniões relacionadas a decisões sobre notas dos alunos. Serão, por fim, identificados outros tipos de situações que também sejam relevantes, como situações em sala de aula.

4.3 Acesso e consentimento

Para que se efetive a coleta de dados, é necessário, primeiramente, certificar-se da possibilidade de acesso aos locais, situações e indivíduos. Requer-se, portanto, a identificação de locais em que seja possível encontrar as pessoas que correspondam às situações. Depois – o que geralmente é mais complexo –, é preciso ser aceito por essas pessoas para que sejam entrevistadas ou observadas.

Conseguir esse acesso pode ser um processo longo e difícil. Em muitas organizações o acesso é institucionalizado, requerendo a atuação em diversas instâncias até que seja obtida a permissão para abordar os indivíduos. Daí a necessidade de iniciar esse processo com grande antecedência. É necessário, ainda, considerar que, de modo geral, as pessoas e as organizações não têm interesse na pesquisa, requerendo-se do responsável pela pesquisa habilidade de negociação. Com efeito, a obtenção do acesso constitui apenas um passo inicial nos contatos de campo. É necessária uma negociação que percorre vários passos, baseada na confiança pessoal entre o pesquisador e o campo, que visa encontrar "porteiros" que abram as portas do campo e das pessoas certas (FLICK, 2009).

Também é importante ressaltar que, de acordo com a Resolução nº 510 do Conselho Nacional de Saúde, de 7 de abril de 2016, as pesquisas em ciências humanas e sociais que envolvem a utilização de dados diretamente obtidos com os participantes ou de informações identificáveis que possam acarretar riscos maiores do que os existentes na vida cotidiana só podem se efetivar com o consentimento dos participantes. Daí a necessidade do Termo de Consentimento Livre e Esclarecido (TCLE), que é o documento no qual é explicitado o consentimento do participante e/ou de seu responsável legal em participar da pesquisa. Este termo deve ser apresentado de forma escrita, contendo todas as informações necessárias, em linguagem clara e objetiva, para o mais completo esclarecimento sobre a pesquisa da qual o indivíduo é solicitado a participar.

4.4 Estratégias de coleta de dados

A pesquisa qualitativa caracteriza-se pela utilização de múltiplos procedimentos para coleta de dados. Os mais usuais são a entrevista, a observação e a análise documental, a história de vida e os grupos focais. Sua utilização, no entanto, varia segundo a modalidade de pesquisa. É possível até mesmo, dependendo da pesquisa, que se adote um único procedimento para a coleta de dados.

Entrevista

A entrevista é o procedimento mais comum. É utilizada em todas as modalidades de pesquisa e é a técnica fundamental nas pesquisas fenomenológicas e na construção da teoria fundamentada. Pode assumir diferentes formas. Pode ser mais ou menos estruturada e pode ser aplicada individualmente ou em grupos, direta ou virtualmente, via *e-mail*, salas de bate-papo ou fóruns de discussão. Também pode ser combinada com outras estratégias, como a observação, caracterizando o grupo focal. A história de vida, que é o procedimento básico na pesquisa, geralmente é obtida mediante entrevista.

Observação
A observação pode ser utilizada como procedimento complementar nas pesquisas fenomenológicas, narrativas e na construção da teoria fundamentada. Sua utilização é essencial nas pesquisas etnográficas e nos estudos de caso. Ao adotar a observação como técnica de pesquisa, o pesquisador pode assumir diferentes papéis, indo de observador completo a participante completo.

Análise de documentos
A análise de documentos é essencial na pesquisa etnográfica e nos estudos de caso. É muito importante na pesquisa narrativa e assume papel complementar na pesquisa fenomenológica e na construção da teoria fundamentada. Considere-se, porém, que documento é tratado aqui em um sentido amplo, podendo ser utilizado para designar qualquer coisa que possibilita conhecer outras coisas. Corresponde, pois, a qualquer informação registrada em algum suporte. Pode se referir, portanto, a papéis oficiais, registros estatísticos, cartas, fotos, vídeos etc.

História de vida
A história de vida e o uso de depoimentos pessoais e história oral são os procedimentos que caracterizam a pesquisa narrativa. Podem ser caracterizados como uma modalidade de entrevista e, embora utilizados como estratégia predominante, geralmente vêm combinados com a análise de documentos e observações feitas no local em que vivem as pessoas que fornecem as informações.

Grupos focais
Os grupos focais vêm assumindo importância cada vez maior na pesquisa qualitativa, a ponto de, nas pesquisas profissionais no campo da opinião pública e de consumo, serem tratados como a modalidade mais comum de pesquisa qualitativa. Nas pesquisas qualitativas, tendem a ser utilizados ou com propósitos exploratórios ou combinados com outros procedimentos.

4.5 Protocolos de coleta de dados

Há autores, como Yin (2016), que propõem a elaboração de protocolos que apresentam as regras gerais a serem seguidas na coleta de dados. Sua necessidade nem sempre se evidencia nas pesquisas qualitativas, principalmente naquelas em que sua condução é orientada por um projeto consistente. Mas eles podem ser úteis, principalmente nos estudos de casos múltiplos, em que se utilizam múltiplas técnicas de coleta de dados, a cargo, frequentemente, de múltiplos pesquisadores.

Coleta de dados

Na elaboração do protocolo, podem ser consideradas as seguintes seções: 1. visão geral do projeto; 2. procedimentos de campo; 3. questões de pesquisa; e 4. guia para elaboração do relatório.

Fica evidente a importância do protocolo na orientação acerca da coleta de dados. A *visão geral do projeto* contém as informações prévias que podem ser apresentadas a qualquer pessoa que deseje conhecer o projeto, seus objetivos, as pessoas envolvidas em sua realização e o eventual patrocínio. Pode incluir uma carta de apresentação para os entrevistados e dirigentes das organizações que participam da pesquisa.

A seção referente aos *procedimentos de campo* esclarece acerca das diretrizes para realização do trabalho de campo, envolvendo, segundo Gil (2009):

- definição de organizações e pessoas que constituirão o objeto da pesquisa;
- definição de estratégias para obtenção de acesso a organizações e a informantes;
- identificação dos recursos necessários para a realização da pesquisa, tais como local, gravadores, filmadoras, copiadoras e computadores;
- estabelecimento de agenda para as atividades de coleta de dados;
- definição de procedimentos para solicitação de ajuda e orientação de outros pesquisadores, se necessário;
- identificação de riscos a que poderão estar submetidos os pesquisadores e os sujeitos da pesquisa;
- modelos de termos de consentimento livre e esclarecido, quando for necessário.

A seção correspondente às *questões de pesquisa* é a central do protocolo. É orientada pelas questões de pesquisa, que foram definidas no planejamento. No entanto, como são aqui apresentadas com o propósito de subsidiar a coleta de dados, podem ser subdivididas em questões mais específicas. Em sua elaboração, é importante considerar que estas questões são muito diferentes das que compõem questionários e entrevistas estruturadas. Yin (2016) ressalta que nos estudos de caso – assim como nas demais pesquisas qualitativas – as questões são feitas não ao entrevistado, mas ao próprio pesquisador. Isto porque essas questões não são constituídas por fórmulas a serem completadas por enunciados; são essencialmente lembretes a serem utilizados tanto na condução de entrevistas quanto durante as observações e análise de documentos. Assim, em uma entrevista, as perguntas são criadas como parte de uma conversa natural com determinado participante da pesquisa. Elas são orientadas pelo protocolo, mas seu palavreado e sequência são determinados pela situação da entrevista. Note-se, ainda, que as perguntas não se aplicam apenas aos entrevistados, mas a todas as fontes de evidência. Assim, é preciso ter em mente as perguntas enquanto são feitas observações de campo e revisões de documentos.

Convém ressaltar também que as questões apresentadas no protocolo não representam uma sequência particular de perguntas faladas, como ocorreria com um questionário ou entrevista estruturada. O pesquisador elabora as perguntas faladas como parte de uma conversa mais natural com determinado participante. Assim, o palavreado e a sequência das perguntas serão personalizados para a situação específica da entrevista.

Cada questão deve ser seguida de uma lista com as prováveis fontes de dados, identificando os entrevistados, as observações e os documentos necessários. É provável que para cada um dos entrevistados varie a formulação da questão. Por exemplo, em um estudo de caso que trata de recolocação de pessoal, as questões poderão ser apresentadas a dirigentes de empresa, empregados e ex-empregados. Assim, não apenas a formulação das questões vai variar, mas também o seu seguimento.

O Quadro 4.1 é aqui apresentado como exemplo de questões de pesquisa de um protocolo de pesquisa caracterizada como estudo de caso referente a uma organização não governamental.

Quadro 4.1 Questões de pesquisa de um estudo de caso em organização não governamental

A.
Criação da organização
1. Em que ano a organização foi criada?
2. Que motivos levaram à criação da organização?
3. Quem participou da criação?
4. Quais as dificuldades para a criação da organização?
5. Que apoios recebeu a organização (político, financeiro, publicitário etc.)?
6. Qual é a missão originariamente definida para a organização?
7. A organização passou por mudanças?
B.
Estrutura e funcionamento da organização
1. Como a organização é estruturada?
2. Quais são as fontes de financiamento da organização?
3. Como são auditadas suas contas?
4. Como são escolhidos seus dirigentes?
5. Como a organização aloca seus colaboradores?
6. Como os membros participam das decisões?
7. Como a organização divulga suas atividades?
8. Que atividades são desenvolvidas atualmente?
9. Como os membros da organização se envolvem nessas atividades?
10. O que a organização projeta para o seu futuro?
C.
Relações com outras organizações
1. A organização faz parte de alguma organização superior (federação, rede etc.)?
2. Como a organização se relaciona com outras organizações?
3. Como a organização se relaciona com órgãos governamentais (União, estado, prefeitura)?
4. A organização tem relacionamentos com organizações internacionais?

4.6 Implicações éticas na coleta de dados

A exigência do Termo de Consentimento Livre e Esclarecido constitui procedimento de caráter ético, pois refere-se ao princípio da autonomia, que estabelece que o indivíduo deve ter condições de exercer a sua liberdade de escolha sem qualquer tipo de coerção (BEAUCHAMP; CHILDRESS, 2002). Mas há outras importantes implicações éticas a serem consideradas na coleta de dados. Precisamos nos conscientizar acerca de nossa influência no processo de coleta de dados, não tanto no que se refere à qualidade dos resultados da pesquisa, mas à influência que pode ser exercida sobre os participantes (FLICK, 2009).

É preciso estar atento ao incômodo que a presença em campo do pesquisador – observando ou fazendo perguntas – pode representar para as pessoas. Pode ser que não haja condições de eliminar completamente esse incômodo, mas é preciso considerar o impacto da ação do pesquisador sobre o cotidiano das pessoas e limitá-lo ao que for absolutamente necessário.

Se a simples presença do pesquisador em campo constitui fator de incômodo para as pessoas, mais ainda a insistência na obtenção das informações requeridas. É muito comum a situação em que o pesquisador não se satisfaz com as primeiras respostas fornecidas em uma entrevista. Daí a necessidade de seu aprofundamento com novas perguntas. Requer-se do pesquisador, portanto, que desenvolva uma sensibilidade em relação aos limites dos participantes quanto aos assuntos que eles não querem ou não podem abordar.

QUESTÕES PARA DISCUSSÃO

1. O que pode ser feito para que pessoas muito ocupadas ou que não se sentem muito confortáveis para falar de si contribuam fornecendo informações nas pesquisas?
2. Como proceder na escolha de indivíduos possuidores da experiência requerida para serem considerados sujeitos adequados em pesquisas?
3. Um importante princípio ético a ser considerado na pesquisa é o da beneficência, que se refere à obrigação de maximizar o benefício e minimizar o prejuízo. Considere, pois, como é possível, durante a coleta de dados, infringir esse princípio.
4. São comuns as pesquisas qualitativas que requerem a coleta de dados a partir de múltiplas fontes de evidência, o que implica, por exemplo, a necessidade de entrevistar pessoas muito diferentes, tanto no que se refere às suas características pessoais quanto aos seus interesses. Reflita acerca das dificuldades com que pode se deparar o pesquisador no estabelecimento de contatos com essa diversidade de pessoas.
5. Considere como, até mesmo ao analisar um documento, o pesquisador é orientado por questões de pesquisa.

LEITURAS RECOMENDADAS

FLICK, Uwe. *Desenho da pesquisa qualitativa*. Porto Alegre: Artmed, 2009.

O Capítulo 7 desse livro trata da ética na pesquisa qualitativa, envolvendo questões referentes à sua preparação, entrada em campo, questões de pesquisa, acesso, seleção da amostra e coleta de dados.

YIN, Robert K. *Pesquisa qualitativa do início ao fim*. Porto Alegre: Penso, 2016.

No Capítulo 5 desse livro, o autor discute diversas questões relacionadas à pesquisa de campo, tais como: variedade dos ambientes de campo, acesso do pesquisador ao ambiente de campo e conduta do pesquisador nos relacionamentos de campo.

5

OBSERVAÇÃO

Boa parte daquilo que conhecemos decorre da observação. Graças à atenção que dedicamos a coisas, seres e eventos é que chegamos ao conhecimento. Assim, pode-se afirmar que a observação é a principal fonte do denominado conhecimento vulgar. No entanto, ela se torna fonte de conhecimento científico à medida que serve a um objetivo de pesquisa, é planejada, registrada e analisada criteriosamente.

Uma importante vantagem da observação é possibilitar saber o que as pessoas de fato fazem, em vez do que elas dizem que fazem, como ocorre com as entrevistas. Nem sempre as pessoas estão dispostas a expressar o que fazem ou pensam a uma pessoa que provavelmente nunca viram. A observação pode ser feita em situações da vida real, permitindo ao pesquisador o acesso ao contexto relacionado com os fatos que estão sendo pesquisados. Assim, ela desempenha um papel dos mais fundamentais na pesquisa qualitativa, sendo essencial nas pesquisas etnográficas e nos estudos de caso e tendo papel complementar nas outras modalidades.

Este capítulo é dedicado à utilização da observação na pesquisa qualitativa.
Após estudá-lo, você será capaz de:
- conceituar a observação científica;
- reconhecer a importância da observação na pesquisa qualitativa;
- reconhecer vantagens e limitações da observação;
- caracterizar as diferentes modalidades de observação;
- identificar as habilidades requeridas do observador na pesquisa qualitativa;
- conduzir o processo de observação na pesquisa qualitativa.

5.1 Significado de observação

A observação, por ser uma atividade muito presente na vida das pessoas, pode ser claramente identificada sem a necessidade de uma definição formal, mesmo porque boa parte daquilo que conhecemos decorre da observação, que constitui, sem dúvida, a principal fonte do conhecimento vulgar. Assim, pode-se dizer que observação consiste essencialmente em "espiar e escutar". No entanto, no contexto da pesquisa científica, pode-se definir observação como "o ato de perceber as atividades e inter-relacionamentos entre as pessoas no cenário de campo através dos cinco sentidos do pesquisador" (ANGROSINO, 2009, p. 56). Dessa forma, a observação pode ser entendida como um procedimento científico quando é cuidadosamente planejada, sistematicamente registrada e submetida a controle acerca de seu significado no contexto da pesquisa.

O papel da observação na ciência é reconhecido há muito tempo. É uma das principais bases da pesquisa sobre comportamento animal. Constitui método privilegiado nas pesquisas em psicologia desenvolvidas sob a ótica comportamental e é um método dos mais fundamentais nas pesquisas etnográficas, que têm como base o trabalho de campo, que se dá mediante o contato intenso e prolongado do pesquisador com a cultura do grupo. É essencial nos estudos de caso, que requerem sempre sua combinação com a utilização de entrevistas e análise de documentos. Nestes estudos, a observação pode se referir tanto a pessoas quanto a artefatos físicos, como edificações, mobiliário, máquinas, equipamentos etc. Mesmo nas pesquisas fenomenológicas e narrativas e na construção de teorias fundamentadas, que se valem fundamentalmente da técnica da entrevista, utiliza-se a observação com o propósito de cotejar os resultados obtidos.

5.2 Vantagens da observação

A observação é, provavelmente, a mais antiga, a mais aplicada e a mais simples técnica de coleta de dados. Sua ampla utilização nas pesquisas qualitativas se deve às suas múltiplas vantagens:

Possibilita acesso direto ao fenômeno
O pesquisador entra em contato direto com as situações habituais em que os membros do grupo estão envolvidos. Os dados são obtidos no momento em que as atividades estão ocorrendo. Assim, o pesquisador observa diretamente o que as pessoas fazem, e não o que dizem que fizeram.

Independe da disposição das pessoas para fornecer informações
É frequente a situação em que pessoas não se dispõem a falar de si; porque não gostam, não têm tempo ou não têm a habilidade necessária para fornecer as informações. Embora a observação possa ser insuficiente para a obtenção dessas informações, ela requer menos disposição e cooperação das pessoas.

Observação

Auxilia na familiarização com o tema e na construção de hipóteses
A rigor, toda pesquisa se inicia com a observação. Ao observar continuamente um fenômeno, o pesquisador familiariza-se com ele, obtendo *insights* e construindo hipóteses.

É flexível
A observação pode ser mais ou menos estruturada e mais ou menos participante. Graças a essa flexibilidade, ela pode ser ajustada a diferentes grupos e situações.

Reduz os efeitos do pesquisador sobre as pessoas
O viés do pesquisador é minimizado na observação, quando comparada à entrevista. Como os dados não são obtidos mediante interrogação, tendem a ser mais objetivos.

5.3 Limitações da observação

A observação, como qualquer outra técnica de coleta de dados, apresenta limitações que devem ser consideradas antes da decisão de utilizá-la na pesquisa:

Existem situações e comportamentos que não estão abertos à observação
Todas as pessoas têm comportamentos pessoais que não desejam expor. Alguns deles são considerados até mesmo secretos, como, por exemplo, o comportamento sexual.

Muitos dos eventos de interesse para a pesquisa são incertos por natureza
O pesquisador não dispõe de meios para garantir sua presença no local e no momento em que ocorrem os eventos. Ele não tem como garantir, por exemplo, sua presença no local e na hora em que ocorre uma discussão entre membros da comunidade que ele está estudando.

Existem fenômenos que não são facilmente estudados mediante observação
Sentimentos e atitudes são importantes componentes da vida social, mas não são facilmente identificados em estudos observacionais.

A observação tende a ser direcionada por interesses específicos do pesquisador
Dois pesquisadores podem estar estudando o mesmo fenômeno no mesmo local, mas o que interessa a um pode não interessar ao outro. Assim, o relato da observação elaborado pelos dois poderá se mostrar muito diferente.

> **A observação é um processo demorado**
> Uma observação adequada pode exigir a permanência do pesquisador em campo por longos períodos de tempo.

> **O comportamento das pessoas pode ser afetado pela observação**
> Quando as pessoas se sentem observadas, elas podem alterar seu comportamento. Podem também adotar comportamentos tidos como mais aceitáveis ou desejáveis do ponto de vista social.

> **É difícil controlar as influências externas**
> A simples observação não possibilita determinar a causa exata de um comportamento, pois o observador não tem como controlar as variáveis externas, o que contribui para que a maioria das pesquisas que se valem da observação sejam consideradas mais descritivas do que explicativas.

Essas limitações não podem ser utilizadas como justificativa para a não utilização de procedimentos observacionais. Devem, antes, servir para que os pesquisadores busquem se certificar das habilidades que precisam desenvolver para obter bons resultados com a observação. Cabe ressaltar, porém, que a tomada de decisão acerca de como observar não constitui tarefa das mais simples. Considere-se, por exemplo, o problema da influência do pesquisador na observação, já que as pessoas tendem a se comportar de forma diferente quando sabem que estão sendo observadas. Esse problema ficaria minimizado se o pesquisador se mantivesse anônimo. Porém, não é fácil conduzir uma observação sem que as pessoas saibam. E ainda há de se considerar o problema da dissimulação, que pode constituir uma infração ética.

5.4 Modalidades de observação

A ampla flexibilidade do método observacional na pesquisa social possibilita a identificação de múltiplas modalidades de observação, que podem ser definidas segundo diferentes critérios: nível de estruturação, ambiente, nível de direcionamento e papel do observador. Pode-se falar em observação estruturada e não estruturada. Na *observação estruturada*, o pesquisador especifica detalhadamente o que será observado, assim como a forma de registro e o nível de mensuração. Já na *observação não estruturada*, ele apenas define os aspectos que parecem mais relevantes para a solução do problema, podendo ser redefinidos à medida que a pesquisa evolui.

Em relação ao ambiente da pesquisa, pode-se falar em observação em campo e observação em laboratório. A *observação em campo* é feita no local em que o fenômeno ocorre naturalmente. O que se pretende com essa modalidade de observação é que o estudo corresponda ao comportamento real das pessoas. Já a *observação de laboratório*, que geralmente requer equipamentos especiais, é conduzida quando se torna difícil controlar o fenômeno em condições naturais.

Observação

A observação também pode ser direta ou indireta. A *observação direta* ocorre com o pesquisador fisicamente presente no local da pesquisa. É uma modalidade de observação bastante flexível, que permite ao pesquisador relatar aspectos sutis de eventos conforme estes ocorrem. Na *observação indireta*, o registro da observação ocorre com o auxílio de instrumentos mecânicos, fotográficos ou eletrônicos. É, pois, uma modalidade de observação bem menos flexível do que a direta, mas capaz de produzir informações mais precisas.

Em relação ao papel desempenhado pelo pesquisador, a observação pode ser não participante ou participante. Na *observação não participante*, o pesquisador observa o ambiente e os sujeitos da pesquisa sem participar ativamente das atividades. Na *observação participante*, ao contrário, o pesquisador participa das atividades em curso. Ele assume um papel social no grupo que está sendo estudado.

Quando se trata de pesquisa qualitativa, a observação é sempre de campo, pouco estruturada e pode ser direta ou indireta. O papel do pesquisador torna-se, portanto, o principal critério na determinação da modalidade de pesquisa. Cabe, então, explicitar as características da observação não participante e da observação participante.

5.4.1 Observação não participante

É a modalidade de observação que ocorre quando as pessoas são estudadas em seu hábitat natural, sem a intrusão do pesquisador no cenário e no comportamento das pessoas (ANGROSINO, 2009). É, pois, um tipo de observação que se distingue das observações conduzidas em laboratórios e das observações em que o pesquisador assume deliberadamente um papel ativo, embora pressuponha algum tipo de contato com as pessoas ou coisas que são observadas.

As origens desta modalidade de observação podem ser encontradas nas pesquisas antropológicas, como as que foram desenvolvidas por Margaret Mead (1901-1978) para estudar o cotidiano das pessoas de diferentes tribos do Pacífico Sul. Foi identificada na época como um método para observar pessoas em ambientes exóticos, mas atualmente é utilizada para observação em qualquer tipo de ambiente social ou organizacional, incluindo escolas, hospitais, escritórios, bares, prisões etc.

É uma modalidade de observação que se mostra valiosa porque possibilita estudar o comportamento das pessoas sem interferir no seu comportamento. Há comportamentos que precisam ser observados no momento em que naturalmente ocorrem. Observando, pois, como as pessoas reagem a determinados estímulos na vida real, é possível obter uma melhor compreensão dos fatores que determinam seus comportamentos.

A observação não participante é facilmente conduzida quando dirigida ao conhecimento de fatos ou situações que tenham caráter público, ou que pelo menos não se situem estreitamente no âmbito das condutas privadas. É, assim, muito apropriada para o estudo das condutas mais manifestas das pessoas na vida social, tais como: hábitos de compra, de vestuário, de conveniência social, de frequência a lugares públicos etc.

5.4.2 Observação participante

Também conhecida como observação ativa, caracteriza-se pela participação real do pesquisador na vida da comunidade, da organização ou do grupo que está sendo estudado. O observador assume, pelo menos até certo ponto, o papel de membro do grupo. Daí por que se pode definir observação participante como a técnica pela qual o pesquisador chega ao conhecimento da vida de um grupo a partir do interior dele mesmo.

A observação participante foi introduzida na pesquisa social pelo antropólogo Bronislaw Malinowski (1884-1942) no estudo das chamadas "sociedades primitivas" como a abordagem mais adequada para aprender sobre a cultura desses povos. Posteriormente, passou a ser utilizada também no estudo de subculturas, ou seja, de grupos que compartilham um forte senso de identidade que dificilmente seria compreendido sem a participação do observador nas circunstâncias vividas por seus membros. Também passou a ser adotada como técnica fundamental nos estudos designados como "pesquisa participante" (BRANDÃO, 1999), em que o pesquisador se compromete efetivamente no processo de emancipação do grupo ou comunidade que está sendo objeto de investigação.

Na observação participante, o pesquisador procura colocar-se no lugar das pessoas que estão sendo investigadas. Trata-se, portanto, de uma estratégia que reduz a distância entre o pesquisador e as pessoas estudadas. Seu objetivo fundamental é entender o mundo dos sujeitos do ponto de vista deles, o que a torna bastante compatível com a perspectiva interpretativista.

O nível de participação do pesquisador varia de pesquisa para pesquisa. Assim, Gold (1958) define quatro tipos de observação, ordenadas num *continuum* de acordo com o nível de participação:

- *Observador completo*. O pesquisador não estabelece nenhum contato com integrantes da população. Ele fica tão separado quanto possível do cenário em estudo. Por exemplo: em pesquisa realizada no âmbito de uma organização, ele pode sentar-se no canto de um escritório e registrar como os demais funcionários atuam durante o expediente. Embora possa ser vista como a situação que mais favorece a objetividade, também é objeto de críticas, por favorecer a dissimulação, que leva a impasses éticos.

- *Observador participante*. O pesquisador busca manter equilíbrio entre os papéis de observador e de participante, visando uma boa combinação entre distanciamento e envolvimento. Ele é conhecido e reconhecido, mas relaciona-se com os membros do grupo apenas como pesquisador (ANGROSINO, 2009).

- *Participante-observador*. O pesquisador se envolve em quase tudo que o grupo está fazendo com vistas a aprender o máximo acerca de seu comportamento. Ele se sente integrado ao grupo e envolvido com as pessoas, mas sua condição de pesquisador é reconhecida.

- *Participante completo*. O pesquisador integra-se completamente, envolvendo-se com as pessoas e suas atividades, podendo até mesmo afastar-se de sua agenda de pesquisa.

Observação

Só ocorre a participação nesse nível quando o pesquisador é reconhecido como participante pelos próprios membros do grupo. Por exemplo, um pesquisador interessado em estudar o relacionamento interpessoal em organizações de trabalho poderia ingressar como funcionário em uma empresa e observar o relacionamento entre seus membros. Corresponde a uma situação altamente desejada, pois nela o pesquisador torna-se membro do grupo em estudo, possibilitando a sua compreensão do ponto de vista de um *"insider"*, embora neste caso exista o risco de o pesquisador perder completamente a objetividade, comprometendo a investigação.

A principal vantagem da observação participante em relação à não participante é que os observadores obtêm muito mais facilmente acesso a locais, eventos e situações do que teriam caso fossem observadores externos. Dispõem, portanto, de melhores condições para obter dados sobre as situações habituais em que os membros dos grupos, organizações ou comunidades estão envolvidos. Com efeito, o acesso à vida familiar, a rituais religiosos, a situações de lazer e a momentos privados dos participantes do grupo é muito útil para os pesquisadores, já que possibilita a obtenção de informações acerca da maneira como as pessoas realmente vivem, o que contribui para evitar interpretações inadequadas da cultura do grupo. Atuando como membro do grupo, o pesquisador participante também desenvolve a empatia mediante a própria experiência pessoal. Isso pode auxiliar na obtenção de *insights* acerca dos usos, costumes, crenças, valores, temores e expectativas do grupo. Assim, a observação participante contribui significativamente para o desenvolvimento de novas questões e para a construção de hipóteses.

A observação participante também apresenta limitações. Uma das mais evidentes refere-se às restrições determinadas pela assunção de papéis pelo pesquisador. Numa comunidade rigidamente estratificada, o pesquisador, ao se identificar com determinado estrato social, poderá experimentar dificuldades ao tentar penetrar em outros estratos. Mesmo conseguindo transpor as barreiras sociais que existem entre uma camada e outra, sua participação poderá ser dificultada pela desconfiança, implicando limitações na qualidade das informações obtidas.

A observação participante também é questionada em relação à objetividade. Primeiro porque a decisão acerca do que vale ou não a pena registrar depende dos valores do pesquisador. Depois porque é muito difícil evitar a subjetividade e a adoção de uma visão preconceituosa acerca do grupo com o qual o pesquisador convive. Como consequência de seu envolvimento, ele pode desenvolver atitudes favoráveis em relação ao grupo e omitir análises negativas de seu modo de vida.

A observação participante também apresenta limitações de ordem prática. É um procedimento demorado e custoso. Pode levar algum tempo para que o pesquisador ganhe a confiança dos observados. Além disso, é necessário que o pesquisador tenha muita disposição para permanecer longos períodos em um ambiente que não é o seu.

Outra limitação de ordem prática refere-se à tomada de notas, que poderá ser encarada como sinal de grosseria, pois implica abstrair-se da atenção dos eventos ou relacionamentos. Assim, em muitas situações, recomenda-se evitar fazer anotações, o que significa que o observador necessita também de alta capacidade de memorização.

Do ponto de vista ético, a observação participante também apresenta problemas. Quando o pesquisador não revela os objetivos da pesquisa ou quando utiliza disfarces para participar do grupo, como poderia solicitar o termo de consentimento das pessoas que participam da pesquisa? Ao não solicitar, estará cometendo uma infração ética.

5.5 Habilidades requeridas do observador

A observação pode ser considerada uma técnica bastante simples, já que pode ser utilizada sem a necessidade de grande aparato tecnológico. Mas, para que seja eficaz, é necessário que o observador detenha múltiplas habilidades, tais como:

Sensibilidade ao contexto
O pesquisador precisa estar atento aos múltiplos fatores que influenciam os comportamentos culturais, notadamente às crenças e aos valores assumidos pelos grupos que ele se dispõe a observar.

Memória
O pesquisador precisa desenvolver a capacidade de se lembrar das coisas que aconteceram ou foram observadas em campo. Estas lembranças são importantes para complementar as notas de campo e as transcrições de entrevistas.

Empatia
O pesquisador precisa desenvolver a compreensão empática, que é a capacidade de compreender as pessoas colocando-se em seu lugar.

Ingenuidade deliberada
Para favorecer a obtenção de informações acerca da cultura local, o pesquisador precisa atuar como um membro inexperiente do grupo.

Capacidade de adaptação a situações inesperadas
Mais do que no contexto de outras técnicas, na observação o pesquisador precisa ser flexível o suficiente para se adaptar a situações inesperadas.

Observação

> **Habilidade de escrita**
> Ao longo de todo o processo de observação – desde a tomada de notas até a redação do relatório –, o pesquisador precisa ter capacidade para escrever de forma clara, precisa e concisa.

5.6 A condução da observação

O processo de observação costuma ser longo, abrangendo diferentes etapas. Mas, como é uma técnica que se caracteriza pela flexibilidade, seu número, ordem e duração variam conforme os objetivos e condições da pesquisa. É possível, no entanto, definir uma série de passos que costumam ser seguidos nas pesquisas que se fundamentam na observação.

5.6.1 Escolha do local

Para que a observação se efetive, é necessário, primeiramente, certificar-se da possibilidade de acesso aos locais. Requer-se, portanto, a identificação de locais físicos que correspondam ao ambiente de pesquisa e onde se torne possível encontrar pessoas implicadas nas situações sociais que constituem o objeto da investigação.

Após a escolha dos locais adequados, torna-se necessário obter autorização para proceder às observações no local. Conseguir essa autorização pode ser um processo longo e difícil, principalmente em organizações empresariais. Em muitas organizações, o acesso é institucionalizado, requerendo atuação em diversas instâncias até que seja obtida a permissão para abordar os indivíduos. Daí a necessidade de iniciar esse processo com grande antecedência. É necessário, ainda, considerar que, de modo geral, as pessoas e as organizações não têm interesse na pesquisa, o que exige do responsável pela pesquisa habilidade de negociação. Essa negociação, que percorre vários passos, visa encontrar "porteiros" que abram as portas do campo e possibilitem acesso às pessoas certas (FLICK, 2009).

5.6.2 Determinação do que deve ser observado

Para definir o que deve ser observado, é preciso atentar para as questões de pesquisa definidas no planejamento. Estas, para que sejam úteis, precisam ser suficientemente claras e delimitadas. Também é necessário que o pesquisador considere que informações de fato podem ser obtidas mediante observação, já que algumas questões podem requerer o concurso de outras técnicas, como a entrevista e a análise de documentos.

Cada pesquisa tem, naturalmente, objetivos diferentes. Mas é possível identificar alguns elementos que na maioria das pesquisas de campo precisam ser objeto de observação. Torna-se conveniente, portanto, a elaboração de um plano que defina o que deverá ser observado, como o desenvolvido por Spradley (1980), que estabelece uma estrutura para orientar a observação, composta por nove dimensões:

- *Espaço*: o ambiente físico.
- *Atores*: pessoas envolvidas no estudo.
- *Atividades*: atividades realizadas pelos atores.
- *Objetos*: elementos físicos envolvidos nas atividades e no espaço e utilizados pelos atores.
- *Atos*: ações individuais desenvolvidas pelos atores.
- *Eventos*: o contexto dos atos, atores e espaço.
- *Tempo*: a sequência de eventos do começo ao fim.
- *Metas*: o que os atores procuram realizar em seus atos.
- *Sentimentos*: emoções que os atores expressam nos eventos.

Algumas pesquisas qualitativas – principalmente as que adotam o formato de estudos de caso – podem requerer observação mais estruturada. Nesses casos, recomenda-se a elaboração de um protocolo observacional, em que, também com base nas questões de pesquisa, são determinados os itens a serem considerados. Veja-se, por exemplo, um estudo referente a conglomerados comerciais que tem como uma de suas questões de pesquisa: "Como se caracteriza ambientalmente o conglomerado?". Neste caso, os itens para observação poderiam ser:

- aspectos urbanos expressivos;
- tipos de estabelecimentos comerciais;
- arquitetura dos edifícios;
- aparência das lojas;
- distribuição espacial das lojas.

Este protocolo pode ser constituído por algumas folhas com um cabeçalho indicando o enunciado das questões de pesquisa, os itens para observação e um título nominando a seção de observação. Abaixo desse cabeçalho vêm duas colunas, uma destinada às notas descritivas e outra às notas reflexivas. As notas descritivas servem para sintetizar as informações relevantes e as notas reflexivas para estimular reflexões pessoais acerca do que foi observado para posterior desenvolvimento do tema (CRESSWELL, 2014).

5.6.3 Determinação do papel do pesquisador

O papel do entrevistador varia conforme o tipo de observação. Esse papel pode variar ao longo de um *continuum*: desde o de participante completo até o de observador completo. O mais provável, no entanto, é que o pesquisador inicie a observação como pessoa externa ao grupo e gradualmente se torne um participante.

5.6.4 Seleção da amostra

Na pesquisa qualitativa o pesquisador tende a limitar seu foco a um pequeno número de casos, ambientes ou pessoas. Mas isso não significa que o processo de amostragem não seja importante. O pesquisador precisa assegurar-se de que terá acesso a locais e a pessoas capazes de lhe proporcionar informações relevantes. Embora não seja necessário selecionar uma amostra proporcional e representativa – como ocorre nas pesquisas quantitativas –, a amostra precisa ajustar-se aos propósitos da pesquisa. Poderá ser, por exemplo, uma amostra de casos típicos, que corresponde ao que é considerado típico, normal ou regular no âmbito do grupo ou situação estudada. Ou uma amostra de variação máxima, em que os casos, embora correspondendo a um padrão comum, apresentam variações. Ou, ainda, uma amostra de casos extremos, que são ricos em informações por serem incomuns.

5.6.5 Registro das informações

O registro das informações é feito no momento em que estas ocorrem, podendo assumir diferentes formas: tomada de notas por escrito, gravação de som, gravação de imagens etc. Geralmente esse registro é feito de maneira bastante aberta, mas também pode assumir a forma de uma grade fechada em que os comportamentos a serem observados são prévia e minuciosamente definidos, de forma tal que cabe ao pesquisador apenas assinalá-los. Embora a adoção dessas grades seja um procedimento mais comum em estudos quantitativos, há circunstâncias na pesquisa qualitativa em que sua utilização se mostra adequada.

Qualquer que seja, porém, o nível de estruturação do instrumento, cabe ressaltar que Angrosino (2009) recomenda aos pesquisadores cultivar o hábito de fazer observações de campo bem organizadas, incluindo:

- Explicação do cenário específico (que pode ser, por exemplo, uma escola, uma residência, uma loja ou uma igreja).
- Descrição detalhada do cenário físico e de seus objetos materiais.
- Relação dos participantes (quantidade, gênero, idade etc.).
- Descrição mais objetiva possível dos participantes. Por exemplo: "O homem vestia calças rasgadas e sujas" em vez de "O homem parecia pobre".
- Cronologia de eventos.
- Descrição de comportamentos e interações. Deve-se evitar interpretações. Por exemplo: "O homem chorava e batia na cabeça com os punhos" em vez de "O homem parecia descontrolado".
- Registro de conversas e de outras interações verbais. Cuidados especiais devem ser tomados quando não for possível usar o gravador.

5.6.6 Organização das informações

O pesquisador não pode confiar em sua memória. Precisa, portanto, logo após as observações, organizar suas informações. Embora ainda sem a preocupação de elaborar o relatório da pesquisa, já precisa se esforçar no sentido de estabelecer uma descrição narrativa consistente e rica das pessoas e eventos (CRESSWELL, 2014).

QUESTÕES PARA DISCUSSÃO

1. Considere as dificuldades que o pesquisador passa a ter para conferir objetividade a seu estudo quando se torna participante do grupo que deseja pesquisar.
2. O que o pesquisador pode fazer com vistas a evitar que sua observação seja direcionada por aspectos curiosos, mas que não são relevantes para os propósitos da pesquisa?
3. O pesquisador pode ter escolhido um local para observação motivado pelo seu interesse direto. Considere como isso pode limitar sua capacidade de investigação.
4. Considere as dificuldades com que se depara o pesquisador para compreender as especificidades da linguagem utilizada pelo grupo ou comunidade que pretende observar.
5. Que estratégias o pesquisador pode adotar com vistas a confirmar sua interpretação acerca do significado das ações observadas em campo.

LEITURA RECOMENDADA

ANGROSINO, Michael. *Etnografia e observação participante*. Porto Alegre: Artmed, 2009.

Apresenta os fundamentos da etnografia e da pesquisa observacional. O Capítulo 5 é dedicado à observação etnográfica, abrangendo, entre outros tópicos, a validade dos dados etnográficos, o viés do observador, a observação em espaços públicos e questões éticas relacionadas à observação participante.

6

ENTREVISTA

A entrevista é reconhecida como uma das técnicas mais importantes para a coleta de dados em pesquisas qualitativas. E também uma das mais curiosas, pois caracteriza-se por uma relação social muito atípica: duas pessoas, que provavelmente não se conhecem, falam por um tempo relativamente longo e depois se separam para não mais se reverem. Mas, como acentuam Brinkmann e Kvale (2018), é exatamente essa estranheza que torna a entrevista uma técnica tão produtiva. O fato de o pesquisador estar fora da vida social do pesquisado é que o torna uma pessoa preparada para ouvir o que ele tem a dizer, até mesmo algumas de suas confidências.

Este capítulo é dedicado à entrevista como técnica de coleta de dados na pesquisa qualitativa. **Após estudá-lo cuidadosamente, você será capaz de:**

- reconhecer a importância da entrevista na pesquisa qualitativa;
- reconhecer vantagens e limitações da entrevista;
- contrastar a entrevista qualitativa com a entrevista quantitativa;
- identificar as habilidades requeridas do entrevistador;
- caracterizar as etapas a serem seguidas na condução de entrevistas.

6.1 A entrevista na pesquisa qualitativa

A entrevista no âmbito de ciências como a antropologia e a psicologia tem sido tão importante que seu valor pode ser comparado ao do tubo de ensaio na química e ao do microscópio na microbiologia. Por sua flexibilidade, tem sido adotada como técnica fundamental de investigação em muitos campos das ciências sociais, podendo-se afirmar que parte importante do desenvolvimento dessas ciências nas últimas décadas foi obtida graças à sua aplicação. De fato, a entrevista é uma técnica adequada para verificar como são as pessoas, o que fazem, o que fizeram, o que pretendem fazer, o que sabem, o que valorizam, o que almejam, o que temem, no que creem e muito mais.

Em muitas pesquisas qualitativas, a entrevista é utilizada como técnica exclusiva. É o que ocorre na maioria das pesquisas caracterizadas como fenomenológicas, narrativas e de construção de teoria fundamentada. Nas outras modalidades de pesquisa qualitativa, como nos estudos de caso e nos estudos etnográficos, que requerem múltiplas fontes de evidência, também se utiliza a entrevista, combinada a outras técnicas.

6.1.1 Vantagens da entrevista

A ampla utilização da entrevista não apenas nas pesquisas qualitativas, mas no âmbito das ciências sociais, deve-se principalmente às suas vantagens, que são muitas. Segue a apresentação de algumas das vantagens desta técnica quando comparada à observação e ao questionário, que estão entre as técnicas mais utilizadas na pesquisa social.

Acesso a temas de difícil observação
Embora a observação direta dos fatos seja reconhecida como muito importante para conferir objetividade aos resultados da pesquisa, há situações em que isto se torna difícil ou mesmo impossível. Assim, muitos dados referentes a essas situações podem ser obtidos mediante interrogação.

Reconstrução dos eventos
É frequente na pesquisa qualitativa a necessidade de reconstrução dos eventos vivenciados pelos participantes. Assim, é possível solicitar aos entrevistados que informem acerca de situações passadas que possam contribuir para a compreensão da situação presente.

Obtenção de dados em profundidade
Diferentemente do questionário, que geralmente é elaborado de forma a conter um pequeno número de perguntas que podem ser respondidas com facilidade, a entrevista, desde que conduzida por entrevistador habilidoso, possibilita a obtenção, com maior profundidade, de dados referentes ao comportamento humano.

Observação das características do entrevistado
A entrevista possibilita captar a expressão corporal do entrevistado, bem como a tonalidade de voz e ênfase nas respostas. Possibilita, ainda, mediante observação, a obtenção de outras informações, como o gênero do entrevistado, sua idade, vestimentas e qualidade da habitação, quando a entrevista é realizada na casa deste.

Entrevista

Acesso à realidade interna dos indivíduos
A entrevista possibilita o conhecimento da experiência interna das pessoas, relacionada a suas crenças, sentimentos e valores. Pode-se dizer que ela penetra diretamente na fonte de informação, possibilitando a compreensão do fenômeno sob a perspectiva dos participantes.

Flexibilidade
A entrevista pode assumir os mais diversos formatos. Pode ser totalmente estruturada, com a definição de todas as alternativas, ou rigorosamente não diretiva, a ponto de confundir-se com uma simples conversação. Assim, pode ajustar-se aos mais diversos objetivos e adaptar-se aos mais diversos segmentos populacionais. Pode também ser desenvolvida em mais de uma sessão e em diferentes ambientes, como residência, escola ou local de trabalho.

Menor nível de intrusão na vida das pessoas
As entrevistas representam sempre uma intrusão na vida das pessoas, já que, para serem úteis, demandam um período de tempo relativamente longo. Porém, seu impacto na vida das pessoas tende a ser muito menor do que o requerido nos experimentos ou na observação participante.

6.1.2 Limitações da entrevista

Embora reconhecida como a mais importante dentre todas as técnicas utilizadas para coleta de dados na pesquisa qualitativa, a entrevista apresenta também uma série de limitações, que são consideradas a seguir. Isso não significa que seu uso deva ser limitado, mas sim precedido de reflexão com vistas a minimizar seus efeitos negativos.

Falta de motivação ou excesso de motivação do entrevistado
As pessoas, de modo geral, não se sentem muito motivadas para serem entrevistadas, visto não perceberem benefício em participar da entrevista. Mas há pessoas que percebem a entrevista como um evento que lhes possibilita manifestar seus sentimentos e opiniões, o que significa que os entrevistadores precisam estar capacitados tanto para estimular os participantes a falar quanto para "suportar" os mais falantes.

Possibilidade de respostas falsas, conscientes ou inconscientes
As respostas fornecidas pelos entrevistados nem sempre correspondem à realidade. Por essa razão, é necessário que os pesquisadores sejam tolerantes à ambiguidade, mesmo porque o que interessa na pesquisa quantitativa é conhecer os fenômenos segundo a perspectiva dos próprios participantes. Considere-se, a propósito, que na pesquisa fenomenológica nem sempre interessa distinguir entre o que é realidade e o que é aparência.

Dependência da capacidade das pessoas para verbalizar suas ideias
Costuma-se lembrar que uma das vantagens da entrevista está no fato de aplicar-se aos mais diversos segmentos da população. Mas, diferentemente das entrevistas quantitativas, em que as alternativas de resposta são geralmente enunciadas para os participantes, nas entrevistas qualitativas espera-se que os participantes se expressem livremente com vistas à obtenção de informações significativas. Daí a necessidade de tornar a entrevista um evento interessante para os entrevistados.

Temor da violação do anonimato
É razoável admitir que os entrevistados temam a violação do anonimato pelo pesquisador, principalmente quando a entrevista envolve questões socialmente delicadas. Assim, o estabelecimento de uma atmosfera de confiança entre pesquisador e pesquisado é fundamental para que a entrevista seja eficaz.

Dependência da memória do entrevistado
São frequentes as pesquisas qualitativas que requerem a obtenção de dados referentes ao comportamento passado dos indivíduos. Ora, a memória constitui questão bastante crítica na vida das pessoas, sobretudo quando são solicitadas a fornecer informações sobre fatos distantes no tempo. Daí a importância da utilização de múltiplas fontes de evidência para corroboração dos resultados, o que pode implicar não apenas a realização de entrevistas com um número razoável de participantes, mas também a utilização de mais de uma técnica de coleta de dados.

Influência das opiniões do entrevistador
As características pessoais do entrevistador podem influenciar a obtenção de respostas. Há evidências de que o gênero, a idade, a etnia, a ideologia e o estilo do entrevistador afetam a qualidade das respostas obtidas na entrevista (DIJKSTRA; ZOUWEN, 1982). Como já foi considerado, na pesquisa qualitativa o pesquisador também é fonte de dados, o que passa a requerer elevada competência do pesquisador para minimizar essas influências.

Diferenças nos significados
Uma importante questão apresentada por autores vinculados à perspectiva do interacionismo simbólico é a de que, quando as pessoas se comunicam, não estão apenas compartilhando significados, mas simultaneamente criando novos significados. Assim, não há como garantir que entrevistador e entrevistado atribuam o mesmo significado aos termos que são utilizados na entrevista (BRIGGS, 2001).

6.2 Diferenças entre entrevistas quantitativas e qualitativas

A entrevista é uma técnica valiosa para coleta de dados tanto na pesquisa qualitativa quanto na quantitativa. Mas em cada uma dessas modalidades a entrevista assume características diferentes, principalmente no que se refere à sua estruturação. Na pesquisa quantitativa, a entrevista tende a ser muito mais estruturada, pois seus objetivos são bem mais específicos e existe uma clara preocupação com a fidedignidade e precisão dos resultados. Por sua vez, na pesquisa qualitativa o problema e as questões de pesquisa são formulados de forma bem mais ampla e o interesse maior está na compreensão do fenômeno sob a perspectiva dos entrevistados, o que requer um mínimo de estruturação.

Nas pesquisas quantitativas, espera-se que todos os entrevistados sejam submetidos ao mesmo estímulo para fornecer suas respostas. Por essa razão, as questões são, de modo geral, apresentadas de forma padronizada, e as alternativas de resposta previamente estabelecidas. Já nas pesquisas qualitativas, a entrevista precisa ser flexível para que os entrevistados possam indicar o que para eles é importante ou relevante. São frequentes nas pesquisas qualitativas situações em que novas ideias vão surgindo à medida que a entrevista avança, requerendo ajustamentos em sua condução.

Nas pesquisas quantitativas, há a necessidade de estruturação das entrevistas para que os resultados obtidos possam ser devidamente codificados, classificados e comparados para serem submetidos a tratamento quantitativo. Nas pesquisas qualitativas, por sua vez, interessa a obtenção de respostas ricas e detalhadas.

Nas pesquisas quantitativas – exceto nas de caráter longitudinal, que não são muito comuns –, as entrevistas são realizadas em uma única ocasião. Já nas pesquisas qualitativas, as entrevistas podem ocorrer em duas ou mais ocasiões.

6.2.1 Modalidades de entrevista

Como a entrevista é uma técnica bastante flexível, ela pode ser utilizada para coleta de dados nos mais variados tipos de pesquisa. É possível, portanto, definir diferentes tipos de entrevista. Nas pesquisas quantitativas, adota-se a modalidade conhecida como *entrevista estruturada*, que se desenvolve a partir de uma relação fixa de perguntas em que o enunciado, a ordem das perguntas e as alternativas de resposta são previamente definidas. Ela é adequada às pesquisas quantitativas porque com os dados obtidos torna-se possível a utilização de rigorosos procedimentos estatísticos.

Entrevistas estruturadas não são adequadas para pesquisas qualitativas. Nestas são utilizadas a entrevista semiestruturada e a não estruturada. A *entrevista semiestruturada* apresenta diferentes formatos, mas caracteriza-se pelo estabelecimento prévio de uma relação de questões ou tópicos que são apresentados aos entrevistados. Em seu formato mais estruturado, envolve uma série de perguntas que são apresentadas da mesma forma aos entrevistados, mas sem o oferecimento de alternativas de resposta. O entrevistador define a sequência de formulação no curso da entrevista. Se percebe, por exemplo, com base nas respostas obtidas no início da entrevista, que determinadas questões poderão comprometer seu desenvolvimento, o pesquisador então poderá tomar a decisão de formulá-las em um momento que lhe parecer mais oportuno.

Em seu formato menos estruturado, o entrevistador dispõe de ampla liberdade para formular as questões, procurando apenas garantir que as respostas sejam significativas em relação aos propósitos da pesquisa. Para que a entrevista tenha eficácia, a pauta deve ser ordenada e constituída por itens que guardam certa relação entre si. O entrevistador faz poucas perguntas diretas e deixa o entrevistado falar livremente conforme refere as pautas assinaladas. Quando se afasta delas, o entrevistador intervém de maneira sutil para preservar a espontaneidade do processo. Fica claro, portanto, que esta modalidade de entrevista requer não apenas mais habilidades do entrevistador, mas também maior conhecimento dos assuntos abordados na entrevista.

Na *entrevista não estruturada* – também conhecida como não diretiva –, o entrevistador não dispõe de um conjunto de perguntas previamente estabelecidas, nem mesmo de uma pauta para orientar a formulação de perguntas. O que o entrevistador procura é, tendo em mente as questões básicas de pesquisa, estabelecer uma conversação informal que lhe permita a obtenção de respostas significativas. Assim, depois de ter dado uma instrução inicial, visando nortear o entrevistado sobre o tema da pesquisa, confere-lhe o máximo de liberdade para tratar do assunto, esforçando-se, porém, no sentido de manter o foco no tópico principal da pesquisa (POUPART, 2010). É, pois, uma modalidade de entrevista que pode se confundir com uma simples conversação, embora com um objetivo definido.

A adoção de uma ou outra modalidade de entrevista depende principalmente dos objetivos da pesquisa. Mas pode-se considerar que, de modo geral, a entrevista semiestruturada é mais adequada aos estudos de caso e às pesquisas etnográficas, enquanto a não estruturada aplica-se com maior propriedade às pesquisas fenomenológicas e à construção da teoria fundamentada. Nas pesquisas narrativas, adota-se preferencialmente a técnica de história de vida, que pode ser considerada um tipo especial de entrevista, que será considerado mais adiante.

6.2.2 Habilidades requeridas do entrevistador

Como já foi considerado, na pesquisa qualitativa o pesquisador é reconhecido como uma das fontes dos dados. Logo, o sucesso na condução das entrevistas depende, em boa parte, das habilidades do pesquisador. Dentre essas habilidades, Brinkmann e Kvale (2018) destacam as mais importantes:

> **Conhecimento do assunto**
> O entrevistador precisa ter amplo domínio do tema, mas tem que evitar inibir os entrevistados com o seu conhecimento.

Entrevista

Capacidade para estruturar o tema
O entrevistador precisa ser capaz de introduzir os participantes no tema, de estruturar logicamente a entrevista e de fornecer aos entrevistados esclarecimentos acerca de suas dúvidas.

Clareza
O entrevistador é capaz de elaborar perguntas simples e concisas que possam ser respondidas sem maiores dificuldades. Evita o uso de termos técnicos e jargões profissionais.

Gentileza
O entrevistador aguarda pacientemente as pessoas concluírem suas falas. Dá-lhes tempo para pensar e tolera suas pausas.

Sensibilidade
O entrevistador envolve-se em uma escuta ativa. Ouve atentamente o que é dito e como é dito, atentando para as nuances.

Abertura
O entrevistador atua com flexibilidade. Esforça-se para identificar os aspectos da entrevista que são importantes para o entrevistado.

Direção
O entrevistador está permanentemente ciente do que pretende conhecer melhor.

Crítica
O entrevistador está preparado para desafiar o que é dito. Sente-se à vontade para lidar com as inconsistências que aparecem nas respostas dos entrevistados.

Memória
O entrevistador relaciona o que está sendo dito pelo entrevistado com o que foi dito anteriormente, requerendo, quando for necessário, maiores esclarecimentos.

> **Capacidade de interpretação**
> O entrevistador consegue esclarecer e estender os significados das declarações oferecidas, reconhecendo, porém, que estes podem ou não ser confirmados pelos entrevistados.

Bryman e Bell (2019) acrescentam a essa relação duas habilidades:

> **Equilíbrio**
> O entrevistador procura falar pouco. Com a adoção desta postura, evita-se que o entrevistado se torne passivo, fale pouco ou sinta que não está falando de maneira correta.

> **Ética**
> O entrevistador é sensível à dimensão ética do entrevistado. Esforça-se para que o entrevistado aprecie os objetivos da pesquisa e garante que suas respostas serão tratadas confidencialmente.

6.2.3 Condução da entrevista

A condução da entrevista é o momento em que mais se evidencia a necessidade de preparação do pesquisador. Muitos são os aspectos que necessitam ser considerados nesse processo: objetivos e questões da pesquisa, características dos participantes, local e circunstâncias de aplicação etc. Como a entrevista é um instrumento caracterizado pela flexibilidade, não há como definir um roteiro rígido que indique claramente os procedimentos a serem seguidos. No entanto, alguns aspectos devem ser considerados.

Determinação das questões de pesquisa. As questões de pesquisa, embora definidas logo após a formulação do problema ou dos objetivos de pesquisa, podem sofrer alterações ao longo do processo de planejamento. Precisam, no entanto, estar suficientemente esclarecidas antes do início das entrevistas, sem a garantia, porém, de que serão mantidas até a finalização da coleta de dados.

Determinação da modalidade de entrevista. A entrevista pode assumir diferentes formas quanto ao contato com os entrevistados. Pode ser feita face a face com cada entrevistado ou em grupo, mas também pode ser feita à distância, por telefone ou videoconferência. A forma tradicional – e ainda a mais recomendada – é a entrevista feita individualmente face a face, desde que os indivíduos não se mostrem hesitantes em falar e compartilhar ideias. Quando não se tem acesso direto aos indivíduos, é possível fazer entrevistas por telefone, embora esta modalidade possa ser limitadora por não possibilitar a observação do comportamento não verbal do entrevistado. Entrevistas por videoconferência minimizam este aspecto, mas não se pode garantir que todos os entrevistados tenham acesso ou familiaridade com esta tecnologia. Entrevistas grupais podem ser vantajosas por possibilitar a interação entre os participantes; constituem,

Entrevista

porém, modalidade bem diferenciada de entrevista, que será considerada no capítulo sobre grupos focais.

Identificação das pessoas que serão entrevistadas. Com base nos critérios definidos na seleção da amostra, passa-se à seleção das pessoas que podem ser entrevistadas. Esse processo nem sempre se mostra simples, devido à possibilidade de recusa dos participantes selecionados. É desejável, também, obter informações prévias acerca das pessoas a serem entrevistadas, porque, dispondo de conhecimentos prévios acerca de algumas de suas características, o entrevistador poderá definir uma estratégia geral para abordagem, bem como adotar táticas específicas para estimular o fornecimento de respostas.

Elaboração do guia da entrevista. Na entrevista qualitativa, não se definem previamente as perguntas que serão formuladas aos entrevistados. Mas é importante elaborar o guia da entrevista, cuja estrutura varia de acordo com a modalidade e os objetivos da pesquisa. Ele pode ser constituído apenas por uma ou duas perguntas mais gerais, como convém às pesquisas fenomenológicas ou à construção de teorias fundamentadas, mas pode assumir – como ocorre em alguns estudos de casos múltiplos – as características de um protocolo de pesquisa, que envolve não apenas a determinação dos tópicos, mas também o detalhamento das questões de pesquisa. Essas questões, no entanto, como recomenda Yin (2014), não são feitas para os entrevistados, mas para o entrevistador. Não podem ser constituídas por fórmulas a serem completadas por enunciados. São essencialmente lembretes para o pesquisador. Por exemplo, em um estudo de caso sobre recolocação de empregados em uma organização, em que as fontes de informação poderiam ser gerentes de RH, empregados e ex-empregados, algumas das perguntas poderiam ser: "A empresa tem uma política de recolocação de pessoal?", "Que fatores a empresa leva em conta na demissão de pessoal?", "A empresa adota programas de demissão de pessoal?", "Quais são as formas adotadas pela empresa para promover a recolocação de pessoal?".

Determinação do local para realização da entrevista. O local em que ocorre afeta a qualidade da entrevista. Convém, portanto, que o pesquisador tenha familiaridade com o local em que a entrevista vai ocorrer. Deve-se preferir um local privado, livre de distrações e silencioso, para não afetar a gravação.

Estabelecimento do contato inicial. Para que a entrevista seja adequadamente desenvolvida, é necessário que o entrevistador seja bem recebido. É desejável que as pessoas que serão entrevistadas sejam preparadas antecipadamente, mediante comunicação escrita ou contato pessoal. Quando, porém, os informantes são tomados de surpresa, maiores habilidades são requeridas do pesquisador para a condução da entrevista. Para iniciar a conversação, o mais aconselhável é falar amistosamente sobre qualquer tema atual que possa interessar ao entrevistado. A seguir, o entrevistador deve explicar a finalidade de sua visita, o objetivo da pesquisa, o nome da entidade ou das pessoas que a patrocinam, sua importância para a comunidade ou grupo pesquisado e, particularmente, a importância da colaboração pessoal do entrevistado. O entrevistador precisa, também, nas situações em que for requerido, colher a assinatura do entrevistado no Termo de Consentimento Livre e Esclarecido, que é feito em duas vias, uma das quais ficará em seu poder. É de fundamental importância que desde o primeiro momento se crie uma atmosfera de cordialidade e simpatia. O entrevistado deve sentir-se absolutamente livre de qualquer coerção, intimidação ou pressão. Desta forma, torna-se possível estabelecer o *rapport* (quebra de gelo) entre entrevistador e entrevistado. A partir do ponto em que essas questões preliminares tenham sido suficientes para a criação de uma atmosfera favorável, o entrevistador passará a abordar o tema central da entrevista. Como essa atmosfera deve ser mantida até o fim, convém que o entrevistador considere que na situação de pesquisa a motivação do informante decorre principalmente do conteúdo da entrevista e do próprio entrevistador.

Manutenção da postura. A entrevista qualitativa confunde-se muitas vezes com uma conversa informal. Porém, é necessário que o entrevistador adote boas práticas de pesquisa. Ele deve adotar uma postura respeitosa e gentil, ater-se às perguntas e concluir a entrevista o mais próximo possível do tempo especificado. Recomenda-se que fale pouco e ouça muito, devendo, portanto, limitar a quantidade de perguntas e de recomendações. O uso do gravador é altamente recomendado, mas só pode ser utilizado com a concordância do entrevistado.

Formulação das perguntas. Como já considerado, na entrevista qualitativa – diferentemente da pesquisa quantitativa – não se dispõe previamente de um conjunto de questões. As questões que integram o guia da entrevista são apenas lembretes. Contudo, na maioria das pesquisas o entrevistador tem que fazer perguntas específicas, que são orientadas pelas questões mais gerais que compõem o guia da entrevista. Não existem, naturalmente, regras fixas a serem observadas para sua formulação. Algumas recomendações, no entanto, são adequadas para a maioria das entrevistas: 1. só devem ser feitas perguntas diretamente quando o entrevistado estiver pronto para dar a informação desejada e na forma precisa; 2. deve ser feita uma pergunta de cada vez; 3. devem ser feitas em primeiro lugar perguntas que não conduzam à recusa em responder ou que possam provocar algum negativismo; 4. o entrevistador deve se manter o mais neutro possível, evitando reações emocionais às respostas; 5. as perguntas não devem deixar implícitas as respostas; 6. é importante garantir uma transição adequada entre os tópicos; e 7. convém manter na mente as questões mais importantes até que se tenha a informação adequada sobre elas, de modo que, assim que uma questão tiver sido respondida, deve ser abandonada em favor da seguinte.

Formato das perguntas. Respostas incompletas ou obscuras são frequentes nas entrevistas, o que significa que o entrevistador precisa estimular o entrevistado a fornecer uma resposta mais satisfatória. Isso vai depender, naturalmente, da argúcia do entrevistador. No entanto, existem alguns formatos de questões que são apropriados para as diferentes situações:

- Para solicitar descrições:
    - "Poderia me falar a respeito de...?";
    - "Como você descreveria...?";
    - "O que vem à sua mente quando...?".

Entrevista 6

- Para obter opiniões:
    - "O que você acha de...?";
    - "Em sua opinião...?";
    - "Você acredita que...?".
- Para solicitar confirmação:
    - "Você quer dizer que...?";
    - "Isso significa que...";
    - "Seria correto afirmar que...?".
- Para buscar aprofundamento:
    - "Você poderia dizer mais sobre...?";
    - "Você poderia dar um exemplo de...?";
    - "Você poderia dar mais detalhes...?".
- Para verificar possíveis contradições:
    - "Mas você não disse que...?";
    - "Como pode ser isso, se...?";
    - "Por que não...?".
- Para buscar comparações:
    - "O que isto tem a ver com...?";
    - "Qual a relação disto com...?";
    - "Como isto se relaciona com...?".

Estimulação de respostas a questões complexas. É frequente a situação em que a pergunta, por ser muito complexa, provoca uma resposta incompleta ou obscura. O entrevistador precisa, então, valer-se de alguma técnica para estimular o entrevistado a fornecer uma resposta mais precisa. Uma pergunta do tipo "Você não acha que...?" pode sugerir a resposta, não sendo, portanto, recomendada. Mas há formas de indagação que apresentam maior neutralidade, como: "Poderia me contar um pouco mais a respeito?", "Qual é a causa, no seu entender?" e "Qual é a sua ideia em relação a esse ponto?". Outra situação que aparece com frequência é o entrevistado que responde "Não sei", mas, na verdade, evidentemente não se dispõe a pensar. Neste caso, o entrevistador deve estimular o entrevistado a responder, mas com o devido cuidado para não sugerir a resposta. Pode, para tanto, valer-se de expressões como: "Entendo que este é um problema que geralmente não preocupa as pessoas, mas gostaria que me falasse um pouco a respeito".

Atitude perante questões delicadas. Alguns tópicos, como comportamento sexual, desemprego, uso de drogas, problemas financeiros, morte de parentes e amigos ou comportamento criminoso podem ser constrangedores para muitos respondentes. Devem, portanto, ser introduzidos somente após o entrevistado mostrar-se adaptado ao estilo e aos modos do entrevistador. Convém, nesses casos, que o entrevistador se mostre empaticamente interessado e compreensivo, pois essas posturas contribuem para que o entrevistado se sinta mais confortável para falar sobre assuntos traumáticos. Porém, o entrevistador deve evitar qualquer postura que possa dar a ideia de que é capaz de solucionar os problemas do entrevistado. Neste momento, o entrevistador não pode atuar como conselheiro ou terapeuta, mas exclusivamente como pesquisador.

Manutenção do foco da entrevista. As entrevistas mais proveitosas são aquelas em que os entrevistados se sentem livres para expor suas crenças, opiniões e sentimentos. Mas a entrevista precisa estar centrada nos objetivos da pesquisa. É necessário, pois, que o entrevistador, de alguma forma, conduza a entrevista para evitar a perda do foco, a não ser, evidentemente, nas entrevistas definidas como não diretivas. O bom entrevistador fala pouco, mas estimula a conversação relevante do entrevistado. Convém que ele aceite as primeiras manifestações do entrevistado, mas que não lhe dê de imediato todo o espaço para falar. É preciso que o entrevistado se sinta um pouco guiado e que essa direção vá se afrouxando à medida que a entrevista avança. Para estimular a manutenção de um fio condutor, recomenda-se evitar – pelo menos na fase inicial da entrevista – a colocação de questões de opinião. Também é conveniente evitar questões que exijam respostas muito precisas, que podem constranger o entrevistado caso ele não saiba respondê-las. Ele pode ficar com a impressão de que foi pego em erro e procurar se afastar de outras questões ao longo da entrevista. Uma recomendação importante para estimular o entrevistado a permanecer "ligado" é apoiar-se naquilo que ele acaba de dizer, seja retomando algumas de suas falas para que as explicite, seja prolongando as questões para posteriores retomadas (BEAUD; WEBER, 2007). É importante que o entrevistador vá dando pequenos passos e garantindo a adesão do entrevistado.

Registro das respostas. O modo mais confiável de reproduzir com precisão é a gravação. É importante, porém, considerar que a gravação só pode ocorrer com o consentimento explícito do entrevistado. O uso disfarçado do gravador constitui infração ética injustificável. Se a pessoa, por qualquer razão, não autorizar a gravação, cabe, então, solicitar autorização para a tomada de anotações. Isto porque a anotação posterior à entrevista apresenta dois inconvenientes: os limites humanos da memória, que não possibilitam a retenção da totalidade da informação, e a distorção decorrente dos elementos subjetivos que se projetam na reprodução da entrevista. Mas, mesmo assim, o registro das informações só deve ocorrer após os entrevistados terem tido oportunidade de responder completamente às indagações e de eventualmente corrigirem alguma informação que tenha sido dada durante a resposta. Mesmo autorizando a tomada de notas, algumas pessoas demonstram irritação quando o entrevistador deixa de prestar atenção no relato para tomar notas. Outras ficam relutantes em falar quando sabem ou percebem que estão sendo tomadas notas. Quando isso ocorrer, o melhor é deixar para tomar notas logo após a conclusão da entrevista.

Conclusão da entrevista. Tanto por questões de ordem ética quanto técnica, a entrevista deve encerrar-se num clima de cordialidade. Como, de modo geral, nas entrevistas de pesquisa o entrevistado fornece as informações sem receber nenhum tipo de vantagem, convém que seja tratado de maneira respeitosa pelo entrevistador, sobretudo no encerramento da entrevista, quando sua missão já estiver cumprida. Por outro

Entrevista

lado, como na pesquisa qualitativa é frequente a necessidade de entrevistas posteriores, convém que o pesquisador deixe "a porta aberta" para os próximos encontros.

Transcrição da entrevista. A não ser que haja sérios impedimentos, a entrevista deve ser gravada e transcrita. É pouco provável que o entrevistador, quando permanece atento ao que diz o entrevistado, consiga registrar adequadamente tudo o que é dito. Além disso, na pesquisa qualitativa interessa não apenas saber o que as pessoas disseram, mas também como disseram. Transcrever entrevistas, no entanto, não constitui tarefa simples. Quando a entrevista ocorre em ambientes como um estúdio, completamente livre de ruídos, é possível realizar a transcrição mediante o uso de ferramentas que imediatamente transformam as palavras ditas perto do microfone em texto. Mas esta não é a situação mais comum, o que significa que a atividade de transcrição na maioria das entrevistas qualitativas tende a ser dispendiosa.

QUESTÕES PARA DISCUSSÃO

1. Que aspectos pessoais do entrevistador podem influenciar a qualidade das entrevistas?
2. Por que o questionário é considerado um instrumento pouco adequado para a coleta de dados em pesquisas qualitativas?
3. Quais são as principais limitações das entrevistas conduzidas em ambiente virtual?
4. Que estratégias o entrevistador pode utilizar para deixar o entrevistado mais à vontade para participar da entrevista?
5. Dê exemplos de mensagens não verbais do entrevistado que podem ser captadas pelo entrevistador?
6. O que o entrevistador pode fazer para concluir a entrevista de forma a manter o entrevistado disposto a participar de outras entrevistas, se for necessário?

LEITURA RECOMENDADA

BRINKMANN, Swend; KVALE, Steinar. *Doing interviews*. 2. ed. Thousand Oaks: Sage, 2018.

É um dos trabalhos mais citados na literatura internacional referente à entrevista na pesquisa. Aborda, dentre outros tópicos: planejamento e condução da entrevista, variações nas entrevistas, transcrição e análise e implicações éticas na entrevista.

7

HISTÓRIA DE VIDA

História de vida é a técnica que pode ser definida como "o relato de um narrador sobre sua existência através do tempo, tentando reconstituir os acontecimentos que vivenciou e transmitir a experiência que adquiriu" (QUEIROZ, 1988, p. 20). Apresenta, portanto, semelhança com outras técnicas, como a entrevista, a história oral, as autobiografias e os depoimentos pessoais. Por se tratar de um relato, pode-se entender que a história de vida é obtida mediante entrevista. Pode, portanto, ser definida como uma modalidade de entrevista caracterizada pela informalidade, pela profundidade e pelo foco na vida do entrevistado. É a técnica por excelência da pesquisa narrativa e também é utilizada nas pesquisas etnográficas e fenomenológicas.

Este capítulo é, pois, dedicado à pesquisa narrativa. **Após estudá-lo cuidadosamente, você será capaz de:**

- identificar as origens da história de vida;
- contrastar a história de vida com outras técnicas de relato oral;
- reconhecer vantagens e limitações da história de vida.

7.1 Origens da história de vida

As origens da história de vida podem ser encontradas nos trabalhos de antropólogos que, no início do século XX, dedicaram-se à coleta de autobiografias de chefes indígenas americanos (BARRETT, 1906; RADIN, 1926). Sua difusão, porém, deve-se à atuação de sociólogos da Escola de Chicago, iniciada na década de 1920. Importante marco nesse sentido foi a publicação do livro *The Polish peasant in Europe and America*, de William I. Thomas e Florian Znaniecki, que tratava da experiência de camponeses poloneses que migravam para os Estados Unidos (THOMAS; ZNANIECKI, 1919). Esses autores basearam seu estudo principalmente em notas autobiográficas, além de cartas e diários pessoais. Assim, destacou-se a história de vida como método de investigação sociológica, graças, principalmente, à influência de Robert Park (1864-1944). Dentre os trabalhos que se desenvolveram ao longo das décadas de 1920 e 1930, com apoio de histórias de vida, ressaltam-se os que abordavam experiências de andarilhos (ANDERSON, 1923), de integrantes de gangues (TRASHER, 1927), de habitantes de guetos (WIRTH, 1929), de um jovem delinquente (SHAW, 1930) e de um ladrão profissional (CORNWELL; SUTHERLAND, 1937).

Com o prestígio dos métodos quantitativos, notadamente das *surveys*, as pesquisas baseadas em histórias de vida foram se tornando cada vez mais raras. Mas, mesmo com esse declínio, surgiram trabalhos como o de Dollard (1949), que estabelece critérios para a condução de histórias de vida e as apresenta como adequadas para explorar a relação entre a cultura, a estrutura social e a vida individual.

Constata-se, porém, a partir da década de 1990, a retomada do interesse por esse método por parte de pesquisadores empenhados na compreensão e explicação das experiências humanas. Assim identifica-se a utilização da história de vida não apenas no campo da sociologia e da antropologia, mas de outras disciplinas, como psicologia, economia, educação e geografia.

7.2 História de vida e outras estratégias narrativas

A história de vida é a principal estratégia utilizada nas pesquisas narrativas. Há, todavia, outras que apresentam semelhança com a história de vida: história oral, biografias, autobiografias e depoimentos pessoais. Assim como as histórias de vida, elas podem ser definidas como técnicas de relato oral (QUEIROZ, 1991).

7.2.1 História oral

Para alguns autores, a história de vida é uma das modalidades de história oral. Mas é preferível considerá-la como procedimento utilizado para registrar, preservar e interpretar as informações históricas com base em depoimentos de pessoas selecionadas em razão de sua posição no momento em que fatos ocorreram, ou como um procedimento alternativo utilizado pelos historiadores quando não se dispõe de documentos escritos. Para Morrissey (2006), a história oral é constituída por entrevistas gravadas que preservam memórias historicamente significantes para uso futuro.

7.2.2 Biografia

Nas biografias, é o narrador sozinho que manipula os meios de registro, seja a escrita, o gravador de som ou a câmera de vídeo. É ele que, por interesse pessoal, decide elaborar a narrativa e a encaminha da forma que melhor lhe parecer. Muitas vezes, a biografia é realizada sem que o biografado tenha sido entrevistado, sobretudo quando este já faleceu.

7.2.3 Autobiografia

As autobiografias, por serem narrativas da própria existência, podem ser consideradas histórias de vida, mas distinguem-se destas porque podem ser realizadas sem a presença de um pesquisador. O próprio narrador é que se dispõe a relatar sua vida. Para tanto, seleciona os acontecimentos, organiza-os da melhor forma que lhe parecer e os apresenta ao público, geralmente sob a forma de livro.

7.2.4 Depoimento pessoal

Os depoimentos pessoais também são constituídos por relatos concentrados em período reduzido de tempo. A maior diferença entre história de vida e depoimento pessoal está na maneira de agir do pesquisador. Embora tanto a história de vida quanto os depoimentos caracterizem-se pela espontaneidade, ao coletar um depoimento, o pesquisador adota uma postura mais diretiva. Só lhe interessa obter informações acerca de acontecimentos que se relacionam diretamente com o assunto que está sendo pesquisado. Se o narrador se afasta do foco com digressões, o pesquisador se esforça para trazê-lo de novo ao assunto. Já na história de vida, o pesquisador conserva-se o mais silencioso possível; o narrador é quem decide o que é importante relatar.

7.3 Vantagens da história e vida

Quando comparada a outras técnicas baseadas na informação prestada pelos indivíduos, como as entrevistas estruturadas e os questionários, a história de vida apresenta diversas vantagens.

7.3.1 Possibilita compreender mudanças na vida das pessoas

As histórias de vida possibilitam identificar e explorar as narrativas dominantes na vida das pessoas em eventos e situações particulares. Permitem descrever como um evento se torna significativo para a vida das pessoas e como suas opiniões, valores, crenças e decisões se alteram ao longo do tempo. Assim, tornam-se procedimentos dos mais adequados para a compreensão dos dinamismos sociais e para analisar o processo de mudança.

7.3.2 Estimula a lembrança do passado

As histórias de vida estimulam as pessoas a se lembrar de fatos passados e documentar as mudanças mais do que mediante outros procedimentos que envolvem simplesmente a recuperação de fatos. Embora possa ocorrer que as pessoas não se lembrem de detalhes, a narrativa de suas histórias estimula a lembrança de eventos significativos.

7.3.3 Confere um papel proeminente à pessoa pesquisada

Mais do que outros métodos interrogativos, as histórias de vida dão voz às pessoas pesquisadas. Embora seja o pesquisador quem formula as questões, é o próprio narrador quem decide o que narrar. Assim, este assume um papel mais proeminente na pesquisa, decidindo acerca do que é significativo em sua vida. Por outro lado, as histórias de vida ajudam as pessoas a avaliar suas vidas e a perceber que estas ocorrem em um contexto social.

7.3.4 Capta os aspectos referentes ao cruzamento entre o individual e o social

A história de vida é uma técnica que possibilita captar "o que sucede na encruzilhada da vida individual com o social" (QUEIROZ, 1991, p. 36). Ao mesmo tempo que enfatiza a vida do indivíduo, tratando-o como uma unidade, possibilita desvendar as relações que ele estabelece com os membros dos grupos a que pertence, com as organizações a que se filia e com a sociedade em geral. É, pois, uma técnica de investigação tanto psicológica quanto sociológica. Sua força está na dialética entre as experiências únicas dos indivíduos e as limitações das mais amplas estruturas sociais, políticas e econômicas (HATCH; WISNIEWSKI, 1995).

7.4 Limitações da história de vida

Embora sejam evidentes suas vantagens, a história de vida também apresenta limitações.

7.4.1 Consumo de tempo

Como a história de vida refere-se a longo período da vida das pessoas, tende a consumir bastante tempo. Pode até mesmo exigir a realização de vários encontros.

7.4.2 Dificuldade para obtenção de "boas histórias"

Para que sejam alcançados os objetivos de uma pesquisa narrativa, a seleção de narradores requer que estes apresentem características bem específicas. Também é necessário que tenham habilidade para narrar suas histórias e que se disponham a compartilhá-las com os pesquisadores.

7.4.3 Tensão mental ou emocional

Tanto por demandarem muito tempo quanto por se referirem a tópicos que podem ser delicados, a condução das histórias de vida pode constituir evento desgastante em termos mentais e emocionais para o entrevistado e para o entrevistador.

7.4.4 Dificuldades práticas na condução

Pode ser difícil encontrar pessoas que se comprometam a ser entrevistadas e garantir que elas apareçam na hora combinada e permaneçam pelo tempo necessário.

7.5 A condução da história de vida

Dentre as diferentes técnicas de pesquisa baseadas na expressão dos pesquisados, a história de vida é seguramente a que requer maiores cuidados em sua condução, visto que o narrador é quem assume o protagonismo no processo. Torna-se difícil, portanto, determinar os passos a serem seguidos em sua condução. No entanto, é possível definir alguns passos a serem seguidos com vistas a torná-la eficaz para a obtenção dos dados requeridos.

7.5.1 Seleção dos participantes

O primeiro passo na obtenção de uma história de vida é a escolha do narrador. A localização de pessoas capazes de proporcionar uma história que possa servir aos objetivos do estudo de caso nem sempre é tarefa fácil. Não basta localizar um bom informante, uma pessoa com experiência significativa para os propósitos da pesquisa. É necessário que este informante se disponha a narrar suas experiências e a expressar suas opiniões e sentimentos em relação ao mundo em que vive.

A questão do número de participantes é de difícil resposta. A literatura indica importantes estudos narrativos com um único participante, como o de Sutherland (1937), que obteve a autobiografia de um ladrão profissional. Mas é pouco provável que se obtenham bons resultados com uma pesquisa narrativa abrangendo mais do que cinco ou seis indivíduos, já que é necessário que o pesquisador encontre "boas histórias" e passe um tempo considerável com os narradores.

7.5.2 Definição das condições para a realização da entrevista

Obviamente, a decisão da data, horário e local de realização da entrevista depende do narrador. Mas é necessário garantir que ocorra em um local em que ambos se sintam à vontade e em uma situação favorável à narração. Assim, algumas condições devem ser observadas, como local silencioso e sem interferências internas ou externas. Convém, ainda, evitar situações que favoreçam a interrupção da entrevista.

7.5.3 Preparação do entrevistador

Antes de realizar a entrevista, o pesquisador precisa dispor de conhecimentos a respeito do narrador. Convém, portanto, que procure o máximo possível de informações acerca de suas características pessoais e de sua experiência, mesmo porque é provável que em alguns momentos, ao longo da narração, o pesquisador julgue conveniente solicitar o esclarecimento de alguns pontos que não foram abordados.

Mesmo considerando que a história de vida é uma técnica que pressupõe liberdade ao narrador, é necessário que o pesquisador elabore um roteiro de temas que pretende abordar. Obviamente este roteiro deve ser flexível e permitir a incorporação de temas que podem ocorrer durante a própria entrevista. Como acentua Queiroz (1991), ele tem que ser elaborado com o cuidado de não forçar o narrador a falar o que o pesquisador quer ouvir.

7.5.4 Agendamento dos encontros

Após a escolha do narrador, o pesquisador deverá estabelecer com ele um primeiro contato para lhe explicar os objetivos da pesquisa. O contato pode ser telefônico, por *e-mail*, aplicativo de troca de mensagens ou pessoalmente, que é a situação mais recomendada. Tudo tenderá a ficar mais fácil se o pesquisador tiver se encontrado antecipadamente com o narrador, trocado algumas frases e agendado o encontro nessa ocasião, porque já ficará sabendo com quem vai tratar (BERTAUX, 2010). Para orientar a narração, recomenda-se, durante o convite, oferecer-lhe um roteiro, que não pode se confundir com um questionário. Também é interessante aproveitar este momento para elaborar uma ficha do informante com dados que forem considerados relevantes. É importante para o pesquisador ter conhecimento prévio das características do narrador para melhor conduzir a narração. Cabe, ainda, neste momento, solicitar ao narrador autorização para que a entrevista seja gravada, e apresentar-lhe o Termo de Consentimento Livre e Esclarecido.

7.5.5 Preparação da entrevista

O sucesso da entrevista depende, em boa parte, da preparação do entrevistador, o que implica a tomada de alguns cuidados prévios. Assim, é preciso, antes da realização da primeira entrevista, providenciar um caderno de campo, no qual serão anotadas todas as atividades, encontros, resultados, observações e reflexões. Depois, é preciso retomar o roteiro da entrevista. Este roteiro permanece ao lado do pesquisador ao longo de toda a entrevista, mas deverá ser consultado apenas ao seu final, para voltar a temas que eventualmente não tenham sido abordados (BERTAUX, 2010).

7.5.6 Início da entrevista

Toda entrevista dá-se em um contexto social em que duas entidades se confrontam: a do indivíduo, que é detentor de uma experiência que interessa conhecer, e a do pesquisador, que representa o mundo acadêmico ou a organização que patrocina a pesquisa. Assim, torna-se necessário um esforço do pesquisador com vistas a ultrapassar esse contexto social e fazer emergir e desenvolver uma relação interpessoal que inverta a relação determinada pelo contexto inicial (BERTAUX, 2010).

Em termos práticos, pode-se afirmar que toda entrevista se inicia com uma pergunta. Bertaux (2010) recomenda que a entrevista se inicie com uma frase que contenha o verbo "contar". É necessário, porém, que esta pergunta não assuma um caráter inquisitivo, mas que estimule o indivíduo a abordar o fenômeno com o qual ele tem uma experiência direta. Assim, formatos mais adequados para a primeira pergunta poderiam ser: "Gostaria que me contasse como você..." ou "Poderia me contar como foi...?".

7.5.7 Desenvolvimento da entrevista

A coleta de dados para a história de vida pode exigir mais de uma entrevista; Atkinson (1998) sugere a realização de duas ou três. A primeira inicia-se com uma pergunta bastante ampla, como as que foram indicadas anteriormente. O entrevistador adota uma postura de escuta e interfere apenas para estimular a fala ou para o esclarecimento de algum aspecto.

Uma questão ampla permite que o narrador fale livremente sobre sua vida, mas não garante que todos os aspectos relevantes para a pesquisa sejam considerados. Assim, nas entrevistas posteriores, o pesquisador poderá estimular o narrador a tratar destes aspectos.

Recomenda-se que o pesquisador adote uma postura de escuta atenta, mas não passiva. Isto significa que deve permanecer o mais silencioso possível, com um mínimo de intervenções, mas sempre presente no colóquio (QUEIROZ, 1988), podendo ser conveniente, em alguns casos, encorajar o narrador a falar mais sobre determinado assunto.

É necessário que o entrevistador esteja atento às emoções dos narradores, pois esta modalidade de entrevista estimula sua manifestação. Não pode, portanto, temer a manifestação das emoções dos narradores, tampouco das suas, devendo, porém, controlar sua expressão. Essas emoções, como acentua Bertaux (2010), nunca são gratuitas, mas sinalizam que algo importante foi evocado, pois a carga emocional também é cheia de significações.

O tempo de duração das entrevistas é muito variável. Não apenas pela disposição do narrador para informar, mas também pela sua dificuldade para verbalizar. E, se a entrevista for realizada com uma pessoa muito idosa ou doente, é possível que se tenha que retornar à entrevista diversas vezes.

O número de entrevistas também é variável, devendo ser suficiente para possibilitar comparações, mediante o destaque das convergências e divergências (QUEIROZ, 1991). Isto não significa, porém, que só devam ser encerradas quando se atingir a "saturação teórica", que é própria do processo de construção de teoria fundamentada (GLASER; STRAUSS, 1967).

7.5.8 Registro das informações

O registro das informações é feito mediante anotações e gravação. Os cuidados a serem tomados para sua efetivação são os mesmos adotados nas entrevistas de modo geral, que foram considerados no Capítulo 5.

7.5.9 Encerramento da entrevista

Uma das maneiras mais recomendadas de encerrar uma entrevista é retornar à lembrança dos momentos positivos da vida do narrador. O entrevistador pode perguntar, por exemplo, qual foi seu momento mais feliz ou voltar àquilo que ele considera o seu maior êxito. Bertaux (2010) recomenda que o entrevistador pense na recordação que o narrador guardará da entrevista e o que ele dirá sobre isso.

QUESTÕES PARA DISCUSSÃO

1. A principal força da história de vida, segundo Hatch e Wisniewski (1995), está na dialética entre as experiências únicas dos indivíduos e as limitações das mais amplas estruturas sociais, políticas e econômicas. Discuta como esta modalidade de investigação contribui para estimular a crítica social.
2. Como o pesquisador pode agir ao entrevistar um narrador cuja experiência de vida é relevante, mas encontra dificuldade para ordenar suas ideias?
3. Identifique táticas que o pesquisador pode adotar com o propósito de "quebrar o gelo" no início de uma entrevista para obter uma história de vida.
4. As emoções, segundo Bertaux (2010), sinalizam que algo importante foi evocado pelo narrador. Como o pesquisador pode atuar com vistas a registrar o significado dessas emoções?

LEITURAS RECOMENDADAS

QUEIROZ, Maria Isaura Pereira de. *Variações sobre a técnica de gravador no registro da informação viva*. São Paulo: T. A. Queiroz, 1991.

A autora discute as implicações do uso do gravador na obtenção de depoimentos pessoais e histórias de vida.

BERTAUX, Daniel. *Narrativas de vida*: a pesquisa e seus métodos. Natal; São Paulo: EDUFRN; Paulus, 2010.

Esse livro inicia-se com questões epistemológicas relacionadas à pesquisa etnossociológica e trata, a seguir, das concepções e das funções das narrativas de vida. Aborda exaustivamente o processo de coleta e análise das narrativas de vida.

8

GRUPO FOCAL

O grupo focal *(focus group)* é uma técnica de pesquisa que começou a se difundir somente após a década de 1980. Não é definido como um dos procedimentos clássicos de coleta de dados na pesquisa qualitativa, mas sua utilização vem se tornando tão frequente que, no campo do marketing, passou a constituir o principal meio de obtenção de dados qualitativos. Embora originariamente vinculado à pesquisa aplicada, atualmente é adotado em pesquisas acadêmicas em diferentes campos, cenários e abordagens.

Dentre as razões que explicam sua atratividade, estão a rapidez e o baixo custo envolvido em sua execução. Porém, para que possa fornecer resultados significativos, precisa ser cercado de cuidados tanto no planejamento quanto na coleta e análise dos resultados. Assim, elaborou-se este capítulo voltado à utilização do grupo focal na pesquisa qualitativa. **Após estudá-lo cuidadosamente, você será capaz de:**

- conceituar grupo focal;
- identificar a origem histórica do grupo focal;
- reconhecer vantagens e limitações do grupo focal;
- descrever as etapas da condução de grupos focais;
- formular questões para discussão em grupo;
- identificar estratégias para minimizar problemas decorrentes de comportamentos dos participantes.

8.1 O que é grupo focal

O grupo focal pode ser apresentado como uma das várias técnicas de coleta de dados disponíveis nas ciências sociais. Em virtude, porém, de sua ampla aplicabilidade e do prestígio assumido principalmente nos ambientes de pesquisa profissional, tem sido apresentado como método ou delineamento de pesquisa. Krueger e Casey (2015) apresentam-no como um método com objetivos muito mais amplos do que o de pesquisa, pois é utilizado para auxiliar na tomada de decisões e guiar programas, políticas e desenvolvimento de serviços.

Para esses autores, o grupo focal é um tipo especial de grupo em termos de finalidade, tamanho, composição e procedimentos. Geralmente é composto por participantes que não se conhecem – cujo número varia de 7 a 12 – e são conduzidos por um entrevistador treinado. Esses participantes foram selecionados pelo fato de apresentarem características socioculturais comuns ou por terem tido algum tipo de experiência relacionada ao tópico que se pretende focalizar na pesquisa. Para conduzir o grupo focal, o pesquisador cria um ambiente favorável à apresentação de diferentes percepções e pontos de vista pelos participantes. A discussão em grupo é realizada em várias sessões com o propósito de identificar tendências e padrões nas percepções. A análise sistemática da discussão, por sua vez, fornece pistas e *insights* sobre as percepções acerca de um produto, um serviço, uma experiência, uma personalidade, um evento ou um fato ou oportunidade.

O grupo focal não busca consenso, mas encoraja a expressão de respostas que possibilitam uma melhor compreensão das atitudes, comportamentos, opiniões e percepções dos participantes. Não constitui uma forma de obter relatos dos indivíduos, mas de criar uma negociação de significados através de debates intra e interpessoais. É uma técnica que permite o desenvolvimento de dinâmicas de grupo que ajudam o pesquisador a capturar experiências de vida compartilhadas, acessando elementos que outros métodos não possibilitam (LIAMPUTTONG, 2011).

Fica claro que o grupo focal se caracteriza pelo uso explícito da interação para gerar dados. Os participantes encorajam os demais a falar uns com os outros, fazer perguntas, trocar histórias, comunicar experiências e pontos de vista. Mas é necessário ressaltar que ele se distingue de outras experiências grupais em que os participantes não se envolvem em discussão, como o *brainstorming*, que é uma técnica usada para levantar ideias de soluções de problemas ou para criar coisas novas, ou a técnica Delphy, usada para obter consenso entre especialistas sobre determinado tópico.

8.2 Origem e desenvolvimento do grupo focal

Embora seja algumas vezes apresentado como estratégia inovadora em pesquisa, suas origens podem ser encontradas na atuação de sociólogos que, já na década de 1940, insatisfeitos com as formas tradicionais de realização de levantamentos de campo, passaram a adotar uma postura menos diretiva na condução de entrevistas. Menção especial deve ser feita aos trabalhos desenvolvidos por Robert K. Merton com o propósito de estudar o moral de soldados norte-americanos durante a Segunda Guerra Mundial (MERTON; KENDALL, 1946). A técnica desenvolvida por Merton, a entrevista focalizada (*focused interview*), desempenhou importante papel na avaliação da eficácia do material voltado à propaganda e ao treinamento da tropa. Com a utilização dessa técnica, ficou reconhecido que as pessoas se mostravam dispostas a fornecer informações

Grupo focal

sensíveis quando se encontravam em local seguro e confortável com outras pessoas com características semelhantes (MERTON; FISKE; KENDALL, 1956).

A academia, no entanto, não se interessou pela nova estratégia de pesquisa. O próprio Merton nunca se mostrou satisfeito com a denominação *focus group*, pois considerava inadequado o uso do termo "grupo" com um significado diferente do utilizado no contexto sociológico, indicando que seria mais adequado tratar de "grupamento" (*grouping*) (MERTON, 1987).

Quem mostrou maior interesse pelo grupo focal foram os pesquisadores de mercado, que perceberam o valor da técnica para descobrir as necessidades dos clientes e as maneiras de tornar os produtos mais atraentes. Assim, o grupo focal foi evoluindo como técnica de pesquisa de mercado, passando a ser utilizado para subsidiar ações, desde o *design* do produto até as promoções e a publicidade.

Somente a partir da década de 1980 é que o grupo focal passou a ser reconhecido no meio acadêmico, principalmente no campo da comunicação, quando passou a ser visto como procedimento adequado para verificar como o público interpretava as mensagens publicitárias. Nessa época, o setor de comunicações adotou a metodologia para examinar como o público interpretava as mensagens da mídia. Marco importante desse prestígio foi a publicação do livro *The group depth interview: principles and practice* (GOLDMAN; MCDONALD, 1987).

A ampla utilização do grupo focal e sua clara distinção em relação a outras técnicas fizeram com que passasse a ser considerado método independente de pesquisa qualitativa, ligado a entrevista individual, observação, levantamento de campo e experimentos. Na atualidade, o grupo focal é reconhecido como uma das mais importantes técnicas de pesquisa qualitativa nos campos de opinião pública e de marketing. Além disso, é muito utilizado em diversos campos da administração, como auxílio na tomada de decisões, orientação no desenvolvimento de programas, obtenção de informações sobre questões e preocupações organizacionais, planejamento e definição de metas e avaliação de necessidades (KRUEGER; CASEY, 2015).

Seu uso vem se tornando crescente em muitos outros campos, como: comportamento em saúde, avaliação de programas sociais, formulação de políticas públicas e desenvolvimento de estratégias de promoção de saúde pública. Em decorrência de sua utilização em diferentes ambientes, Krueger e Casey (2015) definem quatro estilos de grupo focal: abordagem de pesquisa de marketing, abordagem de pesquisa acadêmica, abordagem da administração pública e organizações não governamentais e abordagem participativa.

8.3 Vantagens e limitações do grupo focal

O prestígio do grupo focal deve-se a uma série de vantagens que esta técnica assume, sobretudo quando comparada à entrevista e à observação:

- é uma técnica rápida e econômica;

- possibilita uma quantidade de informações bem maior do que as entrevistas individuais e observações de campo;
- favorece a manifestação de diferentes opiniões e perspectivas;
- possibilita a observação e o registro de experiências e reações dos indivíduos;
- favorece o desenvolvimento de discussões profundas e dinâmicas;
- possibilita a obtenção de informações de respostas não verbais mediante observação de expressões não verbais e linguagem corporal;
- possibilita o envolvimento dos participantes em processos cooperativos;
- possibilita a manifestação de membros de populações vulneráveis, o que não ocorreria tão bem de outras formas.

8.4 Desvantagens e limitações do grupo focal

A despeito de suas vantagens, o grupo focal também apresenta limitações:

- o grupo focal desenvolve-se em um ambiente não natural;
- requer moderadores especialmente treinados;
- é difícil constatar em que medida o comportamento dos indivíduos em grupo difere dos comportamentos individuais;
- os participantes podem hesitar em expressar seus pensamentos quando estes se opõem aos dos outros participantes;
- moderadores podem intencional ou inadvertidamente influenciar as manifestações dos participantes;
- não é fácil conseguir a reunião de diversos participantes em um mesmo local e ao mesmo tempo;
- em contextos organizacionais, os participantes podem ter medo de opinar;
- há pouco controle sobre os dados gerados.

8.5 Aplicabilidade do grupo focal

São muitas as aplicações do grupo focal. Quando Merton o definiu como técnica de pesquisa em um contexto acadêmico, indicou alguns de seus usos: 1. explicar a relação entre estímulos e efeitos; 2. fornecer informações para auxiliar na interpretação de efeitos inesperados; 3. proporcionar verificação da interpretação de dados que poderiam ser apenas conjecturas; e 4. fornecer interpretações alternativas de achados que não poderiam ser obtidos mediante outros procedimentos (MERTON; KENDALL, 1946).

A compreensão atual de seus usos evoluiu consideravelmente. Assim, Hennink (2014) indica situações em que seu uso é recomendável: 1. explorar tópicos acerca dos quais pouco se conhece ou que envolvem questões pouco claras; 2. explorar crenças ou comportamentos específicos e as circunstâncias em que ocorrem; 3. avaliar um serviço, programa ou intervenção e compreender as razões de seu sucesso ou fracasso; 4. delinear uma *survey* ou estudo experimental, identificando questões, terminologias ou componentes a incluir; 5. obter diversidade de experiências e perspectivas acerca do tópico em estudo; 6. entender o contexto, cultura ou normas sociais em torno das questões de pesquisa, visto que a moderação social pode distinguir o comportamento típico do incomum; e 7. entender o processo grupal, observando como os participantes discutem um assunto, influenciam-se mutuamente e decidem por uma estratégia de ação.

8.6 Planejamento do grupo focal

Dentre as múltiplas estratégias adotadas na coleta de dados em estudos qualitativos, o grupo focal é a mais estruturada, requerendo a tomada de uma série de decisões.

8.6.1 Definição dos objetivos

Os objetivos do grupo focal derivam dos objetivos da pesquisa, mas tendem a ser mais específicos porque se trata normalmente de técnica complementar, exceto em pesquisas de caráter profissional, em que o grupo focal é adotado geralmente de forma exclusiva. Neste caso, seus objetivos coincidem com os próprios objetivos da pesquisa.

8.6.2 Composição e tamanho do grupo

Os participantes devem ser escolhidos em consonância com os objetivos da pesquisa. É necessário, pois, que sejam pessoas que tenham algo a dizer sobre o objeto da pesquisa e que se sintam à vontade para expressarem-se frente aos demais participantes. É recomendável que tenham nível socioeconômico semelhante, mas que sejam capazes de discutir o assunto sob perspectivas diferentes. A decisão acerca do tamanho do grupo é fundamental. Um grupo muito pequeno não contribui para o fornecimento de percepções. Por sua vez, um grupo muito grande dificulta a manutenção da disciplina e identificação das percepções de cada participante. Assim, recomenda-se que o grupo tenha entre 6 e 10 participantes. Pode ser conveniente segmentar os participantes em categorias definidas por fatores como sexo, idade, escolaridade e ocupação, dentre outras. Nesta hipótese, cabe também decidir acerca da conveniência ou não de misturar os participantes segundo as categorias.

8.6.3 Definição da modalidade de grupo focal

Dado o nível de aperfeiçoamento dos grupos focais, torna-se possível definir deferentes modalidades de delineamento. Krueger e Casey (2015) definem quatro tipos. O mais tradicional é o delineamento de *categoria única*, em que o pesquisador planeja três ou quatro grupos com um tipo particular de participante e decide se a saturação foi adequada ou se novos grupos devem ser planejados. Outro delineamento é o de *múltiplas categorias*, em que são conduzidos grupos com vários tipos de participantes, sequencialmente ou simultaneamente. Este delineamento permite comparar um grupo com outro dentro de uma mesma categoria (por exemplo, estudantes calouros e veteranos) ou comparar uma categoria com outra (por exemplo, as falas dos estudantes com as dos professores). Um terceiro tipo é o de *duplo estrato*, com grupos distinguíveis em duas dimensões, que podem ser, por exemplo, idade e região. Dessa forma, seriam constituídos quatro grupos: "jovens urbanos", "jovens rurais", "idosos urbanos" e "idosos rurais". Um quarto tipo é o delineamento de *alto envolvimento*, aplicável a estudos de amplo interesse público. Esses estudos são ancorados em determinado grupo, mas há a preocupação de que outros grupos ricos em informação fiquem de fora. Então, inicia-se o estudo com o tipo principal e, em seguida, são realizados grupos focais com tipos adicionais de participantes. Por exemplo, em um estudo sobre professores de educação especial, pode ser interessante incluir também pais de alunos e gestores.

8.6.4 Escolha do moderador

Nas pesquisas acadêmicas, o grupo focal geralmente é conduzido pelo próprio pesquisador. Porém, é necessário que este disponha de reconhecida habilidade na condução de grupos de discussão. Já nas pesquisas de marketing, recomenda-se escolher um moderador profissional. Pode, ainda, ser conveniente a designação de um auxiliar.

Dentre as habilidades requeridas do moderador, estão:

Conhecimento do propósito do estudo e do tópico
Sente-se seguro em relação ao assunto e é capaz de auxiliar na identificação de tópicos que requerem discussão mais aprofundada.

Habilidade de escuta
Concentra-se no que está sendo dito. Procura captar pistas verbais e não verbais. Manifesta interesse pelo que está sendo dito e usa os comentários dos participantes para parafrasear e resumir.

Amabilidade
Sente-se confortável com estranhos e faz com que os participantes se sintam bem-vindos e percebam que suas opiniões são importantes.

Neutralidade
Abstém-se da manifestação das próprias opiniões.

Grupo focal

Respeito pelos participantes
Reconhece cada participante. Respeita os pontos de vista e enfatiza o respeito durante as sessões.

Senso de humor
Mantém o grupo relaxado e disposto a manifestar opiniões contrárias aos padrões "normais".

Flexibilidade
Adapta-se ao ritmo da discussão e mantém-se aberto a mudanças.

Entusiasmo
Estimula os participantes a falar e a se envolver nas discussões.

8.6.5 Definição do local, data e tempo de duração

Cuidado especial precisa ser tomado em relação ao local, que deve ser de fácil acesso aos participantes e confortável, além de favorecer a instalação de sistema de áudio e de vídeo. Os participantes devem se acomodar ao redor de uma mesa, preferencialmente na forma de U, com o moderador à cabeceira. O nome de cada participante deverá ficar visível para todos os outros.

8.7 Condução das sessões

Não existe um modo único de conduzir o grupo focal. A natureza do assunto, os propósitos da pesquisa e o perfil dos participantes são fatores, dentre outros, que influenciam sua condução. Podem, no entanto, ser identificadas algumas etapas que geralmente são seguidas nos grupos focais:

1. *Recepção dos participantes*. O moderador agradece os participantes por terem vindo e expressa a importância de sua participação.
2. *Apresentação do moderador*. O moderador se apresenta e explicita seu papel durante a sessão.
3. *Apresentação dos participantes*. Cada participante se apresenta indicando algumas características reconhecidas como importantes para o desenvolvimento da reunião.
4. *Apresentação do tópico e das razões da discussão*. Esta apresentação deve ser feita de forma sugestiva para que os participantes se sintam estimulados a participar.

5. *Definição das regras da reunião*. As regras são definidas previamente e devem ser claramente apresentadas aos participantes.
6. *Formulação da pergunta inicial*. O moderador pode propor uma questão de aquecimento, não relacionada diretamente ao tópico da pesquisa.
7. *Formulação das demais perguntas*. É desenvolvida de acordo com o clima do grupo. O pesquisador pode, por exemplo, pedir aos participantes que pensem na pergunta e formulem suas respostas, oralmente ou por escrito. Pode ser interessante registrar as respostas em um *flip chart* ou quadro branco. Para manter o fluxo da discussão, o moderador pode repetir a pergunta, reformulá-la ou adotar uma postura de "advogado do diabo", apresentando uma visão oposta e pedindo para que a refutem. Também é interessante atentar para a comunicação não verbal dos participantes que não estão verbalizando, para atraí-los para a discussão.
8. *Discussão das respostas*. Esta é a fase central da discussão. Os participantes devem ser encorajados a participar de forma equânime. Se um participante tentar monopolizar a discussão, o moderador deverá se esforçar para que os demais falem.
9. *Conclusão da sessão*. O moderador encerra a sessão, agradece aos participantes pelo tempo dispendido e informa como suas contribuições foram valiosas.

8.8 Desenvolvimento de questões

O grupo focal gravita em torno das questões apresentadas aos participantes. Assim, especial atenção deve ser conferida à sua escolha e formulação. Krueger e Casey (2015) indicam algumas qualidades das boas questões:

- *São coloquiais*. Para engajar os participantes, as questões devem ser apresentadas de uma maneira natural.
- *São elaboradas com palavras que os participantes usariam ao falar sobre o assunto*. Devem ser evitadas questões construídas com palavras que possam intimidar os participantes ou levá-los a achar que não entendem os assuntos tratados.
- *São fáceis de responder*. Os participantes devem se sentir confortáveis ao respondê-las.
- *São claras*. É preciso eliminar ambiguidade ou confusão em sua formulação.
- *São curtas*. Quanto mais longa for uma questão, maior será a dificuldade para respondê-la.
- *São unidimensionais*. Cada questão dever referir-se a uma única ideia.

Diferentes tipos de questões são utilizados ao longo das sessões do grupo focal. Cada questão tem um propósito diferente. Assim, Krueger e Casey (2015) definem cinco categorias de questões:

- *Questões de abertura*. São as primeiras a serem apresentadas. São elaboradas de forma tal que possam ser respondidas rapidamente, permitindo a identificação das características que os participantes têm em comum.
- *Questões introdutórias*. São as que introduzem o tópico geral da discussão e possibilitam aos participantes refletir acerca de sua experiência e de suas conexões com o tópico.

- *Questões de transição*. São as que direcionam a discussão para as questões-chave que norteiam o estudo. Elas auxiliam os participantes a conceber o tópico em seu sentido mais amplo.
- *Questões-chave*. São as que direcionam o estudo. São geralmente as primeiras a serem consideradas no planejamento e as que requerem a maior atenção na análise.
- *Questões finais*. São as questões que fecham a discussão e que possibilitam aos participantes refletir sobre os comentários prévios.

8.9 Problemas com os participantes

São frequentes as situações verificadas nos grupos focais que podem dificultar a discussão e consequentemente o alcance de seus objetivos. As situações mais frequentes são as que envolvem o comportamento dos participantes. Krueger (1997) indica alguns tipos de participantes cujas características podem trazer problemas para os moderadores, além de sugestões para lidar com eles.

Especialistas e influenciadores
Os especialistas podem agregar grande valor ao grupo focal, mas também provocar sérios problemas. O que eles dizem e a maneira como dizem pode inibir outros participantes do grupo, na medida em que estes o percebem como mais educado, experiente, rico ou influente política e socialmente. Uma estratégia que o moderador pode adotar é reconhecer sua experiência e pedir para ouvir a de outras pessoas. Outra estratégia é sublinhar o fato de que todos os participantes do grupo são especialistas e têm percepções que precisam ser expressas.

Falantes dominantes
Estes participantes algumas vezes se consideram especialistas, mas na maior parte do tempo não têm consciência de como são percebidos pelos outros. Frequentemente são vistos apenas como faladores. É preciso exercer algum tipo de controle sobre este participante, solicitando, por exemplo, que outros participantes se manifestem sobre o que ele falou. Pode ser conveniente, também, evitar o contato visual com eles e mostrar-se entediado. Mas é importante ter muito tato, pois comentários críticos e ásperos podem inibir a pariciação dos outros.

Perturbadores
É possível encontrar participantes que exibem comportamentos perturbadores para os demais. Essas pessoas podem ser antagônicas, opinativas, intolerantes e desrespeitosas, e são, geralmente, movidas por uma agenda filosófica, religiosa, racista ou política que considera certos pontos de vista e valores superiores aos outros. O que se recomenda ao moderador é lembrar a esses participantes que todos os pontos de vista são bem-vindos e que a intenção da reunião é compartilhar diferentes pontos de vista.

Errantes

Estes participantes são excessivamente prolixos e suas falas muitas vezes não têm sentido. Como se sentem confortáveis para falar, consomem um tempo muito precioso do grupo. Assim, recomenda-se que o moderador interrompa o contato visual com o divagador por algum tempo, olhando para outros participantes.

Tímidos e calados

Estes participantes participam pouco e falam com voz suave. Muitos deles podem ter contribuições para o grupo, mas requerem esforço adicional do moderador para incentivá-los a expressarem suas opiniões. Pode ser interessante colocar alguns desses participantes em locais que favoreçam o contato visual com eles, bem como chamá-los pelo nome e solicitar sua opinião.

Desatentos

São muitas as razões que levam alguns participantes a se manterem desatentos durante as sessões: estresse, ansiedade, uso de medicamentos etc. Como esses participantes têm dificuldade para manter a atenção na tarefa, podem ter dificuldade também para entender as perguntas. Uma estratégia que pode ser utilizada com esses participantes consiste, pois, em repetir a pergunta e, em seguida, perguntar se a pessoa tem alguma contribuição a fazer.

QUESTÕES PARA DISCUSSÃO

1. É frequente a situação em que as pessoas se manifestam de maneira muito vaga. O que o moderador pode fazer para incentivar a obtenção de informações adicionais?
2. Pode ocorrer, eventualmente, que o comportamento de um ou mais participantes venha a prejudicar o desenvolvimento de uma sessão de grupo focal. Que estratégias e táticas poderiam ser adotadas para afastar esses participantes?
3. Uma das vantagens do grupo focal é a possibilidade de analisar a expressão corporal dos participantes. Que providências devem ser tomadas para garantir que a observação da expressão corporal se dê com a maior objetividade possível?
4. A tomada de notas é atividade essencial no grupo focal, mas é necessário que ela se dê naturalmente. O que pode ser feito para que estas notas sejam úteis e tomadas sem provocar maiores constrangimentos para os participantes?
5. Algumas situações podem requerer a realização de grupos focais com maior rapidez. Que medidas podem ser tomadas para implementar grupos focais rápidos?

LEITURAS RECOMENDADAS

BARBOUR, Rosaline. *Grupos focais*. Porto Alegre: Penso, 2009.

A autora trata do lugar ocupado pelos grupos focais no contexto da pesquisa qualitativa. Trata, ainda, de tópicos como: seleção da amostra, generalização dos resultados, ética e engajamento e construção de significado nos grupos focais.

GATTI, Bernadete Angelina. *Grupo focal na pesquisa em ciências sociais e humanas*. Brasília, DF: Liber, 2012.

A autora trata da aplicabilidade dos grupos focais na pesquisa em ciências humanas e sociais. Aborda, dentre outros tópicos: potencialidade e limites dos grupos focais, composição dos grupos, duração dos encontros, papel do moderador e análise dos dados.

9

ANÁLISE DE DOCUMENTOS

Documentos são importantes fontes de dados nas pesquisas qualitativas. A consulta a fontes documentais é imprescindível nos estudos de caso e nas pesquisas etnográficas e assume papel complementar nas outras modalidades de pesquisa. Representa, com frequência, a primeira fonte a ser considerada nas pesquisas. Considere-se, por exemplo, que um pesquisador esteja empenhado na realização de uma pesquisa qualitativa no âmbito de uma organização empresarial. Com base em dados documentais, ele pode conhecer a estrutura e organização da empresa, identificar as principais características de seus integrantes, reconhecer sua missão, metas, políticas etc. Passa, então, a dispor de informações que o auxiliam na elaboração de pautas de entrevistas e roteiros de observação. Também é importante ressaltar que muitos dos dados pretendidos pelo pesquisador podem já estar disponíveis sob a forma de documentos. E o que é mais importante: os documentos constituem um meio para confrontar os dados obtidos mediante outros procedimentos, como observações e entrevistas.

Este capítulo é, pois, dedicado à utilização de documentos na pesquisa qualitativa. **Após estudá-lo cuidadosamente, você será capaz de:**

- definir o conceito de documento na pesquisa social;
- reconhecer a importância da utilização de documentos na pesquisa qualitativa;
- identificar vantagens e limitações do uso de documentos na pesquisa qualitativa;
- caracterizar as etapas da análise de documentos.

9.1 Conceituação

O termo documento evoca imagens como as de uma certidão, uma escritura, um diploma ou um pergaminho poeirento. No entanto, refere-se a um conceito muito mais amplo, derivado do latim *documentum*, e que tem muitos significados: ensino, lição, aviso, advertência, exemplo, indício, sinal, prova etc. Documento é, pois, um termo que pode ser utilizado para designar qualquer coisa que possibilita conhecer outras coisas. Corresponde, portanto, a qualquer informação registrada em algum suporte. Na pesquisa social, os dados documentais, embora referentes a pessoas, são obtidos de maneira indireta, sob a forma de papéis oficiais, registros estatísticos, fotos, discos, filmes etc.

De fato, na pesquisa social são considerados documentos não apenas os escritos utilizados para esclarecer determinada coisa, mas qualquer objeto que possa contribuir para a investigação de determinado fato ou fenômeno. Tradicionalmente, a pesquisa documental vale-se de dados apresentados em *registros cursivos*, que são persistentes e continuados, coligidos geralmente por organismos governamentais, como os registros de nascimento, casamento e óbito. Porém, utiliza também *registros episódicos e privados*, constituídos principalmente por documentos pessoais e por imagens visuais produzidas pelos meios de comunicação de massa. Pode valer-se, ainda, de dados designados como *encontrados*, que são constituídos não apenas por objetos materiais, mas também por vestígios físicos produzidos por erosão ou acumulação no meio ambiente (WEBB *et al.*, 1966). Um exemplo de erosão é o desgaste dos pisos, que denota a frequência do uso de determinadas áreas. Um exemplo de acumulação, por sua vez, é o lixo a ser recolhido, que pode indicar hábitos de consumo dos moradores de determinada localidade.

9.2 Utilização de documentos na pesquisa qualitativa

Em algumas ciências sociais, como economia e história, a documentação constitui a principal fonte de dados para suas pesquisas. Em outras ciências sociais, como sociologia e ciência política, também são realizadas pesquisas baseadas essencialmente em dados documentais, assumindo, geralmente, características de pesquisa quantitativa.

Nas pesquisas qualitativas, sobretudo nas realizadas no âmbito das chamadas ciências sociais aplicadas, como educação e administração, a documentação é normalmente utilizada com a finalidade de corroborar e valorizar as evidências oriundas de outras fontes. É o que ocorre especialmente nos estudos de caso e nas pesquisas etnográficas realizadas no âmbito de organizações.

Muitos são os documentos úteis nessas pesquisas: anúncios publicitários, manuais de procedimentos, atas de reuniões, relatórios anuais, memorandos, boletins informativos, folhetos, estatutos, regimentos, descrições de cargos, fotografias, códigos de ética, correspondência etc.

Os usos dos documentos na pesquisa qualitativa são os mais diversos. São úteis para confirmar a grafia correta, unidades, cargos ou nomes de organizações que podem ter sido citadas nas entrevistas. Mas também podem fornecer detalhes específicos para corroborar informações obtidas tanto mediante entrevistas quanto observações. Assim, se uma prova documental contradisser algum dado já obtido, o pesquisador pode, em vez de corroborá-lo, pesquisar o tópico com mais profundidade.

Análise de documentos

O principal valor da análise documental na pesquisa qualitativa é, pois, possibilitar a triangulação metodológica, que se refere ao uso de múltiplos métodos para obter dados tão completos e detalhados quanto possível sobre o fenômeno. Assim, os dados obtidos a partir de documentos são combinados com outros, obtidos geralmente mediante entrevistas e observações, possibilitando compreender melhor os diferentes aspectos da realidade, evitando os vieses provocados pela utilização de um método único.

9.3 Vantagens do uso de documentos na pesquisa qualitativa

Em muitas pesquisas qualitativas, o uso de documentos é imperativo porque constitui a única forma de obtenção de informação acerca de determinados problemas. No entanto, na maioria das vezes, os documentos são utilizados para corroborar resultados obtidos mediante outros procedimentos, já que não foram produzidos especificamente para atingir os objetivos da pesquisa. Assim, cabe esclarecer acerca das principais vantagens do uso de documentos na pesquisa qualitativa.

9.3.1 Possibilita o conhecimento do passado

A ênfase no caráter histórico dos fenômenos sociais tem sido utilizada como justificativa para a realização de pesquisas qualitativas. Daí a importância assumida pelos documentos quando contrastados com outras técnicas de coleta de dados. A observação, embora possibilite o conhecimento direto da realidade, restringe-se à compreensão de fenômenos contemporâneos. A entrevista, embora seja útil para o conhecimento do passado, possibilita a sua compreensão subjetiva, ou seja, a partir da perspectiva dos atores.

9.3.2 Possibilita a investigação dos processos de mudança social e cultural

Todas as sociedades estão continuamente mudando. Mudam as estruturas, as formas de relacionamento social, e a própria cultura. Para captar os processos de mudança, não basta observar as pessoas ou interrogá-las acerca de seu comportamento. Assim, fontes documentais tornam-se importantes para detectar mudanças na população, na estrutura social, nas atitudes e valores sociais etc.

9.3.3 Permite a obtenção de dados com menor custo

As entrevistas e as observações, mesmo quando conduzidas integralmente por um único pesquisador, demandam considerável período de tempo e, consequentemente, recursos financeiros. Já as atividades de pesquisa baseadas no uso de documentos mostram-se bem menos custosas, o que se torna altamente vantajoso quando se considera as dificuldades para obtenção de financiamento para pesquisa.

9.3.4 Favorece a obtenção de dados sem o constrangimento dos sujeitos

É amplamente reconhecida a dificuldade de obtenção de dados relacionados à vida íntima das pessoas. Muitas são as pessoas que se negam a responder sobre assuntos cuja resposta possa ser entendida como manifestação de comportamento antissocial ou que respondem de maneira inadequada. Nesse sentido, os dados obtidos a partir de documentos podem se mostrar mais confiáveis em pesquisas referentes, por exemplo, ao comportamento sexual ou à drogadição.

9.4 Limitações do uso de documentos na pesquisa qualitativa

Embora apresente múltiplas vantagens, o uso de documentos na pesquisa qualitativa também apresenta limitações.

9.4.1 Insuficiência para os propósitos da investigação

Muitas pesquisas quantitativas utilizam exclusivamente documentos como fonte de coleta de dados. Não é o que ocorre com as pesquisas qualitativas, que, de modo geral, requerem múltiplas fontes de evidência. Assim, é pouco provável que os dados disponíveis em documentos sejam suficientes para o alcance dos propósitos da investigação, sobretudo porque foram elaborados para servir a propósitos outros que não os da pesquisa.

9.4.2 Inacessibilidade

Muitos dos documentos de interesse para a pesquisa podem ser confidenciais e, consequentemente, não estarem disponíveis para os pesquisadores.

9.4.3 Autenticidade

O pesquisador precisa garantir que o documento consultado é genuíno e, consequentemente, que sua origem não pode ser questionada. Há casos em que os documentos não são o que parecem ser. Documentos legais, testamentos, cartas e diários podem ser forjados ou falsificados, e até mesmo obras literárias podem ser atribuídas a autores que não as escreveram (PLATT, 1981).

9.4.4 Credibilidade

Os documentos não foram produzidos para o benefício do pesquisador. Pode ser difícil, portanto, determinar se os documentos que estão sendo consultados estão livres de distorção. Pode até mesmo ocorrer que alguns documentos tenham sido elaborados com o propósito de enganar ou de influenciar seus leitores (SCOTT, 1990).

9.4.5 Falta de clareza ou imprecisão dos dados

Os dados contidos nos documentos podem estar incompletos ou imprecisos. Também podem ser difíceis de ler, por estarem escritos à mão ou por estarem danificados.

9.5 Tipos de documento

O conceito de documento adotado em pesquisa é bastante amplo. De fato, por documento entende-se qualquer fonte de dados já existente, qualquer vestígio deixado pelo ser humano. Logo, são muitas as fontes documentais que podem interessar aos pesquisadores que se dispõem a realizar uma pesquisa qualitativa. Qualquer tentativa de classificação dessas inúmeras fontes será, naturalmente, arbitrária. Mas, para os fins pretendidos, pode-se estabelecer a seguinte classificação: 1. documentos pessoais; 2. documentos administrativos; 3. material publicado em jornais e revistas; 4. publicações de organizações; 5. documentos disponibilizados na internet; 6. registros cursivos; e 7. artefatos físicos e vestígios.

9.5.1 Documentos pessoais

Quando se fala em documentos pessoais, pensa-se imediatamente naqueles que são fornecidos por órgãos públicos, como carteira de identidade, carteira profissional e título de eleitor. Há, no entanto, muitos outros documentos pessoais que podem interessar na pesquisa qualitativa, tais como: cartas, diários e autobiografias, *e-mails* e postagens nas redes sociais.

Uma das primeiras utilizações de documentos pessoais em pesquisas sociais aparece na obra *The Polish peasant in Europe and America*, de Thomas e Znaniecki (1919). Esses pesquisadores colocaram anúncios em jornais de língua polonesa em Chicago e, mediante pagamento, acumularam uma extensa coleção de cartas de e para imigrantes poloneses nos Estados Unidos, com a finalidade de verificar como a imigração afetou a estrutura e a organização de sua vida familiar. Até hoje as cartas pessoais são consideradas documentos importantes para revelar aspectos da vida social.

O valor das cartas como documentos pessoais já foi muito maior no passado. Em decorrência da ampla utilização do telefone, de *e-mails* e de redes sociais, as pessoas passaram a utilizá-las cada vez menos. Assim, maior importância vem sendo conferida ao estudo das comunicações que ocorrem entre as pessoas no mundo virtual, o que determinou até mesmo o desenvolvimento de uma nova modalidade de pesquisa, a netnografia, ou etnografia das comunidades *on-line* (KOZINETS, 2014), que analisa o comportamento de indivíduos e grupos sociais na internet e as dinâmicas desses grupos no ambiente *on-line*.

Diários também são importantes fontes documentais em estudos qualitativos. Abramson (1992) utilizou como fonte primária de um estudo o diário de seu avô, um imigrante judeu russo, que o havia iniciado em 1927, 20 anos antes de imigrar para a América, e finalizado oito dias antes de sua morte, em 1950. O *Diário de Anne Frank*, que relata o drama de uma jovem e de sua família perseguida pelos nazistas durante a Segunda Guerra Mundial, também pode ser tratado como exemplo de utilização de documentos pessoais na construção de um estudo de caso. Em sua versão mais recente (FRANK, PRESSLER, 2008), esse diário inclui trechos cortados por seu pai para a primeira publicação, em 1947, que mostram também os problemas e conflitos vividos pelo despertar da sexualidade na jovem.

O mesmo pode ser dito das autobiografias. Cite-se, a propósito, a de Hellen Keller (1939), a primeira pessoa surdo-muda a concluir um curso universitário, e a de Clifford Whittingham Beers (1908), escrita logo após o autor ter superado uma crise maníaco-depressiva, e que foi muito importante para a fundação do movimento de higiene mental nos Estados Unidos.

Outros documentos pessoais de interesse para o pesquisador social são: autobiografias, testamentos, álbuns de fotografias, coleções de fotografias e de vídeos, sermões de clérigos, relatos de viagens, memórias não publicadas e os *curricula vitae*. Lee (2003) lembra ainda que algumas pessoas deixam seus traços documentais até no fim da vida: as notas de suicidas.

9.5.2 Documentos de arquivos

Empresas, órgãos públicos, igrejas, hospitais, sindicatos, associações científicas e partidos políticos mantêm em seus arquivos registros de suas deliberações, correspondência recebida e expedida, informações sobre seus funcionários, registros contábeis etc. Para alguns estudos, os dados de arquivo são tão importantes que por si só podem fornecer elementos para a realização de pesquisas. Basta lembrar o notável trabalho de Émile Durkheim (2000), *O suicídio*, elaborado com dados obtidos de índices de suicídios de países europeus. Mas, nas pesquisas qualitativas, notadamente nos estudos de caso, os dados de arquivo devem ser utilizados em conjunto com outras fontes de informação, mesmo porque esses dados podem ter importância secundária.

A obtenção desses registros nem sempre é fácil. O acesso aos arquivos muitas vezes é limitado tão somente aos membros da organização, já que as informações neles contidas podem ser confidenciais. As organizações não podem dispor livremente das informações que, embora constantes de seus arquivos, referem-se a pessoas que têm direito à sua privacidade. Prontuários de arquivos médicos, por exemplo, só podem ser utilizados para fins de pesquisa quando os pacientes dão sua autorização por escrito.

9.5.3 Publicações de organizações

A maioria das organizações modernas gera publicações que são disponibilizadas para o seu público. Organizações empresariais elaboram comunicados acerca de seus serviços, prospectos, catálogos de produtos, informações acerca de sua utilização e muitas outras publicações publicitárias. Algumas empresas editam revistas que são distribuídas aos seus clientes. Também há empresas que, por conta da comemoração de jubileus, editam livros com informações históricas, fotografias, depoimentos de seus fundadores, gerentes e funcionários. Organizações sem fins lucrativos, por sua vez, elaboram, além de material para divulgação de suas atividades, publicações como

Análise de documentos

manuais de procedimentos e cartilhas. São documentos de interesse para estudos de caso, pois, mesmo não se referindo diretamente ao tópico da pesquisa, podem fornecer informações relevantes.

9.5.4 Documentos disponibilizados na internet

É cada vez maior a quantidade de documentos disponibilizados na internet. Muitos órgãos públicos, empresas e organizações sem fins lucrativos mantêm *sites* capazes de proporcionar muitas informações de interesse para os pesquisadores. São, no entanto, informações institucionais, preparadas muitas vezes com interesse publicitário, o que passa a requerer do pesquisador múltiplos cuidados no processo de análise.

9.5.5 Artefatos e traços materiais

Artefatos são objetos encontrados no local em que se realiza a pesquisa. Para os antropólogos, são artefatos: ferramentas, implementos, utensílios e instrumentos com que as pessoas lidam no seu dia a dia. Em um estudo realizado no âmbito de uma escola, por exemplo, poderiam ser considerados artefatos as carteiras, a lousa (ou o quadro branco), a mesa do professor ou da professora, o equipamento de vídeo, o cesto de lixo, os pincéis e o apagador. Numa pesquisa no setor de produção de uma empresa, poderiam ser considerados artefatos as máquinas, os equipamentos, as ferramentas e as placas sinalizadoras. Numa pesquisa realizada num centro cirúrgico, seriam exemplos de artefatos: mesas cirúrgicas, cestos, suportes de soro, monitores, carro de anestesia, material para sutura e curativos.

Traços materiais correspondem às mudanças no ambiente físico decorrentes da ação humana. Webb *et al.* (1966) os definem como vestígios físicos produzidos por erosão ou acumulação. Exemplos de dados de erosão são o desgaste de pavimentos, que denota a frequência do uso de áreas particulares, e as marcas de dedos nos livros, indicador da popularidade dos exemplares de uma biblioteca. Exemplos de dados de acumulação são o lixo deixado em determinados lugares e os grafitos encontrados nas paredes exteriores dos edifícios.

9.6 Etapas da análise de documentos

A análise de documentos, enquanto processo de coleta de dados, envolve diversas etapas, que podem variar conforme o tipo de pesquisa. As próximas seções abordam as principais etapas.

9.6.1 Identificação do material potencialmente relevante

A identificação do material relevante requer a definição clara dos objetivos da pesquisa. Por exemplo, em um estudo que tenha como objetivo verificar como os professores universitários lidam com a incumbência de preparar planos de ensino, é importante identificar documentos como: parâmetros curriculares correspondentes aos cursos mantidos pela instituição, normas da escola referentes à elaboração de planos, planos de ensino elaborados pelos professores, avaliação dos estudantes acerca da observância dos planos pelos professores.

A identificação de documentos pertinentes para a pesquisa, no entanto, não é algo que se defina de imediato. É possível que documentos relevantes não estejam entre os que habitualmente são considerados no trato diário com a questão. Por isso o pesquisador precisa ter uma mente aberta ao definir os documentos que poderão ser de interesse para levar a cabo uma pesquisa. Pode ocorrer que bilhetes manuscritos, listas de compras, rascunhos de projetos, recibos de prestação de serviços, comunicados de cobranças e até mesmo material descartado tenham apreciável valor documental.

9.6.2 Avaliação da qualidade dos documentos

Como os documentos não foram produzidos pelo pesquisador, torna-se necessário, após sua identificação, a avaliação de sua qualidade. Nesse sentido, Scott (1990) define quatro critérios para avaliação da qualidade dos documentos:

Autenticidade
É importante que o pesquisador faça uma série de indagações acerca de quão genuíno são os documentos em relação à sua solidez e autoria. Quem é o autor? Sob que condições foram elaborados? Em que se fundamentaram? Para que públicos foram destinados? Estão completos? Quais são os propósitos do autor? Existem outros documentos que os complementam?

Credibilidade
É preciso garantir que os documentos estão livres de erros e de distorções. Será que o autor fornece um relato verdadeiro da situação ou de alguma forma a distorce para melhorá-la?

Representatividade
É preciso considerar cuidadosamente quão típicos ou atípicos são os documentos, a fim de reconhecer os limites das conclusões que se tira deles. A sobrevivência e a disponibilidade dos documentos são fatores que podem limitar sua representatividade.

Significado
O documento só é adequado quando se mostra claro e compreensível pelo pesquisador.

9.6.3 Estabelecimento de um sistema de codificação e classificação dos documentos

Após verificação de sua autenticidade, passa-se ao estabelecimento de um sistema de codificação e classificação desses documentos. A partir daí, as etapas desse processo são semelhantes às adotadas com o uso de entrevistas e observação, mesmo porque, como acentuam Glaser e Strauss (1967), ao entrarem em contato com o material escrito, as pessoas conversam, adotam posições, argumentam com eloquência e descrevem cenas ou eventos de forma comparável à que é vista e ouvida durante o trabalho de campo. Assim, para a tarefa de categorização, podem ser utilizadas as categorias definidas por Spradley (1980), que foram consideradas na elaboração do plano de observação.

QUESTÕES PARA DISCUSSÃO

1. Considere a importância da análise de documentos escritos para conferir maior qualidade a pesquisas qualitativas.
2. Por que mensagens, fotos e vídeos postados nas redes sociais podem ser considerados documentos de interesse para a realização de pesquisas sociais?
3. Discuta o uso de documentos pessoais como material relevante nas pesquisas narrativas.
4. Considere como grafitos inscritos nas paredes externas de edifícios podem ser reconhecidos como documentos importantes em uma pesquisa social.
5. Os documentos elaborados por organizações apresentam, de modo geral, informações favoráveis a elas. Mas mesmo assim podem ser importantes para pesquisas. Por quê?

LEITURAS RECOMENDADAS

BAUER, Martin W.; GASKELL, George. *Pesquisa qualitativa com texto, imagem e som*: um manual prático. Petrópolis: Vozes, 2000.

Manual prático que trata de diferentes maneiras de coletar dados relacionados a texto, imagem e som: entrevistas individuais e grupais, entrevista narrativa, entrevista episódica, vídeo, filme e fotografias.

KOZINETS, Robert V. *Netnografia*: realizando pesquisa etnográfica online. Porto Alegre: Penso, 2014.

O autor, que é pioneiro nesta modalidade, apresenta as diretrizes metodológicas para a realização da netnografia, abordando definições, planejamento e procedimentos para a realização de pesquisas etnográficas.

10

ANÁLISE E INTERPRETAÇÃO DOS DADOS

Diferentemente da pesquisa quantitativa, em que a análise dos dados constitui uma etapa bem definida, na pesquisa qualitativa este processo ocorre concomitantemente à coleta de dados. Inicia-se, portanto, com a transcrição da primeira entrevista, com a elaboração da primeira nota de campo ou com a consulta ao primeiro documento. Isto não significa, porém, que, com a finalização da coleta de dados, o processo de análise esteja concluído. Diversas atividades precisam ser desenvolvidas para que a análise dos dados se efetive. Assim, foi elaborado este capítulo dedicado a esta que constitui a última etapa da pesquisa qualitativa. **Após estudá-lo cuidadosamente, você será capaz de:**

- caracterizar o processo de análise de dados na pesquisa qualitativa.

10.1 O processo de análise de dados na pesquisa qualitativa

A análise de dados na pesquisa qualitativa é um processo recursivo e dinâmico que se inicia concomitantemente à própria coleta de dados. É, também, um processo que não evolui de forma linear, mas avança em espiral, com sucessivas idas e vindas. Além disso, é um processo que ocorre de forma diversa, conforme as diferentes tradições de pesquisa qualitativa, embora seja possível definir alguns procedimentos que são comuns a essas abordagens.

10.1.1 Atividades analíticas que ocorrem durante a coleta de dados

Nas pesquisas qualitativas, o pesquisador, embora tenha definido objetivos e questões de pesquisa, não sabe exatamente o que será descoberto, nem em que aspectos vai se concentrar. O produto final da pesquisa é modelado pelos dados coletados e pela análise que acompanha todo o processo (MERRIAM; TISDELL, 2016). Sem uma análise contínua, os dados podem se tornar irrelevantes, repetitivos e extremamente volumosos. Daí as sugestões de Merriam e Tisdell (2016) relativas à análise dos dados à medida que estes emergem.

Tomar decisões que restrinjam o estudo
Se, ao longo da etapa de coleta de dados, o pesquisador não restringir sua quantidade de dados, correrá o risco de concluí-la com dados difusos e inadequados.

Tomar decisões relacionadas ao tipo de estudo que deseja realizar
É importante definir claramente o tipo de pesquisa a ser realizada. Por exemplo, se a pesquisa for fenomenológica, a ênfase deverá estar em dados referentes à experiência vivida. Porém, se for uma pesquisa etnográfica, deverá enfatizar aspectos relacionados à cultura da comunidade ou da organização.

Desenvolver perguntas analíticas
Estas perguntas são importantes porque conferem foco à coleta de dados e ajudam a organizá-los à medida que vão emergindo.

Planejar as sessões de coleta de dados de acordo com o que foi obtido nas observações anteriores
Convém reler os memorandos e as notas de campo à medida que se avança na coleta de dados.

Escrever muitos "comentários de observador"
Os memorandos e as notas de campo devem incluir comentários críticos acerca do que é dito ou observado.

Escrever memorandos para si mesmo sobre o que está aprendendo
Esses memorandos são úteis para favorecer a reflexão acerca das questões levantadas em campo e como estas se relacionam com as questões de pesquisa.

Trocar ideias com os participantes
Convém indagar aos participantes o que acham de algum padrão ou tema que esteja emergindo, visto que os informantes podem ajudar no avanço da análise, especialmente para aprofundar lacunas na descrição.

Análise e interpretação dos dados

> **Começar a explorar a literatura enquanto estiver em campo**
> É recomendável, ainda em campo, rever a literatura consultada no início do estudo, embora alguns autores, notadamente no campo da fenomenologia, façam ressalvas a essa postura.

> **Jogar com metáforas, analogias e conceitos**
> É recomendável, à medida que os dados vão surgindo, relacioná-los a conhecimentos prévios.

> **Usar dispositivos visuais**
> A visualização do que se está aprendendo – mediante diagramas e desenhos – pode trazer mais clareza à análise.

10.1.2 Etapas do processo de análise

Miles, Huberman e Saldaña (2014) veem o processo de análise como três fluxos concorrentes de atividade: 1. condensação dos dados; 2. apresentação dos dados; e 3. desenho e verificação da conclusão. A *condensação dos dados* refere-se ao processo de seleção, foco, simplificação, abstração e/ou transformação dos dados constantes das anotações de campo, transcrições de entrevistas, documentos e outros materiais empíricos. É, pois, um processo que ocorre continuamente ao longo da pesquisa e que continua após o término do trabalho de campo, até que o relatório final seja concluído. A *apresentação dos dados* consiste na elaboração de um conjunto organizado e compactado de informações que possibilita ao analista ver o que está acontecendo e tirar conclusões. Essas informações podem se apresentar sob a forma de matrizes, gráficos, tabelas e redes. O *desenho e verificação da conclusão*, por fim, consiste na interpretação do que as coisas exibidas significam, mediante a observação de padrões, explicações, fluxos causais e proposições. Este último fluxo, segundo os autores, pode ser breve, requerendo apenas uma volta às notas de campo, mas pode, também, ser mais completo e elaborado, com longas discussões e análises entre colegas, para desenvolver um "consenso intersubjetivo", ou com esforços para replicar as descobertas em outros conjuntos de dados.

Bazeley (2013) desenvolveu um esquema de análise de dados qualitativos constituído de três estágios, cujos passos são definidos por termos simples, elaborados com o propósito de favorecer a memorização. O passo inicial abrange: *leia* e *reflita*, *explore* e *jogue*, *codifique* e *conecte*, *revise* e *refine*. O desenvolvimento abrange: *descreva*, *compare* e *relacione*. A conclusão, por fim, abrange: *extraia* e *explique*, *sustente*, *defenda* e *estenda*.

Leia e *reflita* para obter uma perspectiva holística de cada fonte individual de dados e do projeto como um todo. *Explore* o terreno, não apenas o que é coberto pelos seus dados, mas também o que o rodeia. *Explore e jogue* com as possibilidades para estimular a imaginação e assim ver e testar as conexões. *Codifique* cuidadosamente para garantir familiaridade com os detalhes dos dados e obter uma base sólida de conceitos e categorias. *Conecte* para criar um enredo ou para entender mais profundamente como os participantes conferiram sentido às suas experiências. *Revise* e *refine* todo o processo de codificação, conectando e visualizando seus dados, para tornar mais transparentes as suas decisões.

Descreva o contexto do estudo para fornecer um pano de fundo e passe para o tema principal. *Compare* diferenças entre casos contrastantes, grupos demográficos ou variações de contexto para a categoria descrita. *Relacione* essa categoria a outras para desenvolver ideias claras acerca de como podem se encaixar.

Extraia e *explique* através da descrição, desenvolvimento da teoria e modelagem visual de maneira a criar foco, demonstrar coerência, evidência firme e argumentos sólidos. *Sustente* desenvolvendo e discutindo uma tese e construindo um modelo que junte tudo e o fundamente a partir de seus dados e análises. *Defenda* demonstrando que suas conclusões se baseiam nos dados. *Estenda* o que foi feito além da configuração imediata para tornar úteis as conclusões da pesquisa em um contexto mais amplo.

10.2 Análise dos dados nas diferentes modalidades de pesquisa qualitativa

As estratégias definidas por Miles, Huberman e Saldaña (2014) e Bazeley (2013) são úteis para proporcionar uma visão geral do processo de análise dos dados na pesquisa qualitativa. Mas, de modo geral, os pesquisadores, na etapa do planejamento, já optam por um delineamento específico de pesquisa. Cada uma dessas modalidades implica especificidades quanto à formulação das questões de pesquisa, à seleção da amostra e à determinação das técnicas de coleta de dados e estratégias analíticas. Assim, descrevem-se a seguir os procedimentos analíticos seguidos nas principais modalidades de pesquisa qualitativa: pesquisa narrativa, pesquisa fenomenológica, pesquisa etnográfica, teoria fundamentada, estudo de caso e pesquisa qualitativa básica.

10.2.1 Análise de dados na pesquisa narrativa

A análise dos dados na pesquisa narrativa consiste basicamente em contar as histórias coletadas. Existem, porém, diferentes opções de análise. A mais tradicional, que foi amplamente utilizada nas décadas de 1920 e 1930 pelos pesquisadores da Escola de Chicago, é a *abordagem cronológica*, que consiste basicamente em recontar as histórias garantindo que tenham começo, meio e fim.

Esta abordagem implica considerar as etapas:

1. *Reunião do material.* O material mais importante é o decorrente da transcrição das entrevistas, mas inclui também material documental e registros de observações pessoais. É importante cotejar os relatos dos participantes com outros materiais, como fotografias, documentos pessoais, vídeos etc. Depoimentos de pessoas que integram os grupos de relacionamentos também são importantes, assim como observações feitas nos ambientes em que essas pessoas vivem.

Análise e interpretação dos dados

2. *Organização do material.* Todo o material obtido é organizado. Esta organização é feita considerando etapas da vida das pessoas pesquisadas. Cada uma dessas etapas deve corresponder a eventos significativos da vida das pessoas.
3. *Reconstrução das histórias.* Como os relatos são feitos geralmente de maneira espontânea, é pouco provável que os participantes contem suas histórias observando uma sequência cronológica. Assim, cabe ao pesquisador, mediante a análise de seus elementos-chave, proceder à reconstrução das histórias. Esta reconstrução é essencial para que as experiências sejam apresentadas de maneira compreensível, o que requer do pesquisador que seja sensível à interação dos personagens da história, ao cenário das experiências e à continuidade do texto.

Outra abordagem é a que adota uma *estrutura literária* para análise dos dados narrativos. Para tanto, definem-se previamente alguns elementos que estruturam o enredo da narrativa. Nesse sentido, Yussen e Ozcan (1997) propõem uma abordagem concentrada na ação de indivíduos envolvidos em algumas atividades que buscam solucionar um problema. Assim, sugerem que a análise narrativa seja feita a partir de cinco elementos: personagens, ambiente, problema, ações e resolução.

Clandinin e Connelly (2020) adotam uma *perspectiva construtivista* na análise das narrativas. O construtivismo se baseia na concepção de que a realidade é um produto da própria construção; cada indivíduo vê e interpreta o mundo através de um sistema de crenças pessoais. Assim, consideram a pesquisa narrativa como uma forma de entender a experiência em um processo de colaboração entre pesquisador e pesquisado. Propõem, então, um modelo tridimensional, no qual a análise considera três elementos: interação, continuidade e situação. Neste modelo, a análise de interação envolve tanto as experiências pessoais do narrador quanto seu relacionamento com outras pessoas, que podem ter diferentes intenções, propósitos e pontos de vista. Na análise da continuidade, consideram-se as ações passadas e presentes do narrador, bem como ações que são suscetíveis de ocorrer no futuro. Para analisar a situação, o pesquisador procura locais específicos na paisagem do narrador que dão sentido à história, bem como sua localização física e as atividades que ocorreram nesses lugares e que afetaram suas experiências.

Riessman (2008) apresenta uma tipologia de análise narrativa composta por quatro modalidades: temática, estrutural, dialógica/de desempenho e visual. A *análise temática* leva os pesquisadores a trabalharem com vários casos e identificar temas comuns. Esta modalidade distingue-se, porém, da análise temática, que é desenvolvida na pesquisa fundamentada, pois é centrada nos casos, não tendo, portanto, o propósito de construir uma teoria entre os casos. A *análise estrutural* enfatiza como as histórias são contadas, já que a um único evento podem ser atribuídos significados variados. Essa modalidade, segundo a autora, pode ajudar na redução dos dados e na identificação de questões que podem ser perdidas na análise temática. A *análise dialógica/de desempenho* supõe que a narrativa é produzida interativamente pelo pesquisador e pelo participante. A linguagem e os contextos históricos e culturais influenciam a construção e o desempenho da narrativa. Para a autora, esta abordagem é adequada para analisar trabalhos que envolvem grupos focais, reuniões da comunidade e salas de aula. A *análise visual* considera elementos como fotografias, colagens, pinturas, autorretratos e diários em vídeo. Não se baseia apenas nas imagens, mas também nas interpretações dadas a cada uma delas.

10.2.2 Análise de dados na pesquisa fenomenológica

Uma das principais características da pesquisa fenomenológica é a flexibilidade. Assim, não se justifica definir antecipadamente os procedimentos a serem seguidos no processo de análise. Por outro lado, seguir a lógica fenomenológica nem sempre se mostra cômodo para os pesquisadores. Tanto é que Giorgi (2006), analisando um grande número de teses e dissertações, identificou como grandes dificuldades: a redução fenomenológica, a variação imaginativa e o *feedback* aos sujeitos. Diversos autores, no entanto, desenvolveram modelos sistemáticos de análise. O primeiro foi elaborado por Van Kaam (1959). Seguiram-se, dentre outros, os modelos de Stevick (1971), Colaizzi (1978), Keen (1975), Giorgi (1985), Hycner (1985).

Moustakas (1994) fundiu três desses modelos, criando o que denominou método modificado de Stevick-Colaizzi-Keen. Este método é reconhecido por muitos autores como um dos mais úteis e práticos para a análise na pesquisa fenomenológica. Uma versão simplificada deste método, elaborada por Cresswell (2014), apresenta as seguintes etapas:

Descrição das experiências pessoais com o fenômeno em estudo
O propósito desta descrição pessoal é, na medida do possível, excluir a experiência do pesquisador, para que o foco da pesquisa se direcione para os participantes.

Elaboração de uma lista de declarações significativas
Estas declarações, encontradas nas entrevistas ou em outras fontes, indicam como os participantes se relacionam com o fenômeno. É o que se denomina horizontalização dos dados, já que são tratados como se todos tivessem o mesmo valor. Na elaboração desta lista, o pesquisador precisa excluir as declarações repetitivas e sobrepostas.

Agrupamento das declarações significativas
As declarações significativas são agrupadas em unidades maiores de informação, denominadas temas ou unidades de significados.

Descrição textual da experiência
Consiste na descrição do "que" os participantes experimentaram com o fenômeno. Esta descrição considera os temas ou unidades de significado invariantes e deve incluir exemplos literais.

Análise e interpretação dos dados

> **Descrição estrutural da experiência**
> Consiste na descrição de "como" a experiência ocorreu. Isto implica a reflexão do pesquisador acerca do ambiente e do contexto em que o fenômeno foi experimentado.

> **Descrição composta do fenômeno**
> Esta descrição incorpora as descrições textual e estrutural em uma descrição universal da experiência, que representa toda a população estudada. Esta etapa corresponde à "essência" da experiência e constitui o aspecto culminante do estudo fenomenológico.

10.2.3 Análise dos dados na pesquisa etnográfica

Não existem fórmulas amplamente aceitas para promover a análise dos dados nas pesquisas etnográficas. Alguns autores chegam a afirmar que a análise dos dados na pesquisa etnográfica deve ser feita "sob medida" para satisfazer as exigências dos projetos, o que faz supor que a análise etnográfica seja em boa parte uma atividade artística, embora muita regularidade possa ser encontrada na maioria das descrições das etapas do processo de análise na pesquisa etnográfica (ANGROSINO, 2009).

A análise dos dados na pesquisa etnográfica inicia-se no momento em que o pesquisador seleciona o problema e só termina com a redação da última frase de seu relatório. Ao longo desse processo, várias etapas podem ser identificadas, mas não em uma sequência rígida. Elas podem ocorrer simultaneamente, e algumas delas podem até mesmo se repetir.

> **Organização dos dados**
> Na pesquisa etnográfica, os dados derivam de muitas fontes, sendo obtidos principalmente mediante entrevistas, observação e análise de documentos. Assim, torna-se necessário garantir que as entrevistas tenham sido transcritas, as observações em campo registradas e os documentos relevantes disponibilizados. Para facilitar o acesso a esse material, convém reuni-lo em pastas e arquivá-lo em suporte eletrônico.

> **Leitura do material**
> Todo o material escrito, como notas de campo, memorandos e transcrições de entrevistas, deve ser lido várias vezes. Outros materiais, como fotografias e vídeos, precisam ser analisados cuidadosamente. Esta leitura, que é de caráter exploratório, é importante tanto para relembrar detalhes que possam ter sido esquecidos quanto para incentivar a reflexão sobre sua relevância para a pesquisa.

Identificação de temas ou categorias

Mediante detida análise do material disponível, procede-se à identificação de temas ou categorias. Esse processo pode ser facilitado com o apoio do referencial teórico compulsado. Mas, como a pesquisa etnográfica privilegia os pontos de vista dos membros da comunidade, organização ou grupo que está sendo estudado, deve-se procurar também a identificação de "categorias locais de significados" nos dados (HAMMERSLEY; ATKINSON, 1995). Essas categorias constituem importantes componentes da pesquisa. Sua compreensão torna-se necessária para a construção de um modelo explicador da realidade. Assim, cabe investigar que significados os informantes atribuem aos termos utilizados. A conclusão desta etapa da pesquisa, por sua vez, dá-se mediante a elaboração de uma lista de categorias a partir dos dados.

Triangulação

A triangulação – tanto de dados quanto de métodos – é um processo básico na pesquisa etnográfica. A triangulação de dados, que é constituída pelo uso de várias fontes, permite verificar se o que está sendo investigado altera-se em circunstâncias diferentes. Assim, Denzin e Lincoln (2011) propõem que se estude o fenômeno em tempos, espaços e com indivíduos diferentes. A triangulação de métodos, por sua vez, consiste em utilizar diferentes técnicas com vistas a realçar ou descartar influências exteriores. Ela se mostra útil para promover a convergência dos resultados, contribuindo para sua validade. Quando, pois, se adota a triangulação de dados, reduzem-se os vieses ocorridos durante a coleta de dados e amplia-se a compreensão dos resultados da pesquisa.

Identificação de padrões

Para que um estudo etnográfico tenha valor, é necessário que seja capaz de acrescentar algo ao que já é conhecido. Isso não significa, porém, que deva obrigatoriamente proporcionar nova perspectiva teórica ao problema. O estudo pode ser reconhecido como válido quando se mostra capaz de levantar novas questões ou hipóteses a serem consideradas em estudos futuros. Porém, a identificação de padrões de pensamento e de comportamento é o objetivo mais procurado no processo de análise na pesquisa etnográfica. O que interessa ao pesquisador é principalmente verificar se, em meio à ampla diversidade de ideias e comportamentos manifestados por diferentes atores em diferentes situações, existe algo que pode ser definido como comum a todos ou à maioria (FETTERMAN, 2010). Esse processo se inicia geralmente com uma massa de ideias ou comportamentos indiferenciados. O pesquisador, mediante a identificação de semelhanças, diferenças e conexões entre os dados, percebe que alguma coisa se destaca como forma usual de pensar ou de agir no local. Progressivamente, mediante comparação e contraste, define um comportamento ou pensamento identificável. Tem-se, então, um padrão, ainda que definido de forma incipiente. Aí começam a emergir exceções à regra e detectam-se variações em relação ao modelo. Essas variações ajudam a circunscrever a atividade e a clarificar seus significados. Então, mediante novas comparações e combinações entre o modelo e a realidade observada, definem-se os padrões.

Análise e interpretação dos dados

> **Análise teórica**
> É o processo adotado para descobrir como se encaixam as partes identificadas ao longo do processo de análise, ou seja, para explicar a existência de padrões nos dados, ou para explicar as regularidades percebidas (ANGROSINO, 2009). É nesta etapa em que assume particular relevância a revisão da literatura, pois procede-se ao cotejo dos dados obtidos com formulações teóricas e resultados de outras pesquisas.

10.2.4 Análise dos dados na teoria fundamentada

Dentre todas as modalidades de pesquisa qualitativa, a teoria fundamentada é a que possibilita mais claramente identificar as etapas seguidas na análise dos dados. Tanto é que foi com o propósito explícito de auxiliar nesse processo que se elaborou um dos mais conhecidos *softwares* de apoio à pesquisa qualitativa: o Atlas.ti. Contudo, é preciso ressaltar que o mais importante no processo de análise de dados na teoria fundamentada é a sensibilidade teórica (GLASER, 1978), ou seja, a habilidade para reconhecer o que é importante nos dados e atribuir-lhes sentido. Essa sensibilidade deriva tanto da literatura técnica quanto da experiência profissional, mas também é adquirida ao longo do processo, mediante a contínua interação com os dados.

Embora seja possível identificar diferentes abordagens da teoria fundamentada, é possível definir de forma sequencial as etapas a serem seguidas ao longo da construção da teoria, que consistem essencialmente em um processo de codificação, que abrange: 1. codificação aberta; 2. codificação axial; e 3. codificação seletiva. Ao longo destas etapas, é de fundamental importância a elaboração de memorandos e diagramas. Os memorandos são úteis para indicar potenciais categorias de análise, bem como seus relacionamentos, ordenação e integração. Os diagramas, por sua vez, proporcionam a representação visual das relações entre os conceitos, contribuindo para a formulação da teoria e sua apresentação textual.

Codificação aberta. A primeira etapa do processo de análise é a codificação aberta, que tem como finalidade identificar conceitos a partir das ideias centrais contidas nos dados. Os conceitos são rótulos dados aos eventos, objetos ou ações que se manifestam nos dados, e são definidos por Strauss e Corbin (2008, p. 101) como os "blocos de construção da teoria". São eles que possibilitam agrupar eventos e ideias similares sob um sistema de classificação. Assim, nessa etapa, os dados são desmembrados, cuidadosamente examinados e comparados por similaridades e diferenças. Para realizar a codificação aberta, procede-se à transcrição de todo o material coletado, à análise cuidadosa de cada frase ou sentença, à seleção das palavras-chave e à determinação de um título ou código que represente um parágrafo ou unidade de ideias. Para facilitar este processo, podem ser utilizadas questões como: "O que está acontecendo?", "O que significa isto?", "O que esta pessoa está dizendo aqui?", "A respeito de que ela está falando?".

Segue-se o trecho de uma entrevista com um estudante universitário para uma pesquisa referente à escolha profissional. O estudante foi estimulado a falar sobre o assunto, mas o pesquisador não tinha uma relação prévia das perguntas. O que se pretende ilustrar é a conceituação, ou rotulação do fenômeno. Assim, os rótulos dos conceitos são apresentados em negrito.

> Acredito que muitos estudantes ingressam numa faculdade porque de fato têm inclinação para a profissão [**vocação**]. Outros escolhem porque já trabalham na área [**experiência na área**]. Outros só pensam em ganhar dinheiro [**interesse financeiro**]. Mas muitos escolhem um curso por influência de seus pais, irmãos, tios, avós etc. [**influência familiar**]. E também há os que escolhem um curso porque ele é valorizado pela sociedade [***status* social**]. Muitos alunos não têm uma noção exata do que é o curso [**nível de informação**]. Por essa razão é que muitos se formam e depois nem querem saber da profissão [**frustração**]. Seria muito bom se já no colégio os alunos fossem informados acerca dos cursos superiores [**orientação profissional**].

É importante interromper a codificação para anotar as ideias que vão surgindo (elaboração de memorandos). Esse procedimento vai conduzir à identificação de dezenas ou mesmo centenas de ideias devidamente rotuladas. Torna-se necessário, portanto, reduzir o número de unidades. Passa-se, então, ao processo de agrupamento dos conceitos que parecem pertencer ao mesmo fenômeno. Esse processo é denominado categorização, já que consiste na definição de conceitos mais abstratos, conhecidos como categorias.

Uma vez que as categorias são identificadas, passa-se a desenvolvê-las em termos de suas propriedades e dimensões e diferenciá-las, dividindo-as em subcategorias. As propriedades são características ou atributos, gerais ou específicos, de uma categoria. As dimensões, por sua vez, são representadas pela localização de uma propriedade ao longo de uma linha ou de uma faixa. Por exemplo, o conceito "*status* social" pode ter como propriedades: prestígio, poder e riqueza. Cada uma dessas propriedades pode ser dimensionada. Tanto o prestígio quanto o poder e a riqueza sofrem variações no âmbito dos grupos sociais estudados. As subcategorias, por fim, especificam melhor uma categoria ao procurar explicar quando, onde, por que, e como uma categoria tende a existir.

Codificação axial. A codificação axial é o processo de relacionar categorias às suas subcategorias. É denominada axial porque ocorre em torno do eixo de uma categoria, associando-a ao nível de propriedades e dimensões. Essa fase é requerida em razão do grande número de conceitos que geralmente são obtidos na codificação aberta. Seu propósito é reorganizar os dados com vistas a aprimorar um modelo capaz de identificar uma ideia central e suas subordinações.

Como na codificação aberta, o processo básico de trabalho nessa etapa consiste em fazer comparações e perguntas acerca dos dados, só que de maneira mais focalizada. Muitas vezes, torna-se necessário voltar a campo para aumentar os elementos de análise. Assim, as categorias já formadas são analisadas comparativamente, à luz dos novos dados que estão chegando, com vistas a identificar as mais significativas.

Análise e interpretação dos dados

Esse processo reduz, portanto, o número de categorias, posto que estas vão se tornando mais organizadas.

Suponha-se, por exemplo, que um pesquisador, após ter realizado entrevistas com universitários, pergunte a si mesmo: "O que parece estar acontecendo com estes estudantes?". Se a resposta indicar que muitos deles não estão satisfeitos com o curso que fazem, então o "nível de satisfação com o curso" pode ser designado como uma categoria. Categorias como "vocação", "expectativas de ganhos financeiros" e "dificuldade para aprender" ajudam a explicar por que os estudantes estão insatisfeitos com o curso, podendo, portanto, ser consideradas subcategorias.

Ao se trabalhar com dados reais, as relações entre fatos e acontecimentos nem sempre são muito evidentes. Como as associações entre categorias podem ser muito sutis e implícitas, convém elaborar um esquema para classificar e organizar as conexões emergentes. Um desses esquemas organizacionais é o que Strauss e Corbin (2008) denominam paradigma: uma ferramenta analítica que ajuda a reunir e a ordenar os dados sistematicamente, de forma que a estrutura e o processo sejam integrados. Os componentes básicos do paradigma são as condições, as ações/interações e as consequências. As condições são formas conceituais de agrupar respostas às questões "Por quê?", "Onde?", "De que forma?" e "Quando?". Juntas, elas formam a estrutura na qual os fenômenos estão incorporados. Sob essas condições, surgem ações/interações – representadas pelas questões "Quem?" e "Como?" –, que são respostas estratégicas ou rotineiras das pessoas ou grupos a questões, problemas, acontecimentos ou fatos. As consequências, por fim, são o resultado das ações/interações e são representadas por questões do tipo "O que acontece como resultado dessas ações/interações?".

Codificação seletiva. A codificação seletiva é a última etapa da análise de dados e pode ser definida como o processo de integrar e refinar categorias. É um processo que, a rigor, inicia-se com a primeira parte da análise e só se conclui com a redação final. O primeiro passo na integração é identificar a categoria central, que representa o tema principal da pesquisa. Essa categoria emerge ao final da análise e constitui o tema central ao redor do qual giram todas as outras categorias. Consiste em todos os produtos de análise, condensados em palavras capazes de explicar "sobre o que é a pesquisa" (STRAUSS; CORBIN, 2008).

Essa categoria central deve estar relacionada a todas as outras categorias importantes da pesquisa. Ela deve aparecer frequentemente nos dados, o que significa que em todos ou quase todos os casos há indicadores deste conceito. As relações com as outras categorias devem ser lógicas e consistentes. O nome ou a frase usada para descrevê-la deve ser suficientemente abstrata para que possa ser utilizada para a realização de pesquisas em outras áreas, levando ao desenvolvimento de uma teoria mais geral.

A identificação da categoria central requer capacidade de abstração e de discernimento. É comum pesquisadores iniciantes ou mal preparados ficarem atolados nos dados a ponto de não conseguirem obter a distância necessária para se comprometerem com a ideia central. Por essa razão, convém utilizar algumas técnicas para facilitar a identificação da categoria central e a integração dos conceitos. Entre elas, estão: a redação do enredo, o uso de diagramas e a revisão e organização de memorandos.

Construção da teoria. A teoria emerge do processo de codificação, mais especificamente da redução das categorias. Quando o pesquisador descobre uniformidades no grupo original de categorias e suas propriedades, e quando percebe que estas se tornam teoricamente saturadas, passa, então, a formular a teoria. Nesse momento, ele percebe que não mais emerge qualquer dado novo ou relevante; não surgem novas propriedades, dimensões ou relações. A quantidade de categorias, por sua vez, fica consideravelmente reduzida. O pesquisador prossegue, então, com a revisão, ordenação e integração dos memorandos. Naturalmente, o conteúdo desses memorandos é que constitui a base da teoria, mas a ordenação é a chave para sua formulação. As categorias e propriedades são ordenadas por similaridade, conexões e ordenamentos conceituais.

Após sua integração, tem-se, então, a emergência da teoria. Embora seja comum iniciar a construção de teorias sem qualquer conhecimento prévio, apelar para a literatura existente torna-se muito importante nesta última fase. O cotejo da teoria emergente com a literatura existente nessa fase final contribui para aumentar sua validade e confiabilidade. Também auxilia na construção de hipóteses, na delimitação das propriedades das categorias e na definição de seus códigos.

10.2.5 Análise de dados em estudos de caso

Os estudos de caso constituem provavelmente a mais adotada dentre todas as modalidades de pesquisa qualitativa. Tanto é que podem ser identificados múltiplos tipos de estudo de caso, tais como: casos únicos e múltiplos; exploratórios, descritivos, explicativos e avaliativos; etnográficos, históricos, psicológicos e sociológicos. Os estudos de caso também podem ser desenvolvidos segundo diferentes paradigmas ou perspectivas teóricas. É natural, portanto, que haja muitas formas de se proceder à análise de seus dados, desde as que adotam procedimentos quase estatísticos até as abordagens de imersão (STAKE, 1995; MERRIEN, 1998; GIL, 2009; MARTINS, 2010; BAZELEY, 2013; MILES; HUBERMAN; SALDAÑA, 2014; YIN, 2015).

Embora a análise dos dados em estudos de caso possa ocorrer de várias maneiras, três estratégias estão entre as mais utilizadas: descritiva, categórico-analítica e indutivo-analítica.

Estratégia descritiva. É a mais clássica das estratégias, tendo sido utilizada principalmente em estudos de caso único. É recomendada nos estudos que têm como propósito a descrição de um determinado caso, que pode se referir a um indivíduo, um grupo, uma organização ou uma comunidade.

Muito do sucesso na condução da análise de estudos de caso descritivos depende das habilidades do pesquisador, pois não existe um modelo analítico rígido para esses estudos. É possível, no entanto, indicar uma sequência de etapas que é seguida em muitos estudos caracterizados como etnográficos e que se mostra adequada para a maioria dos estudos descritivos:

1. *Criação e organização dos arquivos de dados.* Na organização desses arquivos, considera-se a forma de obtenção dos dados (entrevista, observação, documentos), a data de obtenção e a identificação do informante, quando for o caso.

2. *Definição de uma estrutura básica de análise*. Esta estrutura deriva dos objetivos da pesquisa. Por exemplo, em uma pesquisa que tem como objetivo descrever a identidade de uma comunidade, sua estrutura básica de análise poderia abranger os seguintes tópicos: 1. análise do ambiente físico; 2. análise do ambiente sociocultural; 3. imagem interna da comunidade; 4. sentimento de pertencimento à comunidade; e 5. disposição para atuar em prol da comunidade. Essa estrutura poderá sofrer modificações ao longo do processo de pesquisa, mas constitui uma antecipação da estrutura do relatório de pesquisa.
3. *Seleção dos dados significativos*. Esses dados podem se referir a trechos de entrevistas, registros de observações, excertos de documentos etc. Esses dados devem ser apresentados de forma sintética, mas suficiente para esclarecer seu significado.
4. *Organização do material*. O material selecionado é devidamente codificado e, então, organizado segundo as seções e subseções definidas na estrutura básica de análise.
5. *Triangulação dos dados*. Como todo o material obtido foi agrupado em seções ou subseções, passa-se então à sua triangulação, que consiste no cotejo entre os dados obtidos mediante as diferentes fontes de evidência (entrevistas, observação, documentação etc.).
6. *Exibição dos dados*. Para facilitar o processo de análise, recomenda-se a utilização de recursos gráficos, como diagramas e matrizes (ver 10.3.4).
7. *Atribuição de significados*. O processo de análise e interpretação dos dados culmina com a atribuição de significados aos achados. Há uma série de ferramentas analíticas que contribuem para esse fim, tais como: 1. contagem de ocorrências, tanto no âmbito de um único caso como entre os diferentes casos; 2. agrupamento de dados ou mesmo de categorias de dados; 3. redução do volume de dados; 4. identificação de padrões em decorrência da repetição da ocorrência dos dados; 5. análise da plausibilidade dos achados; e 6. construção de uma estrutura lógica capaz de comunicar a essência do que os dados revelam (PATTON, 2002; MILES; HUBERMAN; SALDAÑA, 2014).

Estratégia categórico-analítica. É a estratégia mais coerente com a perspectiva positivista, pois consiste no contraste dos dados obtidos empiricamente com os padrões definidos mediante a construção de um arcabouço teórico. Corresponde ao método de adequação ao padrão, definido por Yin (2014). É adequada para estudos de casos múltiplos, instrumentais e de caráter explicativo. Isto porque seus propósitos geralmente vão além da simples descrição dos casos, objetivando algum tipo de explicação ou o estabelecimento de algum tipo de relação entre variáveis. Ressalte-se, porém, que a adoção desta estratégia não possibilita o estabelecimento de amplas generalizações, como ocorre com os levantamentos, em que dados obtidos com a amostra são extrapolados para o universo que a contém.

Para que esta estratégia possa ser aplicada, o pesquisador precisa, antes de proceder à coleta dos dados, obter contribuições teóricas reconhecidamente importantes para a explicação dos fatos ou fenômenos. Essas contribuições podem se referir a modelos explicativos, hipóteses ou sistemas de classificação de fatos e fenômenos.

Nesta estratégia, os procedimentos analíticos podem ser definidos com mais clareza. Assim, podem ser identificadas as seguintes etapas do processo analítico:

1. *Criação e organização de arquivos de dados*. Este procedimento é semelhante ao adotado na estratégia descritiva.
2. *Determinação das variáveis e suas categorias*. De acordo com as proposições teóricas, devem ser identificadas todas as variáveis relevantes para o estudo, bem como suas categorias.
3. *Associação dos dados às respectivas variáveis e categorias*. Procede-se nesta etapa à identificação dos dados obtidos mediante entrevistas, observação e análise documental e à sua associação às variáveis consideradas relevantes. Cada uma das variáveis deve apresentar pelo menos duas categorias. Cada um dos dados identificados, por sua vez, deve ser incluído em uma das categorias de cada variável.
4. *Triangulação dos dados*. Os dados agrupados em categorias analíticas deverão ser cotejados quanto à forma de sua obtenção (entrevista, observação, documento etc.).
5. *Exibição dos dados*. Com os dados agrupados em categorias e organizados segundo os casos ou unidades de análise, procede-se à construção de matrizes para sua exibição (ver 10.3.4).
6. *Atribuição de significados*. Para atribuição de significados aos dados, também se utilizam as ferramentas recomendadas na estratégia descritiva. Mas, para conferir caráter explicativo ao estudo, torna-se importante também: 1. identificar relações entre variáveis; 2. identificar possíveis variáveis intervenientes; e 3. construir a cadeia lógica de evidências (PATTON, 2002; MILES; HUBERMAN; SALDAÑA, 2014).

Estratégia indutivo-analítica. Esta estratégia é adotada quando o pesquisador tem como objetivo a realização de um estudo explicativo sem a definição prévia de um arcabouço teórico para fundamentar a análise dos dados. Sua origem está em um dos mais antigos métodos utilizados na pesquisa qualitativa: a indução analítica (ZNANIECKI, 1934). Esse método se inicia com o estudo de um pequeno número de casos relativos ao fenômeno a ser explicado. A seguir, o pesquisador formula uma hipótese e novos casos são examinados, até que apareça algum caso negativo. Então, o pesquisador pode alterar a hipótese, integrando os elementos explicativos que permitem entender o caso ou modificar a definição do objeto.

Mas é com base nos trabalhos de Glaser e Strauss (1967) que esta estratégia é definida aqui, já que não prevê o estabelecimento de hipóteses prévias e apropria-se dos conceitos de comparação constante e saturação teórica, que caracterizam a teoria fundamentada nos dados (*grounded theory*). Trata-se, portanto, de estratégia que não estabelece pressupostos teóricos e que, mesmo sem ter necessariamente o propósito explícito de construir uma teoria, busca uma explanação acerca dos fatos, o que envolve proposições teoricamente significativas (HAMMERSLEY, 2010). Suas etapas são:

1. *Análise do primeiro caso*. Procede-se à leitura dos textos correspondentes às entrevistas, observações e documentos do primeiro caso. Identificam-se assertivas significativas relacionadas à proposição inicial. São, então, estabelecidos códigos para cada assertiva.

Análise e interpretação dos dados

2. *Análise do segundo caso e cotejo com o primeiro*. Procede-se à análise dos dados contidos no segundo caso, de forma semelhante ao primeiro. Cotejam-se, a seguir, os dois casos, buscando evidenciar as semelhanças e diferenças. As informações novas, por sua vez, gerarão novos códigos.
3. *Análise dos novos casos e cotejo entre eles*. Prossegue-se com a análise comparativa dos novos casos, buscando-se sempre evidenciar as semelhanças e diferenças. Provavelmente, à medida que se avança na análise dos casos, a quantidade de informações novas diminuirá. Quando novos elementos significativos não mais aparecerem, é porque foi atingida a saturação teórica.
4. *Análise conjunta dos casos*. Os casos são analisados em conjunto. Este processo fica facilitado quando se constroem matrizes que possibilitam observar as variações entre os diferentes casos em relação aos fatores que se mostraram relevantes na explicação dos fenômenos.

10.2.6 Análise dos dados na pesquisa qualitativa básica

Como a pesquisa qualitativa básica não é guiada por um conjunto explícito ou estabelecido de premissas filosóficas, fica difícil determinar a sequência de procedimentos a serem seguidos no processo de análise. Assim, a análise dos dados nessa modalidade de pesquisa tende a ser desenvolvida com elevado grau de flexibilidade. Enquanto alguns pesquisadores adotam uma postura de profunda imersão nos dados, outros valem-se de procedimentos que podem ser considerados quase quantitativos.

Constata-se, porém, que uma das formas mais comuns de análise nas pesquisas qualitativas cujos atores não reivindicam nenhuma perspectiva metodológica para efetivar seus estudos vem sendo a análise temática (BRAUN; CLARKE, 2015). Isso se justifica porque, além de se caracterizar pela flexibilidade, a análise temática mostra-se compatível com trabalhos caracterizados por diferentes abordagens metodológicas.

A análise temática fundamenta-se na fenomenologia e na *grounded theory*. Assim, enfatiza tanto a experiência humana subjetiva quanto o processo de codificação. Constitui, pois, um processo que se concentra no exame de temas e na análise das relações que existem entre eles, indo além da simples contagem de palavras ou frases. O processo básico para o desenvolvimento de temas é a codificação. Porém, a codificação na análise temática pode ocorrer tanto pela via indutiva quanto pela dedutiva, o que significa que pode ser orientada por algum tipo de teoria, mas também voltar-se para desenvolver algum tipo de teorização.

Fase 1: familiarização com os dados

Esta fase é constituída de uma imersão nos dados para garantir familiaridade com sua profundidade e com a amplitude de seu conteúdo. Esta imersão envolve a leitura repetida dos dados de maneira ativa, buscando significados e padrões, e assim por diante. É recomendável nesta fase começar a tomar notas ou registrar ideias para a codificação a ser feita posteriormente.

Fase 2: geração dos códigos iniciais
Esta fase se inicia com a familiaridade com os dados e a geração de uma lista inicial de ideias acerca do que se mostra interessante no que está contido nos dados. Envolve, portanto, a produção dos códigos iniciais a partir dos dados. Os códigos são importantes porque se referem ao segmento ou elemento mais básico dos dados brutos que podem ser avaliados de maneira significativa em relação ao fenômeno.

Fase 3: procura dos temas
Esta fase se inicia quando todos os dados foram inicialmente codificados e já se dispõe de uma longa lista de códigos. É, pois, a fase em que, mediante a análise dos códigos e de seu agrupamento, busca-se identificar os temas potenciais. Recomenda-se nesta fase a utilização de representações visuais para ajudar na classificação dos diferentes códigos em temas.

Fase 4: refinamento dos temas
Esta fase se inicia quando já se dispõe de um conjunto de temas potenciais e passa-se ao seu refinamento. Fica evidente, durante esta fase, que alguns dos temas potenciais identificados não são realmente temas. Pode ocorrer que os dados, por serem muito diversificados, não sejam suficientes para suportá-los. Pode ocorrer, também, que potenciais temas entrem em conflito uns com os outros, recomendando-se seu agrupamento para formar um único tema. Pode ocorrer, ainda, que outros temas precisem ser divididos em temas separados.

Fase 5: definição e nomeação dos temas
Esta fase se inicia quando já se dispõe de um mapa temático satisfatório dos dados. Cabe, então, refinar mais ainda os temas a serem apresentados e analisar os dados dentro de cada um deles. Braun e Clarke (2015) entendem a definição e o refinamento como a identificação da essência de cada tema e a determinação dos aspectos que cada um deles captura. Ainda, para cada tema definido e nomeado, é preciso escrever a "história" que ele conta e considerar como ele se encaixa na "história geral" mais ampla. E, como parte do refinamento, é preciso identificar se um tema contém ou não subtemas, o que pode ser útil para conferir estrutura a temas muito amplos ou complexos.

Fase 6: elaboração do relatório
Esta fase se inicia quando já se tem um conjunto de temas totalmente elaborados e envolve a análise final e a redação do relatório. A tarefa de redigir a análise temática consiste em contar a história complicada de seus dados de uma maneira que convença o leitor do mérito e validade de sua análise. É importante que este relatório forneça um relato conciso, coerente, lógico, não repetitivo e interessante da história que os dados contam. Convém, para tanto, escolher exemplos vívidos ou extratos que capturam a essência do que está sendo demonstrado.

Análise e interpretação dos dados

10.3 Uso do computador na análise de dados qualitativos

Softwares de análise de dados qualitativos – também conhecidos pelo acrônimo CAQDAS (Computer-Assisted Qualitative Data Analysis Software) – vêm sendo utilizados na pesquisa qualitativa desde o final da década de 1980. Esses *softwares*, que vêm se tornando cada vez mais sofisticados, constituem importantes auxiliares dos pesquisadores no gerenciamento e análise de dados qualitativos. Mas, diferentemente dos *softwares* de análise de dados quantitativos, que efetivamente realizam análise, os CAQDAS são ferramentas de apoio à análise qualitativa. Basta considerar que são, por definição, *softwares* de análise qualitativa assistida por computador. O computador assiste; quem analisa os dados é o pesquisador.

10.3.1 Como os *softwares* auxiliam na análise dos dados

Não há como deixar de reconhecer o valor desses *softwares* na pesquisa qualitativa, mesmo naquelas que utilizam pequenas bases de dados. Basta considerar a multiplicidade de funções que são capazes de executar:

Armazenamento e organização dos dados
Permite o armazenamento e organização dos dados obtidos sob a forma de transcrição de entrevistas ou de um conjunto de notas de campo. Possibilita também o armazenamento de dados disponibilizados sob outras formas, inclusive sons e materiais visuais, como fotografias, cópias de documentos e vídeos. Possibilita, ainda, o armazenamento de memorandos e a anexação de notas a segmentos de texto.

Verificação da frequência de ocorrência de palavras
Possibilita, além da busca de palavras e expressões específicas, a localização de palavras com significados similares.

Codificação de palavras e segmentos de texto
Possibilita atribuir códigos a palavras, segmentos de texto, fotografias, cenas de vídeo etc. Possibilita, ainda, a organização hierárquica desses códigos.

Localização de segmentos de texto associados a um código ou tema
Possibilita a localização de segmentos de texto associados a dois ou mais códigos e a comparação entre eles, visando a formação de agrupamentos ou redes conceituais.

> **Visualização do relacionamento entre códigos e temas**
> Possibilita a construção de gráficos indicando a proximidade de palavras ou expressões. Possibilita, também, a criação de matrizes e diagramas indicando o relacionamento hierárquico entre códigos e temas.

10.3.2 Riscos associados à utilização do computador na análise de dados qualitativos

A mais fundamental dentre todas as funções desses *softwares* é a codificação dos dados. O pesquisador identifica um segmento de texto ou de imagem e lhe atribui um código. Procura, então, na base de dados, todos os segmentos de texto que têm o mesmo código e, a partir daí, desenvolve sua análise. O processo de codificação fica muito facilitado com o uso do *software*, já que este não apenas possibilita a codificação automática dos códigos, mas também oferece sugestões de codificação com base em códigos atribuídos anteriormente. Alguns desses *softwares* possibilitam, ainda, codificar sequências de arquivos de áudio ou vídeo e partes de imagens.

No entanto, é justamente essa facilidade em relação à codificação que conduz a uma das mais dramáticas formas de utilização dos *softwares*, que é a tentação de substituir a análise pela codificação. A apresentação dos resultados da codificação, que é oferecida de forma ordenada, quando combinada a uma árvore de codificação bem estruturada, pode levar o pesquisador a considerar o processo analítico suficiente e encerrá-lo por aí. Mas a codificação indutiva dos dados, sobretudo quando aplicada a termos e frases utilizadas pelos próprios participantes (*in vivo*), conduz a descrições resumidas e não propriamente a análises.

Outro risco associado à utilização dos *softwares* é a atração da teorização indutiva, que é a proposta da *grounded theory*, que estimulou o desenvolvimento do *software* Atlas.ti. Graças a esse programa e aos que surgiram depois, tornou-se muito fácil codificar e organizar os dados de forma a "construir uma teoria". De fato, a proposta dos idealizadores da *grounded theory* foi a de teorizar pela via indutiva. Porém, a habilidade mais importante requerida do pesquisador foi definida como a "sensibilidade teórica", que certamente não é obtida mediante o tratamento dos dados por via eletrônica. Por outro lado, se, de acordo com essa perspectiva, não é recomendada a fundamentação teórica da pesquisa antes da coleta de dados, isso não significa que não se deva, após a sua coleta, desconsiderar contribuições teóricas.

10.3.3 Programas disponíveis para análise de dados na pesquisa qualitativa

O primeiro programa desenvolvido com a finalidade explícita de auxiliar na análise de dados qualitativos foi o Ethnograph, criado em 1985 e ainda muito utilizado em pesquisa etnográfica. Outro programa importante é o Atlas.ti (Archiv fur Technic,

Análise e interpretação dos dados

Lebenswelt und Alltagssprache), disponibilizado em 1983 e desenvolvido com o propósito explícito de contribuir para a construção de teorias fundamentadas. Muitos outros programas foram desenvolvidos e comercializados, tais como: MAXQDA, NVivo, Quirkos, HyperRESEARCH e Qualtrics.

Também existem *softwares* livres, como: Coding Analysis Tolkit, Free QDA, QDA Miner Lite, Text Analysis Markup System (TAMS), AQUAD 7, Weft QDA e Cassandre. Outro *software* livre, o Iramuteq (acrônimo de Interface de R pour les Analyses Multidimensionnelles de Textes et de Questionnaires), embora ligado a um pacote estatístico, também é muito utilizado em pesquisas qualitativas, visto incluir outras formas de análise, como: pesquisa de especificidade de grupos, análise de similitudes e nuvem de palavras.

10.3.4 Exibição dos dados

Nos estudos quantitativos, os dados são representados por meio de tabelas e gráficos. Dessa forma, o pesquisador passa a dispor de meios para organização, sumarização e análise objetiva dos resultados. Nas pesquisas qualitativas, no entanto, esses instrumentos não são aplicáveis, já que a base para sua construção é a existência de números, que são essenciais para estabelecer tanto os limites das categorias analíticas quanto a frequência de ocorrência dos casos.

A forma tradicional de análise nas pesquisas qualitativas consiste na identificação de alguns tópicos-chave e na consequente elaboração de um texto discursivo, tarefa esta que depende fundamentalmente das competências do pesquisador, que precisa combinar uma boa dose de intuição com habilidades analíticas e discursivas. Contudo, é possível a utilização de instrumentos para organizar, sumarizar e relacionar os dados. Trata-se dos instrumentos de exibição dos dados (*displays*), constituídos por figuras, mapas, matrizes, diagramas e redes, que contribuem tanto para a identificação de fatores-chave ou variáveis relevantes como para a verificação das relações entre eles.

Dentre estes instrumentos, os mais utilizados nas pesquisas qualitativas – principalmente nos estudos de caso – são as matrizes e os diagramas. Matrizes são arranjos constituídos por linhas e colunas que organizam os dados, facilitando sua interpretação. Diagramas são representações gráficas que descrevem os dados e evidenciam os vínculos existentes entre os elementos que estão sendo estudados.

Para a construção de tabelas e gráficos, que são os instrumentos mais utilizados para a exibição de dados nas pesquisas quantitativas, há critérios bem definidos pelas Normas de Apresentação Tabular do IBGE. O mesmo, porém, não ocorre em relação às matrizes, diagramas e outros instrumentos de exibição de dados adotados nas pesquisas qualitativas. Sua construção depende principalmente das habilidades do pesquisador, que dispõe de ampla liberdade para desenvolver modelos próprios adequados às características de seus estudos.

Miles, Huberman e Saldaña (2014) ressaltam que a preocupação do pesquisador não deve ser construir uma matriz correta, e sim funcional, sugerindo que procure inventar o formato mais adequado. Diversos aspectos, todavia, precisam ser considerados na construção das matrizes e diagramas: 1. A pesquisa é exploratória ou descritiva?; 2. Se for um estudo de caso, é de caso único ou de múltiplos casos?; 3. As categorias são ordenadas por algum critério, como força ou intensidade das variáveis, tempo ou papéis dos participantes?; 4. Que categorias de variáveis (relativas a indivíduos, papéis, grupos, locais etc.) serão consideradas para definir as linhas e colunas?; 5. Quantas dimensões serão consideradas em cada categoria?; 6. Que dados serão incluídos nas células?

O mais fundamental para proporcionar a análise são os dados inseridos no interior das células constituídas pela intersecção das linhas e colunas. Nestas, o pesquisador insere pequenos blocos de texto, constituídos por frases, citações, símbolos, abreviaturas etc. Mediante comparação desses dados, o pesquisador vai identificando semelhanças, contrastes e regularidades que possibilitam sua análise e interpretação. Muitas vezes, o pesquisador, mediante a identificação de novos dados ou reinterpretação dos existentes, constrói novas matrizes, com a agregação de novas variáveis ou categorias, o que vem a permitir resultados mais refinados, mas sempre garantindo a análise do caso como um todo.

Miles, Huberman e Saldaña (2014) apresentam um grande número de instrumentos de exibição de dados aplicáveis às pesquisas qualitativas em diferentes níveis: exploração, descrição, ordenação, explanação e predição. Dentre as matrizes, apresentam: 1. para exploração, resumo provisório do caso, matriz de efeitos explicativos e tabela de resumo da análise de conteúdo; 2. para descrição, matriz ordenada por função, quadro de contexto, matriz agrupada conceitualmente e mapas cognitivos; 3. para ordenação, matriz de listagem de eventos, matriz ordenada pelo tempo, rede de estado do evento e meta-matriz descritiva ordenada por caso; 4. para explanação, matriz de efeitos, matriz dinâmica de casos, cadeia causal e redes causais; e 5. para predição, matriz de previsão-resultado-consequências e modelos de predição causal.

Uma das modalidades de matriz adotadas em estudos descritivos é a matriz ordenada por funções, que traça as características relevantes dos participantes de um estudo. O Quadro 10.1 indica como foi estruturada uma matriz desse tipo para uma pesquisa que tem como objetivo verificar como funcionários que exercem diferentes funções em uma organização reagem à introdução de novas tecnologias de produção. O problema de pesquisa foi subdividido em quatro questões: 1. "Que aspectos da introdução da tecnologia são considerados mais relevantes pelos funcionários?"; 2. "Que benefícios creem que as novas tecnologias podem trazer para a empresa?"; 3. "Que dificuldades veem na introdução das novas tecnologias?"; 4. "Que consequências antecipam em relação à sua situação na empresa?". A matriz foi organizada indicando em suas linhas os funcionários distribuídos por funções desempenhadas na empresa e, nas colunas, os assuntos a que se referem as questões. Cada uma das células definidas pelo cruzamento das linhas com as colunas é destinada à indicação das reações dos funcionários.

Análise e interpretação dos dados

Quadro 10.1 Matriz ordenada por funções: reações de funcionários à introdução de novas tecnologias de produção

Setor de atuação	Aspectos considerados mais relevantes	Benefícios percebidos	Dificuldades percebidas	Consequências antecipadas
Produção				
Marketing				
Finanças				
Recursos Humanos				

Outra modalidade é a matriz de efeitos, utilizada para exibir dados referentes a efeitos previstos nos estudos. Esses efeitos são sempre resultado de alguma coisa, o que faz com que a matriz de efeitos tenha como foco as variáveis dependentes. O Quadro 10.2 refere-se a uma matriz construída para a avaliação dos efeitos da introdução do agendamento eletrônico de consultas em unidades de serviços públicos de saúde. As colunas indicam os efeitos na estrutura, no funcionamento e no clima organizacional. As linhas, por sua vez, indicam categorias correspondentes ao nível de implantação dos serviços.

Quadro 10.2 Matriz de efeitos: efeitos da implantação do agendamento eletrônico em unidades de serviço público de saúde

Nível de implantação	Efeitos		
	Na estrutura	No funcionamento	No relacionamento interpessoal
Alto	Unidade 1		
	Unidade 2		
Médio	Unidade 3		
	Unidade 4		
Alto	Unidade 5		
	Unidade 6		

Redes são agrupamentos de nós conectados por linhas que exibem fluxos de ações, eventos e processos dos participantes. Elas evidenciam conceitos-chave ou variáveis, e os relacionamentos que se estabelecem entre eles. Prestam-se a abordagens que recriam a trama dos eventos ao longo do tempo, além de mostrarem complexas inter-relações entre variáveis, o que nem sempre é possível nas representações feitas mediante o auxílio de matrizes.

A construção de redes é bastante facilitada com o uso de programas de computador. Alguns desses programas, como o Atlas.ti, possibilitam indicar inclusive a natureza da relação entre os conceitos ou variáveis, estabelecendo seis relações-padrão: "está associado a", "faz parte de", "é causa de", "contradiz", "é um" e "é propriedade de". Mas é importante ressaltar que o programa não é capaz de identificar a natureza das relações. Isso continua sendo tarefa do pesquisador, que pode substituir, modificar ou suplementar os títulos.

10 — Análise e interpretação dos dados

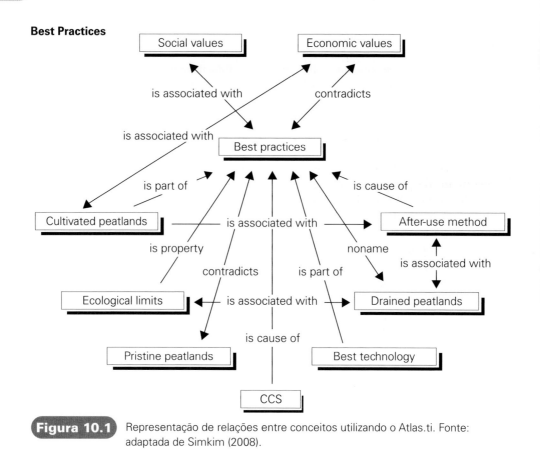

Figura 10.1 Representação de relações entre conceitos utilizando o Atlas.ti. Fonte: adaptada de Simkim (2008).

QUESTÕES PARA DISCUSSÃO

1. Reflita acerca da dificuldade para estabelecer um plano de análise na pesquisa qualitativa, considerando que nesta modalidade de pesquisa a análise se inicia com as primeiras atividades relacionadas à coleta de dados.

2. Os memorandos são utilizados nas organizações com o propósito de estabelecer comunicações breves entre os agentes. Nas pesquisas qualitativas, porém, são elaborados como lembretes que o pesquisador faz para si mesmo. Discuta as razões que determinam este uso.

3. As pesquisas qualitativas caracterizam-se pela coleta de grandes quantidades de dados. Para que sua análise se efetive, é necessário que estes passem por um processo de redução. Considere, pois, os riscos a que os pesquisadores estão sujeitos neste processo.

4. Programas de computador constituem importantes auxílios no processo de análise de dados nas pesquisas qualitativas. Com frequência, porém, tendem a ser utilizados de forma inadequada. Discuta, então, as razões que levam pesquisadores

a buscar sua utilização, considerando que estes programas apenas apoiam a pesquisa, não produzem análises.

LEITURAS RECOMENDADAS

MILES, Matthew B.; HUBERMAN, A. Michael; SALDAÑA, Johnny. *Qualitative data analysis*: a methods sourcebook. Thousand Oaks: Sage, 2014.

Obra clássica de pesquisa qualitativa. Essa edição apresenta os fundamentos do delineamento da pesquisa e da análise dos dados. Enfatiza a elaboração de matrizes e redes para exibição de dados com vistas à exploração, descrição, ordenação, explanação e predição.

BRUNSTEIN, Janete *et al.* (orgs.) *Análise de dados qualitativos em pesquisa*: múltiplos usos em administração. São Paulo; Rio de Janeiro: Editora Mackenzie; Editora FGV, 2020.

Coletânea que apresenta distintas possibilidades de análise de dados qualitativos, abrangendo pesquisa narrativa, pesquisa etnográfica, análise do discurso, teoria fundamentada, pesquisa fenomenológica, análise hermenêutico-fenomenológica da conversa, dentre outras. Além disso, inclui discussões epistemológicas e paradigmáticas sobre a construção de teorias com dados qualitativos; ética na pesquisa; o ensino de análise qualitativa, entre outras.

11
REDAÇÃO DO RELATÓRIO DE PESQUISA

Bogdan e Biklen (2007) consideram os pesquisadores qualitativos afortunados porque não precisam submeter-se às rígidas normas que orientam a redação de relatórios de pesquisa. De fato, não existe uma convenção universalmente aceita para escrever um relato de pesquisa qualitativa. O pesquisador dispõe de muitas opções de estilos de apresentação. Pode adotar, como nos estudos de caso – que não raro contêm matrizes e diagramas – um estilo muito semelhante ao dos estudos quantitativos. Mas pode, também, adotar formas nada tradicionais, como contar uma história repleta de eventos dramáticos.

Esta ampla gama de opções não significa, no entanto, que qualquer coisa possa ser feita à guisa de relatório de pesquisa qualitativa. Até mesmo por respeito a seus leitores, o pesquisador qualitativo precisa observar boas normas de apresentação de trabalhos científicos. Assim, foi elaborado este capítulo voltado à redação do relatório de pesquisa qualitativa. **Após estudá-lo cuidadosamente, você será capaz de:**

- definir critérios para redação do relatório de pesquisa qualitativa;
- reconhecer estilos de redação adequados ao relato de pesquisas qualitativas;
- estruturar o relatório de pesquisa;
- inserir falas dos participantes da pesquisa no relatório de pesquisa;
- combinar as falas dos participantes com os comentários do pesquisador.

11.1 O relatório na pesquisa qualitativa

Nas pesquisas definidas como quantitativas, a redação do relatório pode ser vista como uma etapa de execução relativamente simples, pois segue uma estrutura bem definida. A primeira seção refere-se à definição, contextualização e delimitação do problema e à indicação das razões que justificaram a realização da pesquisa. A segunda consiste na revisão da literatura, com a apresentação sintética dos conteúdos das obras utilizadas para conferir fundamentação conceitual e teórica à pesquisa. A terceira esclarece acerca do método, com a apresentação da modalidade de pesquisa, da seleção e extensão da amostra, bem como das técnicas de coleta e análise de dados. A quarta é dedicada à apresentação, análise e discussão dos resultados. A quinta, por fim, apresenta as conclusões do estudo e as sugestões para futuras pesquisas.

A redação do relatório de pesquisas qualitativas, no entanto, exige muito mais do pesquisador. Diversos fatores concorrem para torná-la uma tarefa mais complexa. Os dados geralmente são muito numerosos e obtidos de formas diferentes, tornando-se necessária sua seleção e organização não apenas para fins de análise, mas também de apresentação. Assim, pode-se dizer que o processo de redação nesse tipo de pesquisa se inicia não após a coleta de todos os dados, mas tão logo tenha sido realizada a primeira entrevista, registrada a primeira observação ou analisado o primeiro documento.

O modelo clássico de redação de relatórios científicos nem sempre se ajusta às pesquisas qualitativas. Por isso, é frequente a situação de muitos pesquisadores que se sentem "perdidos" ao iniciar a redação do relatório. Quando a pesquisa é elaborada para fins de tese ou dissertação, a situação pode se tornar particularmente dramática. Como os prazos para defesa geralmente são curtos, a não destinação de tempo adequado para a redação do relatório pode levar à realização de um trabalho apressado, contribuindo para uma avaliação negativa por parte da banca examinadora.

Cabe, portanto, ressaltar as especificidades da pesquisa qualitativa em relação ao seu relatório. Classicamente a escrita científica é caracterizada pelos critérios de clareza, precisão e objetividade. O mesmo não acontece com a pesquisa qualitativa, cujo relato pode seguir um estilo que se aproxima do literário. Luce-Kapler (2008) indica que há autores que se valem de histórias curtas, dramas, poemas e outros gêneros literários para representar dados qualitativos. Richardson e St. Pierre (2005) indicam estilos de escrita ainda menos tradicionais, como: narrativa de si mesmo, representações etnográficas ficcionais, representações poéticas, dramas etnográficos e gêneros mistos. Fetterman (2010), por sua vez, enfatiza o uso de descrição densa e o uso liberal de citações literais, ou seja, as próprias palavras dos participantes para ilustrar a realidade do ambiente e dos assuntos.

Essa liberalidade no relato das pesquisas não significa, porém, que se deva desconsiderar as boas práticas de pesquisa referentes à comunicação de seus resultados. Como bem indica o *Código de boas práticas científicas* da Fundação de Amparo à Pesquisa do Estado de São Paulo (FAPESP, 2014, p. 22):

> ao comunicar os resultados de sua pesquisa, por meio de um trabalho científico, o pesquisador deve expô-los com precisão, assim como todos os dados, informações e procedimentos que julgue terem sido relevantes para sua obtenção e justificação científicas.

Cabe, portanto, ao pesquisador qualitativo, na elaboração de seu relatório de pesquisa, considerar, dentre outros aspectos: determinação do público-alvo, definição do foco, definição da estrutura redacional, inserção das falas dos participantes, comentários do pesquisador e questões éticas na redação do relatório.

11.2 Determinação do público-alvo

O relatório de pesquisa pode se destinar a diferentes públicos. Logo, a primeira consideração a ser feita na preparação do relatório consiste em definir o seu público-alvo. Esta é uma decisão importante porque, dependendo do público, o relatório poderá variar quanto ao conteúdo, forma, ou ênfase colocada em um ou outro aspecto. Conhecendo o público leitor, o pesquisador pode fazer suposições acerca do que este deseja saber em relação ao estudo realizado e, consequentemente, aprimorar o relatório tanto em relação ao conteúdo quanto ao estilo de redação.

O público a quem se destina o relatório pode ser constituído por pesquisadores da mesma área, estudantes universitários, profissionais que atuam no campo em que foi realizado o estudo, agentes do poder público, empresários, especialistas de agências de fomento à pesquisa ou membros de uma banca examinadora.

Mesmo que o trabalho seja destinado a um público bem definido, é possível que venha a ser consultado por pessoas que integram outros públicos, que têm diferentes necessidades e interesses. Por essa razão, é importante, ao planejar a elaboração do relatório, incluir elementos que atendam também às expectativas desses diferentes públicos.

Para o público constituído por pesquisadores, o principal interesse pelo trabalho poderá estar nas descobertas, em sua relação com os conhecimentos existentes ou ainda no desenvolvimento de teorias. Para estudantes universitários, o interesse maior poderá estar na verificação do nível de complexidade do estudo, bem como na maneira como foi conduzido. Para profissionais que atuam em campos relacionados ao tema do estudo – assim como para agentes públicos e empresários –, o interesse estará provavelmente na verificação da possibilidade de utilização prática dos resultados. Os membros da banca examinadora, por sua vez, estarão interessados na metodologia utilizada, nas questões teóricas levantadas, bem como na coerência interna do relatório. Os especialistas da instituição financiadora, por fim, estarão provavelmente interessados na relevância do problema estudado, no rigor com que foi realizada a pesquisa e no significado prático e acadêmico das descobertas.

11.3 Definição do foco

Após a seleção do público a que se destina o relatório, passa-se à definição de seu foco, o que requer levar em consideração os objetivos da pesquisa, bem como o nível de abstração obtido durante a análise dos dados (MERRIAM; TISDELL, 2016). Há pesquisas que são elaboradas para servir a propósitos práticos. É o caso, por exemplo, de pesquisas que têm como objetivo conhecer a disposição de determinado segmento de população ao consumo de determinado produto. Nesse caso, o foco do relatório poderá estar na descrição da disposição dessas pessoas e na identificação dos fatores que são capazes de influenciá-las. Assim, a linguagem utilizada nesse relatório será mais livre, se comparada à de outros tipos, já que é importante cuidar para que ele se torne interessante para o público a que se destina, o que exige o conhecimento do universo de discurso desse público, incluindo seus jargões.

Quando o estudo é destinado à obtenção de um grau acadêmico, à apresentação em evento científico ou à publicação em periódico, cuidados diferentes deverão ser tomados em relação ao foco. É importante ressaltar a situação-problema que ensejou a realização do estudo, a contribuição para o seu equacionamento e para o aprimoramento teórico do tema. Também é importante enfatizar os procedimentos adotados na coleta, análise e interpretação dos dados. Nas pesquisas realizadas como requisito para a obtenção do grau de mestre ou de doutor, cuidados adicionais precisam ser tomados, já que o relatório se refere a um trabalho que precisa ser defendido perante uma banca cujos membros, por dever de ofício, preparam-se para agir como "advogados do diabo", esquadrinhando o texto com o propósito de descobrir suas falhas. Assim, o candidato ao título acadêmico precisa indicar o estágio atual do conhecimento do assunto, problematizar o tema, justificar a relevância da pesquisa, demonstrar a adequação dos procedimentos metodológicos na solução do problema e discutir os resultados, além de cuidar para que o estilo de redação e os componentes gráficos do texto estejam conforme as boas normas de redação científica.

11.4 Definição da estrutura redacional

Como já foi indicado, o relato das pesquisas qualitativas é elaborado com muito maior liberdade do que o das pesquisas quantitativas. Porém, os capítulos e as seções do relatório precisam ser organizados de alguma maneira para que sejam úteis enquanto instrumentos de comunicação. Essa organização constitui a estrutura do relatório. Dada, pois, a flexibilidade que caracteriza as pesquisas qualitativas, podem ser identificadas diversas estruturas redacionais, que vão desde as mais clássicas, passando pelas não sequenciais, até as de "incerteza" (YIN, 2014). São aqui consideradas as estruturas mais usuais, que são: a clássica, a descritiva, a narrativa e a de construção de teoria.

11.4.1 Estrutura clássica

Esta é a estrutura mais adotada nos relatórios de pesquisa acadêmica que conduzem às teses de doutorado e dissertações de metrado. Também é a estrutura-padrão dos periódicos e eventos científicos. É, pois, a mais vantajosa para os pesquisadores cujo público principal é constituído por docentes e discentes de cursos universitários e, principalmente, por membros de bancas de doutorado e de mestrado.

Trata-se de uma estrutura linear, cuja sequência inclui: uma introdução, que trata do tema e do problema de pesquisa; uma revisão da literatura, que apresenta o estado da arte ou a fundamentação teórica da pesquisa; uma seção que trata dos métodos utilizados; outra seção que trata da apresentação, análise e discussão dos resultados;

Redação do relatório de pesquisa

e finalmente as conclusões. É a mais sugerida nos programas de pós-graduação nos mais diversos campos do conhecimento.

11.4.2 Estrutura narrativa

Verifica-se nas pesquisas narrativas uma relação bastante íntima entre os procedimentos de coleta e análise de dados e a estrutura e a forma do relato. Assim, o relato dessas pesquisas não se ajusta à estrutura clássica. Daí porque os principais autores que tratam dessa modalidade (CLANDININ; CONNELLY, 2000; CZARNIAWSKA, 2004; RIESSMAN, 2008) sugerem a adoção de estruturas flexíveis na elaboração dos relatórios, embora enfatizando os elementos essenciais das pesquisas narrativas.

Uma das formas mais estruturadas de relato de pesquisa narrativa é a proposta por Riessman (2008), que abrange seis elementos: 1. resumo e/ou apresentação da justificativa do relato; 2. orientação (tempo, lugar, personagens e situações; 3. ação complicadora (sequência de eventos que indicam uma crise ou momento decisivo); 4. avaliação (comentários do narrador acerca de significados ou emoções); 5. resolução (desfecho da história); e 6. epílogo (finalização da história).

11.4.3 Estrutura descritiva

É a estrutura preferida pelos pesquisadores que realizam estudos de caso descritivos que envolvem organizações. Também é utilizada em relatórios de pesquisas etnográficas que têm como objetivo a descrição de comunidades. Esses relatórios se iniciam com uma introdução em que se define e se contextualiza o problema e se esclarece acerca da organização das seções seguintes. Nos estudos sobre organizações, essas seções podem ser dedicadas ao seu histórico, à estrutura organizacional, às políticas de pessoal, ao sistema de produção, aos processos de comercialização, ao relacionamento com outras organizações etc. Uma última seção é dedicada às conclusões do estudo.

Nos estudos de comunidade, também se inicia com a introdução, seguida de quantas seções forem necessárias. Diferentes critérios podem ser adotados para definir o conteúdo das seções. Pode ser, por exemplo, a descrição da comunidade segundo os sistemas sociais: de parentesco, sanitário, pedagógico, econômico, político, religioso, de lazer etc. A última seção também é dedicada às conclusões.

A estrutura descritiva também pode ser adotada em pesquisas fenomenológicas. Assim, o relatório inicia-se com uma seção de introdução, seguida por outras seções designadas pelos temas que emergiram ao longo do processo de pesquisa. A seção final fica reservada para a apresentação da estrutura essencial do fenômeno.

11.4.4 Estrutura de construção de teoria

É a estrutura adotada na construção de teorias fundamentadas e também nos estudos de caso explicativos em que se almeja algum tipo de teorização. Nesta estrutura, como em todas as outras, a primeira seção é a de introdução. A sequência das demais é determinada pela lógica subjacente à construção da teoria, dependendo, portanto, das características da teoria que foi construída. No entanto, cada seção deve ser elaborada de forma tal que possibilite desvendar uma nova parte dessa teoria. A seção final é dedicada à descrição da teoria que emergiu dos dados.

11.5 Padrões para relatórios de pesquisa qualitativa

Embora existam diferentes possibilidades de estruturação, a maioria dos relatórios de pesquisa qualitativa desenvolvidos no âmbito de instituições de ensino superior segue o padrão clássico. Contudo, é importante promover ajustamentos para preservar a flexibilidade necessária para relatar os procedimentos adotados e os achados das pesquisas qualitativas. Seguem, portanto, sugestões para elaboração de relatórios, seguindo o modelo clássico, ressaltando-se, porém, os itens necessários para acomodar as diferentes abordagens e paradigmas que suportam a pesquisa qualitativa.

11.5.1 Título e resumo

O título apresenta concisamente a natureza do tema da pesquisa, já indicando, sempre que possível, a abordagem adotada (por exemplo: etnografia, teoria fundamentada, estudo de caso). O resumo indica os principais elementos do estudo, incluindo: contextualização, objetivos, métodos, resultados e conclusões.

11.5.2 Introdução

A introdução constitui o primeiro capítulo ou seção primária do relatório, qualquer que seja a sua estrutura redacional. Nela constam a definição do problema ou as questões de pesquisa, as razões para sua realização e o contexto em que se realizou a pesquisa. Sua estruturação fica facilitada mediante a procura de respostas para questões como: qual é o propósito da pesquisa? O que levou o pesquisador a escolher este tópico e não outro? Que questões a pesquisa procura solucionar? Em que contexto o trabalho foi realizado? Quais os potenciais beneficiários de seus resultados?

É importante que esta seção seja suficientemente detalhada para permitir ao leitor uma visão geral da pesquisa. Não convém, no entanto, que seja muito longa, pois o que interessa aqui é captar a atenção do leitor, evitando-se um relato que possa ser cansativo. Não há como definir um número ideal de páginas, mas, admitindo-se um relatório com aproximadamente 100 páginas, pode-se definir como razoável uma introdução que tenha entre cinco e dez páginas.

11.5.3 Revisão da literatura

A revisão da literatura é um dos tópicos mais polêmicos nos relatórios de pesquisa qualitativa. Há pesquisadores orientados pela perspectiva fenomenológica ou pela teoria fundamentada que, por não terem estabelecido um arcabouço teórico prévio, preferem não incluir este tópico em seu relatório. Outros, porém, justificam sua inclusão porque, ao longo do processo de pesquisa, entraram em contato com formulações teóricas. Wolcott (2008), um autor vinculado à tradição etnográfica, reconhece a importância de um arcabouço teórico para a pesquisa e recomenda o contato com a literatura relevante, mas não a elaboração de um capítulo específico para a revisão bibliográfica. Para esse autor, as contribuições teóricas devem ser apresentadas ao longo do relatório.

Mas, na maioria das pesquisas qualitativas conduzidas no meio acadêmico, seu relatório inclui uma revisão da literatura. Se não para proporcionar fundamentação teórica ou referencial conceitual, ao menos para indicar o "estado da arte", ou seja, para esclarecer acerca do que já se investigou a respeito do assunto e quais as indagações ainda permanecem. A revisão da literatura contribui também para demonstrar a competência do pesquisador para investigar o tópico.

Existem várias maneiras de apresentar a revisão da literatura. Mesmo quando se adota a estrutura narrativa clássica, o pesquisador tem ampla liberdade para organizá-la. Mas há alguns tipos de revisão que devem ser evitados. Alves-Mazzotti (2002) indica vários. Um deles é a "*summa*", em que o autor decide esgotar o assunto, retratando tudo o que já foi dito a respeito. Outro tipo é o "*patchwork*", constituído pela colagem de conceitos, autores e pesquisa sem qualquer fio condutor. Um outro é o "apêndice inútil", em que o autor cita muitos autores, mas que não são utilizados na análise e interpretação dos dados. Também existe o "ventríloquo", em que o autor só fala pela boca dos outros, citando-os literalmente ou parafraseando as ideias, sem tomar posição.

O pesquisador precisa cercar-se de muitos cuidados ao elaborar o capítulo da revisão da literatura. Primeiramente, é preciso estar consciente de que sua finalidade não é ampliar a quantidade de páginas do relatório, o que implica apresentar de forma sintética a contribuição dos vários autores. Citações textuais só se justificam quando se deseja enfatizar o que o autor realmente disse. Citações de citações, por sua vez, devem ser evitadas; podem se justificar em algumas situações, como quando a obra original não estiver disponível em bibliotecas ou tiver sido escrita em língua pouco difundida entre o público-alvo.

Também é importante considerar que uma boa revisão bibliográfica não pode ser constituída por simples citações. São frequentes as revisões constituídas por frases ou parágrafos que se iniciam com as palavras: "Segundo Fulano", "De acordo com Beltrano", "Conforme acentua Sicrano" etc., o que indica que a revisão foi feita com muita superficialidade e sem espírito crítico. O que se espera de uma revisão bibliográfica é que avance em relação ao que já foi produzido, requerendo-se, portanto, uma apreciação crítica do pesquisador.

De modo geral, este capítulo é mais extenso que a introdução. Mas não há como definir exatamente sua extensão. O que se recomenda é que não seja mais extenso do que o capítulo referente à análise e discussão dos dados. Quando isso acontece, pode dar a impressão de que o estudo não conduziu a resultados apreciáveis, restando ao autor apresentar a contribuição de outros autores para o tema.

11.5.4 Métodos

Nas pesquisas quantitativas, a seção referente aos métodos adotados geralmente é elaborada sem maiores dificuldades. Os pesquisadores esclarecem acerca da modalidade de delineamento utilizado, do processo de seleção e da extensão da amostra, das técnicas de coleta de dados e dos procedimentos adotados na análise. O mesmo não ocorre nas pesquisas qualitativas, pois não existem fórmulas padronizadas que indiquem com precisão os procedimentos a serem seguidos ao longo da pesquisa. Como consequência, a elaboração dessa seção passa a requerer muito mais cuidado.

Ocorre frequentemente que pesquisadores, visando adequar a redação dessa seção às normas definidas pelos manuais genéricos de metodologia de pesquisa, acabam por incluir itens que nem sempre se ajustam às pesquisas qualitativas, como, por exemplo, extensão da população, sujeitos da pesquisa, hipóteses, operacionalização das variáveis etc. Isso é arriscado, pois acabará contribuindo para que os leitores versados na metodologia de pesquisa qualitativa passem a desconfiar da competência do autor para conduzir estudos dessa natureza.

A redação da seção referente aos métodos pode requerer considerações de natureza epistemológica, que são necessárias para acomodar as diferentes abordagens e paradigmas da pesquisa qualitativa. Então, convém iniciar esta seção com a indicação da abordagem adotada (fenomenologia, etnografia, teoria fundamentada etc.). Também se recomenda indicar o paradigma (pós-positivista, construtivista etc.).

Diferentemente do que ocorre na pesquisa quantitativa, as características do pesquisador são altamente relevantes, pois ele também pode ser considerado fonte de dados. Assim, convém indicar suas características, incluindo atributos pessoais, qualificações, experiências, relacionamentos com os participantes e interesses em relação a abordagem, tópico, questões, métodos e resultados da pesquisa.

Na pesquisa qualitativa, o fenômeno é estudado em seu contexto, o que requer considerações acerca do local e dos fatores contextuais salientes, que podem ser de natureza social, cultural, econômica, política etc.

A amostra é quase sempre escolhida de forma intencional nesse tipo de pesquisa. É necessário, portanto, esclarecer como e por que os participantes, eventos ou documentos foram selecionados. Também é preciso indicar o critério adotado para decidir quando nenhuma amostra adicional se tornou necessária, como, por exemplo, saturação da amostra.

Como a pesquisa qualitativa se refere a seres humanos, é preciso tratar das implicações éticas relativas aos métodos. Questões referentes à inclusão e exclusão de participantes, minimização de riscos decorrentes da participação na pesquisa, segurança e confiabilidade e segurança dos dados precisam ser consideradas. Também é necessário informar se a pesquisa foi aprovada por um comitê de ética e anexar a documentação de aprovação, bem como o Termo de Consentimento Livre e Esclarecido, ou justificativa de sua não utilização.

As técnicas de coleta de dados devem ser apresentadas de maneira detalhada. Em relação às entrevistas, por exemplo, é preciso descrever a modalidade adotada, os critérios de seleção dos entrevistados, o local e as circunstâncias em que foram realizadas, sua duração etc. Também é necessário indicar os instrumentos utilizados, como os guias de entrevista, assim como os dispositivos tecnológicos, como gravadores de áudio e de vídeo.

Redação do relatório de pesquisa

Em relação à análise dos dados, é necessário indicar os procedimentos utilizados para seu processamento, incluindo transcrição de entrevistas, codificação dos dados, identificação de temas e busca de inferências. Também é necessário esclarecer acerca dos *softwares* utilizados para apoio à análise.

11.5.5 Análise e interpretação dos resultados

A análise e a interpretação dos dados constituem a parte central do relatório da pesquisa. A análise evidencia as relações existentes entre os dados obtidos e o fenômeno estudado. A interpretação, por sua vez, corresponde ao significado mais amplo atribuído aos dados. Logo, é nesta seção que se apresentam as principais descobertas e se explica como estas se conectam, apoiam, reformulam ou desafiam as conclusões de estudos anteriores. Em algumas pesquisas, esta seção do relatório inclui o desenvolvimento de uma teoria ou a integração com teorias anteriormente desenvolvidas.

Nos relatórios estruturados segundo o modelo clássico, a análise e interpretação é apresentada em um único capítulo ou seção primária. Já em relatórios estruturados segundo outros modelos, como o narrativo e o descritivo, é comum sua apresentação em diversos capítulos ou seções primárias.

Assim como as seções anteriores, esta pode ser estruturada com muita flexibilidade. Recomenda-se, no entanto, o estabelecimento prévio de um sumário com seções secundárias e, se possível, terciárias. Esta tarefa pode não ser tão simples, como ocorre nos relatórios de levantamentos, em que as seções são geralmente definidas com base nos próprios itens do questionário ou do roteiro de entrevista. É necessário, portanto, que o pesquisador, ao iniciar este sumário, tenha uma familiaridade tal com os dados que lhe permita ter uma visão global de seu conjunto. Este sumário pode, naturalmente, ser alterado à medida que a redação for se efetivando. É muito provável que isso ocorra. Mas convém que, ao elaborá-lo, o pesquisador o faça como se fosse definitivo.

Cabe considerar, também, que nas pesquisas qualitativas os dados não se encontram organizados em tabelas ou gráficos, como ocorre nos levantamentos e experimentos. Contudo, em algumas pesquisas qualitativas – principalmente nos estudos de caso –, podem ser utilizados instrumentos como matrizes e redes, que favoreçam a estruturação e redação do texto. Sua apresentação, no entanto, deve ser parcimoniosa, para evitar a poluição do texto.

A redação desta seção – ou seções – envolve diversas questões: qual deve ser a sua extensão? Quanto deve ser dedicado à descrição e quanto à interpretação? Como integrar estes dois componentes? Não é fácil oferecer uma resposta, mas a análise de relatórios já elaborados, principalmente no meio acadêmico, mostra frequentes exageros. Há autores que dedicam páginas e páginas à descrição de observações e à transcrição de falas dos entrevistados, enquanto outros dão preferência à interpretação dos dados, dedicando muito pouco à sua efetiva descrição. É razoável que a parte referente à descrição e interpretação de dados seja mais extensa que as demais, embora não seja raro encontrar relatórios em que as seções correspondentes à introdução e à revisão da literatura apresentam uma quantidade de páginas superior ao conjunto das demais seções, o que indica, no mínimo, um trabalho pouco equilibrado em relação à organização das partes.

No tocante a quanto do relatório deve ser destinado à descrição e à interpretação a questão é mais polêmica. Para Lofland (1974), de 60% a 70% do relato deve ser dedicado à descrição e o restante à interpretação. Mas, nos estudos que têm como propósito a construção ou o aprimoramento de uma teoria, é provável que o texto correspondente à interpretação seja maior do que o destinado à descrição dos dados.

Com vistas a facilitar a decisão acerca do quanto deve ser destinado à descrição e à interpretação, Erickson (1986) define três componentes no processo de análise dos dados: descrição particular, descrição geral e comentário interpretativo. A descrição particular consiste na apresentação de citações das pessoas entrevistadas, de transcrições de notas de campo e de trechos de documentos analisados. A descrição geral procura mostrar ao leitor o quanto as citações podem ser consideradas representativas dos dados como um todo. O comentário interpretativo, por fim, providencia um arcabouço para fornecer significado às descrições particular e geral que foram apresentadas.

11.5.6 Conclusão

Muitos são os relatórios de pesquisa em que os autores não apresentam uma seção específica para a conclusão. Relatórios de pesquisa narrativa são frequentemente concluídos com o epílogo ou finalização da história. Da mesma forma, relatórios de pesquisa fenomenológica e de construção de teoria fundamentada são muitas vezes concluídos com a descrição das características essenciais de fenômeno ou com a apresentação da teoria emergente.

Quando, porém, se adota a estrutura clássica, o que incluir na conclusão? Recomenda-se, primeiramente, estabelecer a relação entre o problema ou questões de pesquisa, os tópicos da revisão bibliográfica e os resultados obtidos. Dessa forma, proporciona-se ao leitor informação acerca do alcance dos objetivos definidos no estudo, o que implica fornecer respostas a algumas questões do tipo: foi possível verificar o que se pretendia? Ampliou-se o conhecimento acerca do assunto? Aprimorou-se a teoria? Elaborou-se uma nova teoria? Foram construídas hipóteses? Redefiniu-se o problema?

A conclusão é também o local adequado para discussão acerca das limitações da pesquisa. O delineamento proposto foi suficiente para fornecer resposta ao problema ou às questões de pesquisa? Os casos foram bem selecionados? A escolha dos informantes foi adequada? As técnicas de coleta de dados foram suficientes? Que erros foram cometidos?

Uma maneira adequada de encerrar a seção de conclusão é a apresentação de sugestões para pesquisas futuras. Pode-se, por exemplo, sugerir o estudo do fenômeno em outros contextos ou propor um enfoque diferente para o estudo, ou, ainda, recomendar a adoção de cuidados específicos na escolha dos informantes ou na condução das entrevistas. Essas sugestões podem ser úteis, pois muitos dos leitores de relatórios de pesquisa são pesquisadores ou estudantes que estão envolvidos com trabalhos de pesquisa.

11.6 O estilo de redação

O estilo mais adotado num relatório de pesquisa é o técnico-científico, que se caracteriza pela clareza, precisão, concisão, objetividade, impessoalidade, coerência e simplicidade. Mas a rigorosa observância desses critérios nos relatórios de pesquisa qualitativa não é fácil de ser obtida, pois esta difere das modalidades mais clássicas de pesquisa sob vários aspectos. O problema de pesquisa qualitativa tende a ser formulado muito mais como justificativa para a "necessidade de estudo" (CRESSWELL, 2014, p. 111) do que como uma questão para a qual se espera obter uma resposta. Os instrumentos de coleta de dados são bastante flexíveis e frequentemente alterados ao longo da pesquisa. Muitos dos dados obtidos caracterizam-se pela subjetividade. O pesquisador qualitativo tem, portanto, bastante liberdade para definir o estilo de redação adotado no relatório.

Van Maanen (1988), ao tratar da pesquisa etnográfica, identifica sete diferentes estilos de redação: realista, impressionista, confessional, crítico, formal, literário e "dito em conjunto" (*jointly told*). O estilo realista procura a autenticidade das representações; é essencialmente descritivo e caracterizado pelo afastamento do pesquisador e a não inclusão dos pontos de vista dos sujeitos participantes da pesquisa. O impressionista toma a forma de um relato dramático, elaborado com o objetivo de impressionar os leitores. O confessional é calcado na experiência do pesquisador, que não reluta em colocar sua posição pessoal, sendo apresentado na primeira pessoa. O crítico indica engajamento político e procura representar a estrutura social da forma como é vista pelos "grupos desfavorecidos". O formal caracteriza-se pela apresentação do processo de construção teórica. O literário utiliza recursos próprios das obras de ficção, indicando a preocupação do autor de produzir uma obra literária. O *jointly told*, por fim, é preparado juntamente com os participantes da pesquisa.

A ampla liberdade conferida ao redator do relatório de pesquisa qualitativa não significa, porém, que ele está dispensado de qualquer norma de apresentação. Afinal, trata-se de um relatório científico. Daí a necessidade de se considerar algumas especificidades relativas não apenas ao estilo do relatório, mas a questões como precisão, objetividade e impessoalidade.

A precisão na redação científica é obtida principalmente graças à mensuração. Se um dado pode ser apresentado sob a forma numérica, não há a necessidade de qualificá-lo mediante palavras ou expressões. Como nas pesquisas qualitativas os números não constituem a forma de representação dos dados, a principal ferramenta do pesquisador é constituída pelos conceitos. Daí a importância da utilização de termos que os expressem sem ambiguidade. Nesse sentido, as ciências sociais dispõem hoje de um vocabulário elaborado para suprir muitas das necessidades conceituais dos pesquisadores. Mas não há como na pesquisa qualitativa se restringir ao uso de conceitos consagrados pelas ciências sociais. Muitas vezes, o interesse do pesquisador é ater-se aos dados tais como são manifestados pelas pessoas, sem qualquer tradução ou interpretação, sob pena de desfigurá-los. Por essa razão a questão da precisão na redação dos relatórios de pesquisa qualitativa deve levar em consideração essa especificidade.

Quando se diz que um relatório deve ser objetivo, isso significa que sua argumentação deve apoiar-se em dados e provas e não em considerações e opiniões pessoais. Ocorre, porém, que muitas pesquisas qualitativas adotam uma perspectiva interpretativista, visando muito mais a compreensão dos significados atribuídos pelos indivíduos do que a concretude das condutas observadas, o que não significa, no entanto, que esses estudos devam ser caracterizados como subjetivos. Pode-se dizer que buscam a objetividade mediante a identificação dos significados subjetivos que a ação social tem para o seu protagonista. Logo, a redação do relatório de pesquisa qualitativa, mesmo apoiada numa perspectiva interpretativista, caracteriza-se também pela objetividade. Difere, porém, da redação do relatório que segue os cânones positivistas, por enfatizar mais o ponto de vista dos sujeitos do que o tratamento dos fatos sociais como coisas.

A impessoalidade é reconhecida como importante característica da pesquisa científica. Assim, quando na pesquisa qualitativa se adota a estrutura clássica de redação, o pesquisador não se coloca no relatório, indicando suas ações, posturas e opiniões. Recomenda-se, portanto, sua redação utilizando a voz passiva. Não caberia, portanto, escrever: "eu selecionei", "eu entrevistei", "eu observei", "eu analisei", mas sim "foram selecionados", "foram entrevistados", "procedeu-se à análise" etc.

Muitas pesquisas qualitativas, no entanto, são conduzidas de forma tal que fica difícil dissociar a atuação do pesquisador do processo de pesquisa. Ele tende a ser muito mais que um observador; passa a ser, de alguma forma, um participante. Ele constitui, a rigor, instrumento primário da coleta de dados. Por essa razão, redigir o relatório imprimindo um caráter pessoal pode ser visto até mesmo como uma questão de coerência. Tanto é que há pesquisadores que, em lugar de um capítulo ou seção de cunho metodológico, preferem apresentar uma história natural da pesquisa, que se inicia com o esclarecimento dos motivos que os levaram a realizar o estudo.

Em relação ao estilo, cabe considerar também uma exigência do relatório de pesquisa qualitativa que, em relação a outras modalidades de pesquisa, constitui apenas um acréscimo: ser elaborado de forma atraente. Os leitores de relatórios de pesquisa quantitativa tendem a ser seletivos, já que estes lhes permitem localizar facilmente as informações que lhes interessam, pois elas se encontram organizadas em tabelas ou gráficos. O mesmo não ocorre em relatórios de pesquisa qualitativa, cuja redação tende a ser discursiva e, consequentemente, a obtenção das informações desejadas pode exigir a leitura de muitas páginas. Por isso, é necessário que seja redigido num estilo que desperte a atenção do leitor, de forma que o leitor se sinta "encantado" com a leitura, que tenha interesse em ler o relatório página a página, até o seu final.

11.7 A inserção das falas dos entrevistados

As pesquisas qualitativas geram uma quantidade muito grande de dados. Os pesquisadores, após a transcrição das entrevistas e dos documentos, deparam-se, geralmente,

Redação do relatório de pesquisa

com páginas e mais páginas de informações. Mas isso não significa que todo esse material deva ser incluído no relatório. Espera-se, pois, que o pesquisador proceda ao tratamento analítico desses dados e reduza significativamente a quantidade de informações a serem apresentadas no relatório.

A redução é um processo que se inicia com a obtenção dos primeiros dados e constitui uma das etapas do processo de análise, mas que tem continuidade com a redação. A redução, neste momento, não significa apenas diminuir a quantidade de falas de entrevistados, mas também parafraseá-las. Esse processo é interessante para garantir um estilo fácil e agradável. Porém, também é importante apresentar falas originais. Afinal, uma das grandes vantagens da pesquisa qualitativa é exatamente proporcionar o conhecimento da realidade mediante as próprias formas de expressão das pessoas. Assim, o pesquisador precisa ter habilidade suficiente para reduzir e parafrasear os textos obtidos, mantendo a máxima fidelidade possível da expressão dos informantes, e também para selecionar as falas que deverão ser inseridas *ipsis litteris*.

As falas dos informantes devem ser destacadas do texto, independentemente de sua extensão. Como nestes exemplos, retirados do relatório de uma pesquisa referente à identidade organizacional de integrantes de um conglomerado comercial de produtos evangélicos (CRESPO, 2019, p. 99):

> *Aqui estamos em família, um ajuda o outro, o clima é legal, a amizade é boa, e isso nos faz ficar cada vez mais envolvidos, sempre tendo como alicerce a fé* (Rosana, proprietária).

> *Eu gosto muito de trabalhar aqui, para mim é juntar o útil ao agradável, gosto de trabalhar com vendas, e vender produtos evangélicos me deixa muito feliz* (Maria, gerente).

Pode ocorrer a necessidade de inserção de longos textos para possibilitar o entendimento da expressão dos informantes. Mas, em favor do leitor, é necessário garantir que o texto não seja cansativo. Mesmo sem pretender menosprezar a forma de expressão das pessoas, é preciso considerar que, de modo geral, as falas foram obtidas espontaneamente, sem qualquer revisão. Logo, a seleção das falas deve ser feita com cuidado suficiente para representar com fidedignidade os pensamentos, as sensações e as ações dos sujeitos da pesquisa, mas sem desestimular o leitor. Por essa razão é que pode ser recomendada a exclusão das partes não essenciais para o seu entendimento. Neste caso, é necessário indicar a inserção, mediante a utilização de colchetes. Como aparece no trecho retirado de um estudo sobre relações de gênero na luta pela terra (DELGADO; CAUME, 2005, p. 38):

> *Deus o livre o que nós passemo ali! O que deu de doença, Nossa Senhora! Dor de vista, sarampo, caxumba, era de tudo! Tinha dias que a gente fazia plano de desisti. Pensava em desisti. De tanto sofrido que era. Deu sarampo nas criança minha também. [...] As minhas criança... Tinha dias que... Nossa Senhora! As criança ficavam só deitada assim com a cabecinha embaixo do braço da gente. [...] E tinha dias que desacorsoava a gente. Graças a Deus que passou!* (Jussara).

11.8 Combinação das falas dos informantes com os comentários do pesquisador

Um dos grandes dilemas na redação do relatório de um estudo rico em dados é combinar as falas dos informantes com os comentários do pesquisador. No modelo clássico de relatório, uma seção é dedicada aos resultados e outra à discussão, o que contribui para que o leitor distinga os dados obtidos das considerações feitas pelo pesquisador. Este modelo, no entanto, não é o mais adequado para relatórios de pesquisas qualitativas. Os relatórios mais atraentes – e que apresentam maior chance de ser lidos – são aqueles em que as falas são exibidas e os comentários do pesquisador feitos em sequência.

Constata-se, porém, que em muitos relatórios passa-se das falas dos entrevistados para os comentários do autor sem qualquer elemento de transição, dificultando a identificação de suas conexões. Também há relatórios em que a apresentação das falas é reduzida a um mínimo, deixando para o leitor a impressão de que se trata apenas de ilustrações que servem para reforçar os comentários do autor. Há, por outro lado, relatórios em que as falas dos informantes correspondem à maior parte do texto e são reafirmadas nos comentários do autor. Em alguns desses relatórios, fica até mesmo a impressão de que os comentários correspondem a falas dos próprios informantes. São, pois, situações muito comuns, cujo reconhecimento reforça a necessidade de múltiplas revisões para garantir uma redação que coopere com o entendimento do leitor.

QUESTÕES PARA DISCUSSÃO

1. Quando o pesquisador se torna um participante, ele passa a investigar um fenômeno do qual faz parte. Dessa forma, é possível garantir a objetividade na análise dos resultados da pesquisa?
2. Classicamente, recomenda-se que o relatório de pesquisa seja redigido na terceira pessoa, com vistas a ressaltar a importância da objetividade. Na pesquisa qualitativa, no entanto, é frequente a tendência a redigi-lo na primeira pessoa. Quais são as implicações desta postura?
3. Um dos estilos de redação utilizado na pesquisa qualitativa é o impressionista, em que o pesquisador deliberadamente procura impressionar os leitores. Comente esta postura, ressaltando suas vantagens e desvantagens.

LEITURAS RECOMENDADAS

WOLCOTT, Harry E. *Writing up qualitative research*. 2. ed. Thousand Oaks: Sage, 2001. (Traduzido para o espanhol: *Mejorar la escrita de la investigación cualitativa*. Medellín: Universidad de Antioquia, 2007.)

Redação do relatório de pesquisa

Livro totalmente dedicado à redação de relatórios de pesquisa qualitativa. Trata, dentre outros tópicos, do processo de seleção do material a ser escrito, do estilo de redação e do ajustamento do texto aos requisitos da publicação acadêmica.

MEDEIROS, João Bosco. *Redação científica*: práticas de fichamentos, resumos, resenhas. 13. ed. São Paulo: Atlas, 2019.

Trata, dentre outros tópicos, da estrutura e apresentação de trabalhos científicos. Apresenta as normas da Associação Brasileira de Normas Técnicas (ABNT) para elaboração de resumos, citações, referências etc.

BIBLIOGRAFIA

ABRAMSON, Paul R. *A case for case studies*: an immigrant's journal. Thousand Oaks: Sage, 1992.

ADAMS, John *et al*. *Research methods for graduate business and social science students*. London: Sage, 2007.

ALVES-MAZZOTTI, Alda Judith. A "revisão bibliográfica" em teses e dissertações: meus tipos inesquecíveis – o retorno. *In*: BIANCHETTI, Lucídio; MACHADO, Anna Maria Netto (orgs.). *A bússola do escrever*: desafios e estratégias na orientação de teses e dissertações. São Paulo: Cortez, 2002.

ANDERSON, Nels. *The hobo*: the sociology of the homeless man. Chicago: The University of Chicago Press, 1923.

ANFARA, Vincent A.; MERTZ, Norma T. *Theoretical frameworks in qualitative research*. 2. ed. Los Angeles: Sage, 2015.

ANGROSINO, Michael. *Etnografia e observação participante*. Porto Alegre: Artmed, 2009.

ATKINSON, Robert. *The life story interview*. Thousand Oaks: Sage, 1998.

ATKINSON, Rowan. The life story interview. *In*: GRUBRIUM, Jaber A.; HOLSTEIN, James A. *Handbook of interview research*: context & methods. Thousand Oaks: Sage, 2001.

BAILEY, Carol A. *A guide to qualitative field research*. 3. ed. Thousand Oaks: Sage, 2018.

BARBOUR, Rosaline. *Grupos focais*. Porto Alegre: Penso, 2009.

BARRETT, Stephen Melvil. *Geronimo's story of his life*. New York: Duffield & Company, 1906.

BAUER, Martin W.; GASKELL, George. *Pesquisa qualitativa com texto, imagem e som*: um manual prático. Petrópolis: Vozes, 2000.

BAZELEY, Patricia; JACKSON, Kristi. *Qualitative data analysis with NVivo*. 2. ed. London: Sage, 2013.

Bibliografia

BEAUCHAMP, Tom L.; CHILDRESS, James F. *Princípios de ética biomédica*. 4. ed. São Paulo: Loyola, 2002.

BEAUD, Stéphane; WEBER, Florence. *Guia para a pesquisa de campo*. Petrópolis: Vozes, 2007.

BEERS, Clifford Whittingham. *A mind that found itself*: an autobiography. New York: Longmans; Green, 1908.

BERTAUX, Daniel. *Narrativas de vida*: a pesquisa e seus métodos. Natal; São Paulo: EDUFRN; Paulus, 2010.

BINSWANGER, Ludvig. *Mélancolie e manie*: études phénoménologiques. Paris: Presses Universitaires de France, 1987.

BLUMER, Herbert. *Simbolic interactionism*. New Jersey: Prentice-Hall, 1969.

BOGDAN, Robert C.; BIKLEN, Sari K. *Qualitative research for education*: an introduction to theory and methods. 5. ed. Boston: Allyn & Bacon, 2007.

BOHMAN, James. Critical theory. *Stanford encyclopedia of philosophy*, 8 mar. 2005. Disponível em: http://plato.stanford.edu/entries/critical-theory/. Acesso em: set. 2020.

BRANDÃO, Carlos R. (org.). *Pesquisa participante*. 18. ed. São Paulo: Brasiliense, 1999.

BRAUN, Virginia; CLARKE, Victoria. Thematic analysis. *In*: COOPER, Harris *et al.* (eds.). *APA handbook of research methods in psychology*. Research designs: quantitative, qualitative, neuropsychological, and biological. Washington, DC: American Psychological Association, 2012. v. 2.

BRIGGS, Charles L. Interviewing, power/knowledge and social inequality. *In*: GUBRIUM, Jaber F.; HOLSTEIN, James A. *Handbook of interview research*. Thousand Oaks: Sage, 2001.

BRINKMANN, Svend; KVALE, Steinar. *Interviews*: learning the craft of qualitative research interviewing. 3. ed. Thousand Oaks: Sage, 2005.

BRINKMANN, Svend; KVALE, Steinar. *Doing interviews*. 2. ed. Thousand Oaks: Sage, 2018.

BRUNSTEIN, Janete *et al.* (orgs.). *Análise de dados qualitativos em pesquisa*: múltiplos usos em administração. São Paulo; Rio de Janeiro: Editora Mackenzie; Editora FGV, 2020.

BRYMAN, Alan; BELL, Emma. *Business research methods*. 5. ed. New York: Oxford University Press, 2019.

CAELLI, Kate; RAY, Lynne; MILL, Judy. "Clear as mud": toward greater clarity in generic qualitative research. *International Journal of Qualitative Methods*, v. 2, n. 2, p. 1-13, 2003.

CARSPECKEN, Phil F. *Critical ethnography in educational research*: a theoretical and practical guide. New York: Routledge, 1996.

CHARMAZ, Kathy. *A construção da teoria fundamentada*: guia prático para análise qualitativa. Porto Alegre: Artmed, 2009.

CLANDININ, D. Jean; CONNELLY, F. Michael. *Narrative inquiry*: experience and story in qualitative research. San Francisco: Jossey-Bass, 2000.

Bibliografia

CLARK, Amanda M. The qualitative-quantitative debate: moving from positivism and confrontation to postpositivism and reconciliation. *Journal of Advanced Nursing*, v. 2, n. 6, p. 1.242-1.949, 1998.

CLARKE, Amanda E. *Situational analysis*: grounded theory after the postmodern turn. Thousand Oaks: Sage, 2005.

CLARKE, Victoria; BRAUN, Virginia; HAYFIELD, Nikki. Thematic analysis. *In*: SMITH, Jonathan A. (ed.). *Qualitative psychology*: a practical guide to research methods. London: Sage, 2015.

COLAIZZI, Paul F. Psychological research as the phenomenologist views it. *In*: VALLE, Ronald S.; KING, Mark (eds.). *Existential-phenomenological alternatives for psychology*. Oxford: Oxford University Press, 1978.

CORNWELL, Chic; SUTHERLAND, Edwin H. *The professional thief*. Chicago: Chicago University Press, 1937.

CRESSWELL, John W. *Projeto de pesquisa*: métodos qualitativo, quantitativo e misto. 2. ed. Porto Alegre: Artmed, 2007.

CRESSWELL, John W. *Investigação qualitativa e projeto de pesquisa*: escolhendo entre cinco abordagens. 3. ed. Porto Alegre: Penso, 2014.

CRESSWELL, John W.; CLARK, Vicki L. Plano. *Pesquisa de métodos mistos*. 2. ed. Porto Alegre: Penso, 2013.

CZARNIAWSKA, Barbara. *Narratives in social science research*: introducing qualitative methods. London: Sage, 2004.

DAMÁSIO, Antônio R. *O erro de Descartes*: emoção, razão e cérebro humano. São Paulo: Companhia das Letras, 1996.

DE LAURETIS, Teresa. Queer theory: lesbian and gay sexualities: an introduction. *Differences: A Journal of Feminist Cultural Studies*, v. 3, n. 2, p. iv-xviii, 1991.

DELGADO, Aline Crespo. *Identidade interorganizacional no cluster comercial de produtos evangélicos da cidade de São Paulo*. São Caetano do Sul: Universidade Municipal de São Caetano do Sul, 2019.

DELGADO, Andréa; CAUME, David José. Relações de gênero na luta pela terra: narrativas femininas do Assentamento 16 de Março (Pontão-RS). *Revista UFG*, Goiânia, v. 7, n. 1, jan./jun. 2005. Disponível em: https://www.revistas.ufg.br/revistaufg/article/view/49110/24110. Acesso em: set. 2020.

DELGADO, Richard; STEFENCIC, Jean. *Critical race theory*: an introduction. New York: New York University Press, 2001.

DENZIN, Norman K.; LINCOLN, Yvonna S. Introduction: the discipline and practice of qualitative research. *In*: DENZIN, Norman K.; LINCOLN, Yvonna S. (eds.). *The Sage Handbook of Qualitative Research*. Thousand Oaks: Sage, 2011.

DENZIN, Norman K.; LINCOLN, Yvonna S. (eds). *The Sage handbook of qualitative research*. 5 ed. Thousand Oaks: Sage, 2018.

DIJKSTRA, Wil; ZOUWEN, Johannes van der. *Response behavior in the survey-interview*. London; New York: Academic Press, 1982.

DOLLARD, John. *Criteria for the life history*: with analyses of six notable documents. Gloucester: Mass Smith, 1949.

DURKHEIM, Émile. *As regras do método sociológico*. São Paulo: Abril Cultural, 1978. (Coleção Os Pensadores).

DURKHEIM, Émile. *O suicídio*: estudo de sociologia. São Paulo: Martins Fontes, 2000.

EASTHOPE, Gary. *History of social research methods*. London: Longman, 1982.

ECKSTEIN, Harry. Case studies and theory in political science. *In*: GREENSTEIN, Fred; POLSBY, Nelson (eds.). *Handbook of political science*. Reading: Addison-Wesley, 1975. v. 7. p. 79-138.

ELLIS, Carolyn. *The ethnographic I*: a methodological novel about autoethnography. Walnut Creek: Altamira Press, 2004.

ENGELS, Friedrich. *A dialética da natureza*. 2. ed. Rio de Janeiro: Paz e Terra, 1976.

ERICKSON, Frederick. Qualitative methods in research on teaching. *In*: WITTROCKK, M. (ed.). *Handbook of research on teaching*. 3. ed. New York: MacMillan, 1986. p. 119-161.

EUFRASIO, Mario A. *Estrutura urbana e ecologia humana*: a escola sociológica de Chicago (1915-1940). São Paulo: Editora 34, 1999.

FETTERMAN, David M. *Ethnography step by step*. 3. ed. Thousand Oaks: Sage, 2010.

FISCHER, Frank. Beyond empiricism: policy inquiry in postpositivist perspective. *Policy Studies Journal*, v. 26, n. 1, 1998.

FLICK, Uwe. *Qualidade na pesquisa qualitativa*. Porto Alegre: Artmed, 2009.

FLICK, Uwe *et al*. Social representations of health held by health professionals: the case of general practitioners and home-care nurses. *Social Science Information*, v. 41, n. 4, p. 581-602, 2002.

FRANK, Otto H.; PRESSLER, Mirjam. *O diário de Anne Frank*: edição definitiva. Rio de Janeiro: Record, 2008.

FREUD, Sigmund. *A interpretação dos sonhos*: 1990. São Paulo: Companhia das Letras: 2019.

FUNDAÇÃO DE AMPARO À PESQUISA DO ESTADO DE SÃO PAULO (FAPESP). *Código de boas práticas científicas*. São Paulo: FAPESP, 2014.

GATTI, Bernadete Angelina. *Grupo focal na pesquisa em ciências sociais e humanas*. Brasília, DF: Liber, 2012.

GAY, Lorrie R.; MILLS, Geoffrey E.; AIRASIAN, Peter W. *Educational research*: competencies for analysis and applications. 10. ed. Boston: Pearson Education International, 2012.

GIL, Antonio Carlos. *Estudo de caso*. São Paulo: Atlas, 2009.

GIL, Antonio Carlos. *Como elaborar projetos de pesquisa*. 6. ed. São Paulo: Atlas, 2017.

Bibliografia

GIORGI, Amedeo. Sketch of a psychological phenomenological method. *In*: GIORGI, Amedeo (ed.). *Phenomenology and psychological research*. Pittsburgh: Duquesne University Press, 1985.

GIORGI, Amedeo. Concerning variations in the application of the phenomenological method. *The Humanistic Psychologist*, v. 34, n. 4, p. 305-319, 2006.

GLASER, Barney. *Theoretical sensitivity advances in the methodology of grounded theory*. Mill Valley: Sociology Press, 1978.

GLASER, Barney. *Basics of grounded theory analysis*. Mill Valley: Sociology Press, 1992.

GLASER, Barney; STRAUSS Anselm L. *The discovery of grounded theory*: strategies for qualitative research. New York: Adline de Gruyter, 1967.

GOLD, Raymond L. Roles in sociological field observations. *Social Forces*, v. 36, p. 217, 1958.

GOLDMAN, Alfred E.; MCDONALD, Susan S. *The group depth interview*: principles and practice. Englewood Cliffs: Prentice-Hall, 1987.

HALPERIN, David M. *Saint Foucault*: towards a gay hagiography. New York: Oxford, 1995.

HAMMERSLEY, Martyn. A historical and comparative note on the relationship between analytic induction and grounded theorising. *Forum Qualitative Social Research*, v. 6, n. 2, 2010.

HAMMERSLEY, Martyn; ATKINSON, Paul. *Ethnography*: practices and principles. New York: Routledge, 1995.

HANNES, Nel. Research article 19: post-modernism. *Intgrty: Publishing and Mentoring*, 26 ago. 2019. Disponível em: http://www.intgrty.co.za/2019/08/26/research-article-19-post-modernism/. Acesso em: 30 dez. 2019.

HATCH, J. Amos; WISNIEWSKI, Richard. Life history and narrative: questions, issues and exemplary works. *In*: HATCH, J. Amos; WISNIEWSKI, Richard (eds.). *Life history and narrative*. London: Routledge Falmer, 1995. p. 113-135.

HEIDEGGER, Martin. *Ser e tempo*. Petrópolis: Vozes, 1995.

HENNINK, Monique M. *Focus group discussions*: understanding qualitative research. Oxford: Oxford University Press, 2014.

HERON, John; REASON, Peter. A participatory inquiry paradigm. *Qualitative Inquiry*, v. 3, n. 3, 1997.

HORKHEIMER, Max. *Critical theory*. New York: Seabury Press, 1982.

HUSSERL, Edmund. *Investigações lógicas*: sexta investigação lógica (elementos de uma elucidação fenomenológica do conhecimento). 2. ed. São Paulo: Abril Cultural, 1979.

HUSSERL, Edmund. *Meditações cartesianas*: introdução à fenomenologia. São Paulo: Madras, 2000.

HUSSERL, Edmund. *Investigações lógicas*. Lisboa: Centro de Filosofia da Universidade de Lisboa, 2008.

HUSSERL, Edmund. *A crise das ciências europeias e a fenomenologia transcendental*: uma introdução à filosofia fenomenológica. Rio de Janeiro: Forense Universitária, 2012.

HYCNER, Richard H. Some guidelines for the phenomenological analysis of interview data. *Human studies*, v. 8, n. 3, p. 279-303, 1985.

JASPERS, Karl. *General psychopathology*. Baltimore: The John Hopkins University Press, 1997.

JOHNSON, R. Burke; ONWUEGBUZIE, Anthony J.; TURNER, Lisa A. Toward a definition of mixed methods research. *Journal of Mixed Methods Research*, v. 1, n. 2, p. 112-133, 2007.

KEEN, Ernest. *A primer in phenomenological psychology*. New York: Rinehart and Winston, 1975.

KELLER, Helen. *A história da minha vida*. São Paulo: José Olympio, 2008.

KHAN, Hafiz T. A.; RAESIDE, Robert. *Research methods for business and social science students*. 2. ed. London: Sage, 2014.

KOZINETS, Robert V. *Netnografia*: realizando pesquisa etnográfica online. Porto Alegre: Penso, 2014.

KRUEGER, Richard A. *Moderting focus groups (focus group kit 4)*. Thousand Oaks: Sage, 1997.

KRUEGER, Richard; CASEY, Mary Anne. *Focus groups*: a practical guide for applied research. 5. ed. Los Angeles: Sage, 2015.

KUHN, Thomas S. *A estrutura das revoluções científicas*. 5. ed. São Paulo: Perspectiva, 1998.

KUNTZ, Marcel. The postmodern assault on science: if all truths are equal, who cares what science has to say? *EMBO Reports*, v. 13, n. 10, p. 885-889, 2012.

LATHER, Patti. *Getting smart*: feminist research and pedagogy with/in the postmodern. New York: Routledge, 1991.

LEE, Raymond M. *Métodos não interferentes em pesquisa social*. Lisboa: Gradiva, 2003.

LIAMPUTTONG, Pranee. *Focus group methodology*: principle and practice. Thousand Oaks: Sage, 2011.

LINCOLN, Yvonna S.; LYNGHAM, Susan A.; GUGA, Egon G. Paradigmatic controversies, contradictions and emerging confluences, revisited. *In*: DENZIN, Norman K.; LINCOLN, Yvonna S. *The Sage handbook of qualitative research*. 5. ed. London: Sage, 2018.

LINDEIMAN, Eduard C. *Social discovery*: an approach to the study of functional groups. New York: Discovery Press, 1923.

LOFLAND, John. Spradley. *The American Sociologist*, v. 9, n. 3, p. 101-111, 1974.

LUCE-KAPLER, Rebecca. Literature in qualitative research. *In*: GIVEN, Lisa M. (ed.). *The Sage encyclopedia of qualitative research methods*. Thousand Oaks: Sage, 2008. p. 486-487.

MALINOWSKI, Bronislaw. *Uma teoria científica da cultura*. Rio de Janeiro: Zahar, 1970.

MARTINS, Gilberto A. *Estudo de caso*: uma estratégia de pesquisa. 2. ed. São Paulo: Atlas, 2010.

MAXWELL, Joseph A. *Qualitative research design*: an interactive approach. Thousand Oaks: Sage, 2013.

Bibliografia

MEDEIROS, João Bosco. *Redação científica*: práticas de fichamentos, resumos, resenhas. 13. ed. São Paulo: Atlas, 2019.

MERRIAM, Sharan B. *Qualitative research and case study applications in education*. São Francisco: Jossey-Bass, 1998.

MERRIAM, Sharan B.; TISDELL, Elizabeth J. *Qualitative research*: a guide to design and implementation. 4. ed. San Francisco: Jossey-Bass, 2016.

MERTON, Robert K. The focused interview and focus groups: continuities and discontinuities. *The Public Opinion Quarterly*, v. 51, n. 4, p. 550-566, 1987.

MERTON, Robert K.; FISKE, Marjorie; KENDALL, Patricia. *The focused interview*: a manual of procedures. New York: The Free Press, 1956.

MERTON, Robert K.; KENDALL, Patricia L. The focused interview. *American Journal of Sociology*, v. 51, n. 6, p. 541-557, 1946.

MILES, Matthew B.; HUBERMAN, A. Michael; SALDAÑA, Johnny. *Qualitative data analysis*: a methods sourcebook. Thousand Oaks: Sage, 2014.

MILL, John Stuart. *Sistema de lógica dedutiva e indutiva e outros textos*. São Paulo: Abril Cultural, 1979.

MORRISSEY, Charles. Oral history interviews: from inception to closure. *In*: CHARLTON, Thomas; MYERS, Lois; SHARPLESS, Rebecca (eds.). *Handbook of oral history*. London: Altamira Press, 2006.

MOUSTAKAS, Clark. *Phenomenological research methods*. Thousand Oaks: Sage, 1994.

O'BRIEN, Bridget C. *et al*. Standards for reporting qualitative research: a synthesis of recommendations. *Academic Medicine*, v. 89, n. 9, p. 1.245-1.251, 2014.

PARKER, Laurence; LYNN, Marvin. What's race got to do with it? Critical race theory's conflicts with and connections to qualitative research methodology and epistemology. *Qualitative Inquiry*, v. 8, n. 1, p. 7-22, 2002.

PATTON, Michael Q. *Qualitative research and evaluation methods*. Thousand Oaks: Sage, 2002.

PATTON, Michael Q. *Qualitative research and evaluation methods*. 4. ed. Thousand Oaks: Sage, 2014.

PATTON, Michael Q. *Qualitative evaluation and research methods*. Thousand Oaks: Sage, 2015.

PLATT, Jennifer. Evidence and proof in documentary research: some specific problems of documentary research. *The Sociological Review*, v. 29, n. 1, p. 31-52, 1981.

POLKINGHORNE, Donald E. *Narrative knowing and the human sciences*. New York: State University of New York, 1988.

POPPER, Karl Raimund. *A lógica da pesquisa científica*. 2. ed. São Paulo: Cultrix, 2013.

POUPART, Jean. A entrevista de tipo qualitativo: considerações epistemológicas, teóricas e metodológicas. *In*: POUPART, Jean *et al*. *A pesquisa qualitativa*: enfoques epistemológicos e metodológicos. Vozes: Petrópolis, 2010.

QUEIROZ, Maria Isaura de. Relatos orais: do "indizível" ao "dizível". *In*: VON SIMSOM, Olga de Moraes (org.). *Experimentos com histórias de vida*: Itália-Brasil. São Paulo: Vértice; Revista dos Tribunais, 1988.

QUEIROZ, Maria Isaura Pereira de. *Variações sobre a técnica de gravador no registro da informação viva*. São Paulo: T. A. Queiroz, 1991.

RADIN, Paul. *Crashing thunder*: the autobiography of an American Indian. New York; London: Appleton and Co, 1926.

RAVITCH, Sharon M.; RIGGAN, Mathew. *Reason & rigor*: how conceptual frameworks guide research. 2. ed. Thousand Oaks: Sage, 2017.

RICHARDSON, Laurel; ST. PIERRE, Elizabeth A. Writing: a method of inquiry. *In*: DENZIN, Norman K.; LINCOLN, Yvonna S. (eds.). *The Sage handbook of qualitative research*. Thousand Oaks: Sage, 2005. p. 959-978.

RIESSMAN, Catherine Kohler. *Narrative methods for the human sciences*. Thousand Oaks: Sage, 1993.

ROSSITER, John R. *Measurement for the social sciences*: the C-OAR-SE method and why it must replace psychometrics. New York: Springer, 2011.

SCHWANDT, Thomas A. Theory for the moral sciences: crisis of identity and purpose. *In*: FLINDERS, David J.; MILLS, Geoffrey E. (eds.). *Theory and concepts in qualitative research*: perspectives from the field. New York: Teachers College Press, 1993.

SCOTLAND, James. Exploring the philosophical underpinnings of research: relating ontology and epistemology to the methodology and methods of the scientific, interpretive, and critical research paradigms. *English Language Teaching*, v. 5, n. 9, p. 1-16, 2012.

SCOTT, John. *A matter of record*: documentary sources in social research. Cambridge: Polity Press, 1990.

SHAW, Clifford. *The Jackroller*: a delinquent boy's own story. Chicago: The University of Chicago Press, 1930.

SIMKIN, Jenni. *Assessment of energy peat use in finland especially from the climate change point of view*. Faculty of Agriculture and Forestry, Department of Forest Ecology, University of Helsinki, 2008.

SPIVAK, Gayatri Chakravorty. *Other Asias*. Malden: Blackwell, 2008.

SPRADLEY, James P. *Participant observation*. New York: Holt, Rinehart & Winston, 1980.

STAKE, Robert E. The case study method in social inquiry. *Educational Researcher*, v. 7, n. 2, p. 5-8, 1978.

STAKE, Robert E. *The art of case study research*. Thousand Oaks: Sage, 1995.

STEVICK, Emily L. An empirical investigation of the experience of anger. *Duquesne Studies in Phenomenological Psychology*, v. 1, p. 132-148, 1971.

STEWART, David; MICKUNAS, Algis. *Exploring phenomenology*: a guide to the field and its literature. Athens: Ohio University Press, 1990.

STRAUSS, Anselm; CORBIN, Juliet. *Pesquisa qualitativa*: técnicas e procedimentos para o desenvolvimento de teoria fundamentada. Porto Alegre: Artmed, 2008.

SUTHERLAND, Edwin H. *The professional thief*. Chicago: University of Chicago Press, 1937.

THIOLLENT, Michel. *Metodologia da pesquisa-ação*. 17. ed. São Paulo: Cortez, 2009.

Bibliografia

THOMAS, William I.; ZNANIECKI, Florian. *The Polish peasant in Europe and America*: monograph of an immigrant group. Chicago: University of Chicago Press, 1919.

THRASHER, Frederick. *The gang*: a study of 1313 gangs in Chicago. Chicago: The University of Chicago Press, 1927.

UNITED STATES. Government Printing Office. The Nuremberg Code. *Trials of war criminals before the Nuremberg military tribunals under control council law*, v. 10, p. 181-182, 1949.

UNITED STATES. National Commission for the Protection of Human Subjects of Biomedical and Behavioral Research (National Commission). *Belmont Report*: ethical principles and guidelines for the protection of human subjects of research. Washington: Federal Register Document, 1978.

VAN KAAM, Adrian L. Phenomenal analysis: exemplified by a study of the experience of "really feeling understood". *Journal of Individual Psychology*, v. 15, n. 1, 1959.

VAN MAANEN, John. *Tales of the field*: on writing ethnography. Chicago: The University of Chicago Press, 1988.

VAN MANEN, Max. *Phenomenology of practice*: meaning-giving methods in phenomenological research and writing. New York: Routledge, 2016.

WEBB, Eugene J. et al. *Unobtrusive measures*: nonreactive research in the social sciences. Chicago: Rand McNally, 1966.

WEBER, Max. A objetividade do conhecimento nas ciências sociais. *In*: COHN, G. (org.). *Max Weber*. 4. ed. São Paulo: Ática, 1991. p. 79-127.

WEBER, Max. *Economia e sociedade*: fundamentos da sociologia compreensiva. Brasília, DF: Editora UnB, 2000.

WHEELDON, Johannes P.; FAUBERT, Jacqueline. Framing experience: concept maps, mind maps, and data collection in qualitative research. *International Journal of Qualitative Methods*, v. 8, n. 3, p. 68-83, 2009.

WIRTH, Louis. *The ghetto*. Chicago: The University of Chicago Press, 1929.

WOLCOTT, Harry F. *Writing up qualitative research*. 3. ed. Thousand Oaks: Sage, 2008.

WORLD MEDICAL ASSOCIATION. Declaration of Helsinki: ethical principles for medical research involving human subjects. *JAMA*, v. 310, n. 20, p. 2.191-2.194, 27 nov. 2013. DOI: 10.1001/jama.2013.281053. PMID: 24141714.

YIN, Robert K. *Case study research*: design and methods. [S. l.: s. n.], 2014.

YIN, Robert K. *Estudo de caso*: planejamento e métodos. 5. ed. Porto Alegre: Artmed, 2015.

YIN, Robert K. *Pesquisa qualitativa do início ao fim*. Porto Alegre: Penso, 2016.

YUSSEN, Steven; OZCAN, Nihal M. The development of knowledge about narratives. *Issues in Educational Psychology: Contributions From Educational Psychology*, v. 2, p. 1-68, 1997.

ZNANIECKI, Florian. *The method of sociology*. New York: Farrar & Rinehart, 1934.

INDICE

ÍNDICE ALFABÉTICO

A

Abertura, 87
Abordagem
  analítica sistemática, 33
  construtivista, 34
  cronológica, 128
  descritiva, 26
  interpretativa, 27
Acessibilidade, 17
Acesso, 62
Agendamento dos encontros, 100
Amabilidade, 108
Amostragem
  "bola de neve", 56
  de casos
    críticos, 55, 56
    extremos ou desviantes (*outliers*), 55
    intensivos, 55
    múltiplos de uso instrumental, 57
  de fenômeno ou de subgrupo
    emergente, 57
  de informantes-chave, 56
  de variação máxima, 55
  homogênea, 56
  indutiva de teoria
    fundamentada emergente, 56
  intencional, 56

Análise
  conjunta dos casos, 139
  das narrativas, perspectiva
    construtivista na, 129
  de dados, 28, 32, 34, 38
    em estudos de caso, 136
    na pesquisa
      etnográfica, 131
      fenomenológica, 130
      narrativa, 128
      qualitativa, 125, 139
    na teoria fundamentada, 133
    nas diferentes modalidades de
      pesquisa qualitativa, 128
    programas disponíveis para
      pesquisa qualitativa, 142
    qualitativos
      riscos associados à utilização
        do computador na, 142
      uso do computador na, 141
  de documentos, 64, 115, 121
  dialógica/de desempenho, 129
  do primeiro caso, 138
  do segundo caso e cotejo
    com o primeiro, 139
  dos novos casos e cotejo entre eles, 139
  e interpretação
    dos dados, 23, 125

dos resultados, 157
estrutural, 129
temática, 129
teórica, 133
visual, 130
Apresentação dos dados, 127
Arcabouço teórico, 51
Arquivos de dados, criação e organização dos, 136, 138
Artefatos, 121
Atitude perante questões delicadas, 91
Atividades analíticas que ocorrem durante a coleta de dados, 125
Atribuição de significados, 137, 138
Autenticidade, 118, 122
Autobiografia, 97, 120
Autoetnografia, 22
Avaliação da qualidade dos documentos, 122

B

Biografia, 96

C

Capacidade
  de adaptação, 76
  de interpretação, 88
  para estabelecer contatos, 16
  para estruturar o tema, 87
  para observar, 16
Cartas, 119
Casos
  confirmadores, 57
  desconfirmadores, 57
Categorias locais de significados, 132
Clareza, 87
Codificação
  aberta, 133
  axial, 134
  seletiva, 135
Coleta de dados, 21, 22, 28, 32, 34, 38, 61
  estratégias de, 63
  na pesquisa qualitativa, 61
  técnica de, 27
Combinação das falas dos informantes com os comentários do pesquisador, 162

Competências dos pesquisadores qualitativos, 16
Conclusão, 158
  da entrevista, 92
Condensação dos dados, 127
Condições para a realização da entrevista, 99
Condução
  da entrevista, 88
  da história de vida, 99
  da observação, 77
  da pesquisa
    etnográfica, 31
    fenomenológica, 27
    narrativa, 22
  das sessões do grupo focal, 109
  do estudo de caso, 37
Conflito, 10, 11
Conhecimento
  do assunto, 86
  do passado, 117
Consentimento, 62
Construção
  da teoria, 136
  de redes, 145
Construtivismo, 9, 129
Contextualização, 21
Cooperação, 21
Copesquisadores, 26
Credibilidade, 118, 122
Criação e organização dos arquivos de dados, 136, 138
Crítica, 87
Cronologia, 21
Cruzamento entre o individual e o social, 98

D

Declarações significativas, 130
Definição e nomeação dos temas, 140
Delineamento
  convergente, 41
  incorporado, 41
  multifásico, 41
  sequencial
    explanatório, 40
    exploratório, 40
  transformativo, 41
Depoimento pessoal, 97

Índice alfabético

Descrição
  composta do fenômeno, 131
  de experiências, 26
  estrutural da experiência, 131
  textual da experiência, 130
Desenho e verificação da conclusão, 127
Diários, 119
Direção, 87
Disposição para manter
    contatos prolongados, 16
Documentos, 115
  completo, 53
  conceituação, 115
  de arquivos, 120
  disponibilizados na internet, 121
  limitações do uso na
    pesquisa qualitativa, 118
  na pesquisa qualitativa, 116
  pessoais, 119
  significado, 122
  sistema de codificação e
    classificação dos, 122
  tipos de, 119
  vantagens do uso na
    pesquisa qualitativa, 117

E

Elaboração
  de notas de campo, 32
  do guia da entrevista, 89
  do projeto de pesquisa, 58
  do relatório, 140
Empatia, 17, 76
Encerramento da entrevista, 101
Entrada em campo, 32
Entrevista(s), 63, 81
  desenvolvimento da, 100
  determinação da modalidade de, 88
  encerramento da, 101
  estruturadas, 85
  focalizada, 104
  limitações da, 83
  local para realização da, 89
  modalidades de, 85
  na pesquisa qualitativa, 81
  não estruturada, 86
  qualitativas, 85
  quantitativas, 85
  semiestruturada, 85
  vantagens da, 82
Entusiasmo, 109
Equilíbrio, 88
Escola de Frankfurt, 9
Escolha
  do local, 77
  dos indivíduos e do local, 62
Escrita científica, 150
Estabelecimento do contato inicial, 89
Estilo de redação, 159
Estimulação de respostas
    a questões complexas, 91
Estratégia(s)
  categórico-analítica, 137
  de coleta de dados, 63
  descritiva, 136
  indutivo-analítica, 138
  narrativas, 96
Estrutura(s)
  básica de análise, 137
  clássica, 152
  de construção de teoria, 153
  descritiva, 153
  literária, 129
  narrativa, 153
  redacional, 152
Estudo(s)
  biográfico, 21
  das essências, 25
  de caso, 5, 35, 50
    análise de dados em, 136
    características do, 35
    condução do, 37
    modalidades de, 37
    origem e desenvolvimento do, 36
Ética, 88
Etnografia
  crítica, 31
  realista, 31
Evidências da literatura, 45
Exibição dos dados, 137, 138, 143
Experiência
  individual, 21
  vivida, 24

F

Falta de clareza, 119
Familiarização
  com o tópico, 52
  com os dados, 139
Feminismo, 14
Fenômeno, 25
Fenomenologia, 12, 23, 24
Fichamento, 53
Flexibilidade, 16, 83, 109
Foco, 151
Fontes bibliográficas, 53
Formato das perguntas, 90
Formulação
  das perguntas, 90
  do problema, 27, 31, 34, 44
Funcionalismo, 13
Fundamentos filosóficos da pesquisa qualitativa, 5

G

Gentileza, 87
Geração dos códigos iniciais, 140
Grupo(s) focal(is), 64, 103
  aplicabilidade do, 106
  composição e tamanho do, 107
  condução das sessões do, 109
  definição, 103
    dos objetivos do, 107
  desvantagens e limitações do, 106
  escolha do moderador do, 108
  local, data e tempo de duração, 109
  modalidade de, 107
  origem e desenvolvimento do, 104
  planejamento do, 107
  problemas com os participantes nos, 111
    desatentos, 112
    errantes, 112
    especialistas, 111
    falantes dominantes, 111
    influenciadores, 111
    perturbadores, 111
    tímidos e calados, 112
  vantagens e limitações do, 105
Guia da entrevista, 89

H

Habermas, Jürgen, 9
Habilidade(s)
  de escrita, 17, 77
  de escuta, 108
  para entrevistar, 17
  requeridas do entrevistador, 86
  requeridas do observador, 76
História
  de vida, 22, 64, 95, 96
    limitações da, 98
    origens da, 95
    vantagens da, 97
  oral, 22, 96

I

Ideia central, 47
Identificação
  das pessoas que serão entrevistadas, 89
  de padrões, 132
  de temas ou categorias, 132
  do material potencialmente relevante, 121
Impessoalidade, 160
Implicações éticas, 57
  na coleta de dados, 67
  no planejamento da pesquisa, 57
Imprecisão dos dados, 119
Inacessibilidade, 118
Ingenuidade deliberada, 76
Início da entrevista, 100
Inserção das falas dos entrevistados, 160
Intencionalidade, 25
Interação com os participantes, 29
Interacionismo simbólico, 12
Interesse por pessoas, 16
Interpretativismo, 9
Introdução, 154
Intuição, 26

L

Lacunas na literatura, 45
Leitura do material, 53, 131
Lembrança do passado, 97
Liberdade, 27

Índice alfabético

Linguagem alternativa, 17
Local para realização da entrevista, 89

M

Manutenção da postura, 90
Manutenção do foco da entrevista, 92
Marx, Karl, 11
Marxismo, 10
Matriz
  de efeitos, 145
  ordenada por funções, 144, 145
Memória, 76, 84, 87
Métodos, 155
Modelo clássico de redação
  de relatórios científicos, 150
Mudanças na vida das pessoas, 97
Múltiplas técnicas de coleta de dados, 30

N

Neutralidade, 108
Notas de campo, 32

O

Objetivo, 46, 47
  definição do, 46
Observação, 64, 69
  ativa, 74
  de laboratório, 72
  direta, 73
  em campo, 72
  estruturada, 72
  indireta, 73
  limitações da, 71
  modalidades de, 72
  não estruturada, 72
  não participante, 73
  participante, 73, 74, 75
  significado de, 70
  vantagens da, 70
Observador
  completo, 74
  participante, 74
Obtenção de dados
  com menor custo, 117
  sem o constrangimento dos sujeitos, 118

Organização
  das informações, 79
  do material, 129, 137
  dos dados, 131
  lógica do material, 54
Outras modalidades de pesquisa, 38

P

Padrões para relatórios de
    pesquisa qualitativa, 154
Papel do pesquisador, 78
Paradigma(s)
  associados à pesquisa qualitativa, 7
  construtivista, 9
  crítico, 9
  participativo/pós-moderno, 10
  pós-positivista, 8
  positivista, 7
Participante completo, 74
Participante-observador, 74
Pesquisa
  crítica, 39
  de métodos mistos, 40
  etnográfica, 5, 28, 50
    análise dos dados na, 131
    características da, 29
    condução da, 31
    modalidades de, 30
    origem e desenvolvimento da, 28
  fenomenológica, 4, 23, 49
    análise de dados na, 130
    características básicas da, 24
    condução da, 27
    modalidades de, 26
    origem e desenvolvimento, 23
  fundamentada, modalidades de, 33
  narrativa, 4, 19, 49
    análise de dados na, 128
    características básicas da, 20
    condução da, 22
    modalidades de, 21
    origem e desenvolvimento da, 20
  para construção de, 34
  participante, 74
  qualitativa, 1, 2
    ambiente da vida real, 3
    básica, 39

análise dos dados na, 139
contexto, 4
definição, 1
delineamento de estudos exploratórios, 3
foco no significado e no entendimento, 2
fundamentos filosóficos da, 5
identificação de vínculos e mecanismos, 4
limitações do uso de documentos na, 118
modalidades de, 4, 19
padrões para relatórios de, 154
paradigmas associados à, 7
pesquisador, 2
planejamento da, 43
por que fazer, 3
processo de análise de dados na, 125
programas disponíveis para análise de dados na, 142
relatório na, 149
rica descrição, 3
teorias que fundamentam a, 10
utilização de documentos na, 116
vantagens do uso de documentos na, 117
Pesquisa-ação, 39
Pesquisadores qualitativos, competências dos, 16
Pesquisas qualitativas, redação do relatório de, 149, 150
Planejamento
  da pesquisa qualitativa, 43
  do grupo focal, 107
Pós-modernismo, 15
Pós-positivismo, 8
Positivismo, 7, 8, 13
Potenciais
  benefícios do estudo, 45
  participantes da pesquisa, 58
Preparação
  da entrevista, 100
  do entrevistador, 99
Pressupostos
  axiológicos, 6
  epistemológicos, 6
  metodológicos, 7
  ontológicos, 5
Primeira lei da dialética, 10
Princípio da não maleficência, 58
Problema de pesquisa, 45
Procedimentos de campo, 65

Processo(s)
  de análise, 127
  de mudança social e cultural, 117
  indutivo, 2
Procura dos temas, 140
Programas disponíveis para análise de dados na pesquisa qualitativa, 142
Projeto de pesquisa, 58
Protocolos de coleta de dados, 64
Publicações de organizações, 120
Público-alvo, 151

Q

Questões
  de abertura, 110
  de pesquisa, 48, 65, 88
  de transição, 111
  desenvolvimento de, 110
  éticas, 57
  finais, 111
  introdutórias, 110
Questões-chave, 111

R

Realidade participativa, 10
Reconstrução
  das histórias, 129
  dos eventos, 82
Redação, 54
  do relatório de pesquisa, 149, 150
Redes, 145
Redução fenomenológica, 25
Refinamento dos temas, 140
Registro(s)
  cursivos, 116
  das informações, 79, 101
  das respostas, 92
  episódicos e privados, 116
Relação sujeito-objeto, 26
Relatório, 140
  na pesquisa qualitativa, 149
Relevância da pesquisa, 58
Representatividade, 122
Respeito pelos participantes, 109
Reunião do material, 128
Revisão da literatura, 51, 154

Índice alfabético

Riscos associados à utilização do computador na análise de dados qualitativos, 142

S

Seleção
  da amostra, 31, 34, 78, 54
  do caso ou dos casos, 38
  do tópico de pesquisa, 43
  dos dados significativos, 137
  dos participantes, 22, 27, 58, 99
Sensibilidade, 16, 87
  ao contexto, 76
Senso de humor, 109
Sistema de codificação e classificação dos documentos, 122
Sociologia compreensiva de Weber, 11
Softwares na análise dos dados, 141

T

Técnica de coleta de dados, 27
Tensão mental ou emocional, 98
Teoria
  crítica, 9, 13
  fundamentada (*grounded theory*), 5, 32, 34, 50, 138
  análise dos dados na, 133
  origem e desenvolvimento da, 32
  que fundamentam a pesquisa qualitativa, 10
  queer, 15
  racial crítica, 14
Termos neutros, 47
Tipo ideal, 11, 12
Título e resumo, 154
Tolerância à ambiguidade, 17
Tópico, 45
Trabalho de campo, 29
Traços materiais, 121
Transcrição da entrevista, 93
Triangulação dos dados, 132, 137, 138

U

Uso do computador na análise de dados qualitativos, 141

V

Variáveis e categorias, 138
Violação do anonimato, 84
Visão geral do projeto, 65

W

Weber, Max, 11